STRESS
A Tensão da Vida

HANS SELYE

STRESS
A Tensão da Vida

Tradução de
FREDERICO BRANCO

São Paulo | 2018

Copyright © 1956. Edição original publicada por McGraw - Hill Book Company, Inc
Título Original: THE STRESS OF LIFE

Direitos desta edição reservados à
IBRASA
Instituição Brasileira de Difusão Cultural Ltda.
Rua Ouvidor Peleja, 610
Tel/Fax: (0xx11) 3791.9696
e-mail: ibrasa@ibrasa.com.br
home page: www.ibrasa.com.br

Nenhuma parte desta obra poderá ser reproduzida,
por qualquer meio, sem prévio consentimento dos editores.
Excetuam-se as citações de pequenos trechos em resenhas
para jornais, revistas ou outro veículo de divulgação.

Tradução: Frederico Branco
Capa: Armenio Almeida (MK Design)
Editoração Eletrônica: Armenio Almeida (MK Design)
Publicado em 2018

S469s   SELYE, Hans.
        Stress: a tensão da vida. / Hans Selye, tradução de
        Frederico Branco. – São Paulo : IBRASA, 2017.

        416 p.
        ISBN: 978-85-348-0366-3

        1. Saúde. 2. Endocrinologia. 3. Medicina. I. SELYE,
        Hans Hugo Bruno. II. Título. III. Série

                                CDU: 612.43

Maria José O. Souza CRB 8/5641

Índice para catálogo sistemático:
Saúde mental - stress: 613.86
Medicina: 61

IMPRESSO NO BRASIL - PRINTED IN BRAZIL

Este livro é dedicado aqueles

que não têm medo de gozar o *stress* de uma
vida plena, nem são tão ingênuos que imaginem
poder fazê-lo sem esforço intelectual.

É altamente desonroso para uma alma
racional viver em mansão tão divinamente
construída como o corpo em que reside,
desconhecendo inteiramente sua preciosa estrutura.

ROBERT BOYLE, 1627-1691

Os cientistas não terão apenas de lidar com as
ciências que se relacionam com o homem,
porém – e isso é algo muitíssimo mais difícil
– terão de persuadir o mundo a atentar no que
tem descoberto. Se malograrem nessa árdua
empresa, o homem acabará por destruir-se,
pelo seu conhecimento incompleto.

BERTRAND RUSSEL, 1872

OBRAS DE HANS SELYE

EDIÇÕES ORIGINAIS

Stress, 1950.

First Annual Report on Stress, 1951

Second Annual Report on Stress, 1952 (em colaboração com A. Horava)

Third Annual Report on Stress, 1953 (em colaboração com A. Horava)

Fourth Annual Report on Stress, 1954 (em colaboração com G. Heuser)

Fifth Annual Report on Stress, 1955-1956 (em colaboração com G. Heuser)

The Story of the Adaptation Syndrome (told in the form of informal illustrated lectures), 1952

Textbook of Endocrinology, segunda edição, 1949

The Steroids, 4 vols. in *Encyclopaedia of Endocrinology*, 1943.

Ovarian Tumors, 2 vols., in *Encyclopaedia of Endocrinology*, 1946

On the Experimental Morphology of the Adrenal Cortex, in *American Lectures in Endocrinology* (em colaboração com H. Stone), 1950

The Stress of Life, 1956

TRADUÇÕES

Trattato di Endocrinologia, tradução italiana de *Textbook of Endocrinology*, pelo prof. Cesare Cavallero, 1952

Endocrinologia, tradução espanhola de *Textbook of Endocrinology*, pelo prof. José Ma. Canadell, 1952

Stress (Sufrimiento), tradução espanhola de *Stress* e do *First Annual Report on Stress*, 1951, pelo prof. J. Morros Sarda e prof. José Ma. Canadell, 1954.

Einfücrhrung in die Lehre von Adaptationsyndrome, tradução alemã de *The Story of Adaptation Syndrome, pelo prof. Heins Kobecke*, 1953

L'Histoire du Syndrome Général d'Adaptation, tradução francesa de *The Story of the Adaptation Syndrome*, pelos Drs. Tchekoff e Caplier, 1954

Tradução japonesa de *The Story of the Adaptation Syndrome*, por Dr. Kichinosuke Tatai, 1953

Historia dei Síndrome de Adaptation, excertos de *The Story of the Adaptation Syndrome*, escolhidos e traduzidos por Alexander Gode, 1953

La Síndrome di Adattamento, 1956

Stress, tradução italiana, pelo professor E. Rubino, 1956

PREFÁCIO

OBJETIVO

O *fim principal a que se destina este livro é expor, numa linguagem acessível, o que se aprendeu, no campo da medicina, sobre o* stress.

Pessoa alguma pode viver sem sentir, em determinados momentos, certo grau de stress. O *leitor poderá julgar que somente moléstias mentais graves ou traumatismos profundos, físicos ou mentais, são suscetíveis de causar* stress. *Isso é falso. Atravessar um cruzamento movimentado, possibilidade de convocação ou mesmo alegria intensa são suficientes para acionar, até certo ponto, o mecanismo de* stress *do corpo humano.* O stress *não é necessariamente danoso para você; é também o sal da vida, pois qualquer emoção, qualquer atividade causa* stress. *Contudo, é claro que nosso sistema deve estar preparado para recebê-lo.* O mesmo stress *que torna uma pessoa doente pode constituir, para outra, uma experiência revigorante.*

É por intermédio da síndrome de adaptação geral, *ou SAG (o tema principal desta obra), que nossos vários órgãos internos* — *especialmente as glândulas endócrinas e o sistema nervoso* — *nos facilitam o ajustamento às constantes modificações com que nos defrontamos, interna e externamente.*

A vida é especialmente um processo de adaptação às circunstâncias em que subsistimos. Um perene dar e tomar vem ocorrendo entre os organismos vivos e o meio ambiente inanimado, entre um ser vivo e outro, desde a aurora da vida, nos oceanos pré-históricos. O segredo da saúde e da felicidade reside no ajusta-

STRESS — A Tensão da Vida

mento bem sucedido às condições deste mundo, perpetuamente em processo de modificação; o preço do malogro, nesse grande processo de adaptação, é constituído pela doença e a infelicidade. A evolução, através de séculos e séculos, das formas mais simples de vida a complexos seres humanos, foi a maior aventura de adaptação que já se registrou na Terra. A realização de tal fato influenciou fundamentalmente nosso pensamento, mm não podemos fazer muito a esse respeito. Cá estamos, tal como somos; e quer o homem esteja ou não satisfeito com o resultado, ele não pode modificar a estrutura que herdou.

Mas há outro tipo de evolução que se processa em toda pessoa, durante a vida, do nascimento à morte: é a adaptação às tensões e pressões da existência cotidiana. Por meio do equilíbrio constante entre suas reações mentais e físicas, é possível ao homem exercer influência considerável sobre esse segundo tipo de evolução, especialmente quando se conhece seu mecanismo e se tem força de vontade suficiente para agir de acordo com as normas ditadas pelo intelecto.

Stress é, essencialmente, o grau do desgaste total causado pela vida. *Seria necessário todo um livro para expor os complexos mecanismos por meio dos quais o corpo humano pode reduzir esse tipo de desgaste. Mas que me seja permitido declarar aqui, à guisa de introdução, que embora não possamos evitar o* stress *enquanto formos vivos, podemos aprender muita coisa sobre ele, tal como manter em grau mínimo seus danosos efeitos mediatos. Por exemplo, estamos começando a descobrir que muitas moléstias comuns são causadas principalmente por defeitos em nosso sistema de adaptação ao* stress, *em lugar de serem consequência dos efeitos diretos de germes, tóxicos ou outros agentes externos. Nesse domínio, muitas perturbações nervosas e emocionais, pressão alta,* úlceras gástricas e duodenais, certos tipos de reumatismo, alergias, moléstias cardiovasculares e renais, parecem ser, essencialmente, moléstias de adaptação.

Considerando tudo isso, chega-se à conclusão de que o stress é, indubitavelmente, um problema pessoal da maior importância para todos. Tanta coisa tem sido escrita por outros, para o grande público, a propósito de meus trabalhos sobre o stress, que, gradualmente, comecei a sentir a necessidade de contar a história com minhas próprias palavras. Escrever este livro certamente me beneficiou. Acredito que ele também ajude o leitor. Ajudou-me porque passei os últimos vinte anos efetuando experiências sobre o stress e pensando em suas interpretações. Escrevi seis grossos volumes e várias centenas de artigos científicos sobre o stress, em órgãos técnicos destinados a especialistas. Mas esta é realmente a primeira oportunidade que tenho, de reunir os diversos pontos importantes da questão e apresentar uma visão de conjunto, não apenas dos fatos descobertos no laboratório, mas também dos pensamentos e emoções inspirados pela constante preocupação com a natureza do stress, na doença e na saúde. O impulso de partilhar com os outros a emoção da aventura, que vem do aprofundamento, ainda que pouco extenso, nas zonas abissais da vida ainda desconhecidas, pode constituir por si mesmo, uma fonte de stress. Acabei por ter de arrancar este livro de meu sistema, e fazê-lo foi coisa que certamente me ajudou.

Penso que este relato, de forma similar, ajudará os leitores — tanto médicos quanto leigos — que não têm oportunidade de experimentar, em primeira mão, todas as satisfações que provêm do planejamento de projetos experimentais e da descoberta das técnicas necessárias para resolver alguns dos problemas da vida, que nos interessam a todos.

STRESS – A Tensão da Vida

Gostaria de imaginar, todavia, que este livro possa constituir uma forma de auxílio ainda mais prática. A psicanálise demonstrou que o conhecimento de si mesmo tem valor terapêutico. Creio que isso também se aplica à psicossomática e, talvez, até mesmo ao que denominamos perturbações puramente somáticas ou físicas. O esforço para compreender é um dos traços mais característicos de nossa espécie; é por isso que o homem é denominado Homo sapiens. *A satisfação dessa necessidade é nosso destino.*

ESTRUTURA

Será mais fácil ao leitor entrar no espírito deste livro se levar em conta que desejo não somente revelar o que conhecemos sobre o stress, *mas também, como chegamos a descobri-lo. Esse duplo propósito determina a estrutura de meu relato e especialmente sua apresentação sob a forma de cinco livros.*

Livro I: A descoberta do stress. *Descreve a evolução do conceito do* stress *desde os mais antigos registros médicos de que se tem memória, sobre esse assunto, até nossos dias.*

Livro II: A dissecação do stress. *Tenta analisar o mecanismo por meio do qual nosso corpo é afetado e pode defender-se das situações causadoras do* stress.

Livro III: As moléstias de adaptação. *Trata de moléstias (cardiovasculares, perturbações digestivas e mentais), que, em nossa opinião, são, sobretudo, consequência de falhas no mecanismo de combate ao* stress.

Livro IV: Esboço de uma teoria unificada. *Trata de como nosso conhecimento do* stress *pode auxiliar-nos a avaliar as formas elementares de reação que constituem o mosaico da vida, tanto na saúde como na doença.*

HANS SELYE

Livro V: Implicações e aplicações. *Trata das principais conclusões e lições a serem tiradas deste estudo, não somente no próprio campo da medicina, mas também no que se refere à capacidade humana de elaborar uma filosofia da vida, natural e sadia.*

A LEITURA

Ao escrever este livro, pareceu-nos lógico começar pela descoberta do stress *(Livro I), passando depois para a análise de seu mecanismo na saúde (Livro II) e na doença (Livro III), para depois tratar de como esse conhecimento pode ampliar nossa compreensão da vida, teórica (Livro IV) e praticamente (Livro V). Mas, organizando os tópicos nessa sequência, tivemos de intercalar dados altamente técnicos entre partes da narrativa mais facilmente compreensíveis e, talvez, mais interessantes. Recomendamos, portanto, que somente médicos, ou leitores mais familiarizados com os problemas atuais de fisiologia e medicina, leiam este livro, de capa a capa. Se o leitor não está bem familiarizado com tais setores, é melhor que inicie a leitura pelo livro V (as implicações e aplicações práticas do conceito do* stress *na vida cotidiana, utilizando o glossário como guia para termos técnicos e talvez recorrendo a passagens anteriores, às quais são feitas referências. Se você iniciar a leitura do Livro I depois disso, estará capacitado a ler sabre a descoberta do* stress *com maior conhecimento de causa. Recomendamos que o leitor passe os olhos, no mínimo, pelo sumário do Livro II, todo o Livro III e o sumário do Livro IV. Os Livros II e IV são especialmente técnicos, e, mesmo sem eles, a essência desta obra é bem compreensível, embora tivéssemos de incluí-los para completar o quadro.*

Finalmente, devemos ressaltar, aqui no início, que, esteja ou não o leitor familiarizado com o assunto de que se trata nesta

STRESS — A Tensão da Vida

obra, este é um livro cuja leitura só é útil quando feita lentamente, em pequenos trechos, de não mais de dez a vinte páginas por dia. Mas, antes que o desanimemos com um excesso de advertências, comecemos com a história.

HANS SELYE
Universidade de Montreal
Montreal, 1956

FONTES

Meu trabalho sobre o *stress* é unicamente um curto passo na direção de uma compreensão melhor da natureza humana, e meu desejo de partilhar foi muito incentivado pelo prazer e inspiração que me foram proporcionados pela leitura de obras extraordinárias, tais como:

Bernard, Claude; *Introduction à l'Êtude de la Medicine Experimentelle,* Oeuvres Immortelles, Constant Bourquin, Genebra, 1945.

Cannon, W.B.: *The Wisdom of the Body,* W.W. Norton & Company, Inc. New York, 1939.

Cannon, W. B.: *The Way of an Investigator,* W. W. Norton & Company, Inc. New York, 1945.

Carrel, Alexis: *Man the Unknown,* Harper & Brothers, New York, 1935.

Conant, James B.: *On Understanding Science,* New American Library, New York, 1951.

Darwin, Charles: *The Origin of the Species and the Descent of Man,* Modem Library Ed., Random House, Inc. New York, 1955.

Einstein, Albert: *Ideas and Opinions,* Crown Publishers, Inc. New York, 1951.

Freud, Sigmund: *Psychopathology of Everyday Life,* New American Library, New York, 1951.

Gamow, George: *The Birth and Death of the Sun,* New American Library, New York, 1953.

Jeans, Sir James: *The Stars in Their Courses,* Cambridge University Press, New York, 1948.

STRESS – A Tensão da Vida

Sherrington, Sir Charles: *Man on His Nature,* Anchor Book ed., Doubleday and Company, New York, 1953.

Vallery-Radot, Pasteur: *Les Plus Belles Pages de Pasteur,* Flammarion, Paris, 1943.

Zinsser, Hans: *As I Remember Him,* Little, Brown & Company, Boston, 1940.

Permito-me recomendar, portanto, àqueles interessados não apenas no *stress,* mas também na compreensão dos aspectos vários da natureza, que consultem algumas dessas obras sobre ciência, grandes exemplos de exposição sobre ciência pelos que a fizeram. Nenhuma dessas obras poderia constituir uma leitura agradável, das que se fazem na cama, após um dia cheio, mas suas mensagens são accessíveis a qualquer pessoa instruída, seja qual for sua ocupação, e elas podem facilitar-nos a compreensão das mais elevadas aspirações do homem: conhecer-se a si mesmo e estabelecer um sistema de vida objetivo.

Registro aqui meus sinceros agradecimentos a Acta, Inc., de Montreal, e às MD Publications, de Nova Iorque, que me permitiram usar várias passagens, assim como ilustrações, utilizadas em meu primeiro trabalho sobre *stress.* Outras ilustrações são aqui reproduzidas por gentileza do *Journal of the American Medical Association,* do *British Medical Journal,* do *Canadian Medical Association Journal* e do *Journal of Clinical Endocrinology and Metabolism.*

Todos os desenhos deste volume que apresentam aspecto de obra profissional foram preparados, a meu pedido, pela srta. Marie Langlois; os que parecem trabalho de amador foram por mim perpetrados. As fotografias utilizadas são do sr. Kai Nielsen.

SUMÁRIO

Prefácio —————————————————— 6

LIVRO I — A DESCOBERTA DO *STRESS*

1. *Precursores do conceito do stress* ——————— 22

Que é o *stress?* Que é uma descoberta? Feiticeiros, espíritos malignos e encantamentos (tratamento pela dor, terror, febre, choque e similares). Como pode curar o que faz mal? "Pónos" a luta da doença". "Homeostases" — a propriedade estabilizadora do corpo.

2. *Meu primeiro vislumbre do stress* ——————— 34

Impressões de um jovem estudante de medicina sobre a medicina. A "síndrome de estar apenas doente".

3. *Como questionar a Natureza* ——————————— 38

A sede de aprender. Grandes esperanças. Dúvidas profundas. O grande desapontamento.

4. O *nascimento do SAG* ——————————————— 47

Um novo ponto de vista. Se é assim... Uma mudança de opinião. Desânimo. Encorajamento. Planos para futuras pesquisas. Qual é a profundidade deste exame? As primeiras dificuldades semânticas. A primeira publicação sobre a síndrome do *stress*. As três fases. De que se necessita para fazer pesquisas? Mais dificuldades semânticas. O desagrado produzido por uma palavra pode provir unicamente da incapacidade de aprender seu significado. Ainda dificuldades semânticas! O termo *"stress"* emerge vitorioso.

LIVRO II — A DISSECÇÃO DO *STRESS*

5. *Por que necessitamos de um plano para a dissecção?* —— 74

Para compreender uma questão complexa, deve-se desmontá-la sistematicamente. A força de uma abstração.

6. *Inventário do ativo:* (a) *Os fatos* ———————— 76

Observações posteriores.

STRESS — A Tensão da Vida

7. *Inventário do ativo:* (b) *As abstrações* ———————— 79

Que é uma definição? Definição do *stress*. Definição do agente do *stress*. Definição de SAG. Relação entre SAG e SAL. O conceito de energia de adaptação. Relação entre energia de adaptação e envelhecimento. Definição das moléstias de adaptação.

8. *Inventário do ativo:* (c) *Materiais e técnicas* ————— 100

Animais de experimentação. Técnicas cirúrgicas. Técnicas químicas. Técnicas morfológicas. Técnicas complexas de laboratório e clínica. Técnicas para a coordenação do conhecimento.

9. *Como se disseca um mecanismo biológico?* ————— 109

Analogia das cinco lâmpadas. Análise das inter-relações no sistema nervoso. Análise das inter-relações no sistemaendócrino.

10. *Resultado da dissecção* ———————————— 114

Esquema para um relatório de dissecção. Registro de ações relacionadas entre eventos específicos e não específicos. Como pode o mesmo síndrome específico ser produzido por vários agentes? Como podem produzir-se reações quantitativamente diversas? O curso da resposta ao *stress é* trifásico. A defesa é antagônica. A importância dos fatores condicionantes.

11. Stress *numa casca de noz* ———————————— 137

A essência da resposta ao *stress*.

12. Stress e *inflamação* ———————————————— 139

Formas de inflamação. A estrutura da inflamação. O objetivo da inflamação. O controle da inflamação.

13. *Sinopse geral do conjunto do mecanismo do* Stress ——— 151

Necessidade de um quadro geral. O quadro geral.

14. *A natureza da adaptação* ———————————— 163

Que é adaptação?

HANS SELYE

LIVRO III — AS MOLÉSTIAS DE ADAPTAÇÃO

15. *Moléstias renais, cardíacas e circulatórias* _____ 174

O que é moléstia? As galinhas. Podem os corticoides produzir moléstias renais e cardiovasculares em mamíferos? Os corticoides podem produzir moléstias renais e cardiovasculares em mamíferos. Hormônios da pituitária também podem produzir moléstias renais e cardiovasculares. Desempenham as glândulas suprarrenais algum papel nas moléstias espontâneas renais e cardiovasculares do homem? Quando sua causa desaparece, a moléstia também deve desaparecer. Quando a moléstia se manifesta, o agente determinante suspeito deve ser demonstrável no corpo. Hipertensão metacorticoide. Eclampsia.

16. *Moléstias inflamatórias* _____ 202

Os problemas básicos. O teste da bolsa-inflamatória. Algumas aplicações práticas do teste da bolsa-inflamatória. Os testes experimentais de artritismo. Moléstias reumáticas e reumatoides do homem. Moléstias inflamatórias da pele e dos olhos. Moléstias infecciosas. Moléstias alérgicas e de hipersensibilidade.

17. *Outras moléstias* _____ 230

Moléstias nervosas e mentais. Perturbações sexuais. Moléstias digestivas. Moléstias metabólicas. Câncer. Moléstias de resistência em geral.

18. *"Quando cientistas discordam"* _____ 260

Sobre debate científico. Debates sobre o conceito do *stress*.

LIVRO IV – ESBOÇO DE UMA TEORIA UNIFICADA

19. *A busca da unificação* _____ 290

O valor da unificação. *Stress* e moléstia. A ponte do não-específico ao específico. Tempo, espaço e intensidade. O que é aparentemente distinto e demanda unificação? Saúde e doença. A própria doença e seus sinais e sintomas. Fenômenos específicos e não-específicos. Diferenças qualitativas e quantitativas. Unidades e complexos.

20. *Como poderá o conceito do* stress *conduzir a uma interpretação mais unificada da biologia e da medicina?* _____ 305

STRESS – A Tensão da Vida

Stress e adaptação. *Stress* e crescimento. *Stress* e especificação. A unidade estrutural da vida: a célula. A unidade funcional da vida: o *reacton*. Análise e síntese da moléstia celular. Possibilidades e limitações da hipótese do *reacton*.

21. *Apologia para o pensamento teleológico em biologia e medicina* —— 326

Que pretendemos dizer por "compreender algo"? Casualidade objetiva. Recapitulação e conclusões.

LIVRO V — IMPLICAÇÕES E APLICAÇÕES

22. *Implicações médicas do conceito do stress* —————————— 336

Stress como um denominador comum de atividade biológica. Princípios básicos para um novo tipo de medicina. Que poderá isto aproveitar ao paciente?

23. *Implicações psicossomáticas* ——————————————— 343

Conhecer a si mesmo. Dissecar os seus problemas. Somatopsíquica X Psicossomática. Sobre "estar engatilhado". Como reduzir o regime. *Stress* como equalizador de atividades. O quociente de *stress*. A importância da diversão. A vitalidade inata deve encontrar uma válvula de escape. Como dormir.

24. *Implicações filosóficas* ————————————————— 360

O desgaste da vida. Morrer de velho. A origem do individualismo. A necessidade de auto expressão. Quais os objetivos finais do homem? A lição filosófica. A evolução do altruísmo intercelular. Opinião de um biólogo sobre gratidão e vingança. Filosofia da gratidão. A sede de aprovação. Sobre a exibição de modéstia. O terror de censura. Gozar as delícias da vida. Um sistema de vida. Objetivos imediatos. Objetivos mediatos. Supremo objetivo. Fórmula de êxito.

25. *A estrada à nossa frente* ————————————————— 402

Glossário ———————————————————————— 405

PRANCHAS

A partir da página ———————————— 232

1. A tríade característica da reação de alarme.

2. Nefrosclerose produzida por DOC num gato.

3. Bolsa inflamatória dissecada.

4. Inibição de artrite local experimental pelo mecanismo de alarme em rato.

5. Artrite experimental múltipla.

6. Efeito de ACTH sobre um tipo hipersensível de inflamação num rato.

7. Trombose produzida por dose excessiva de DOC num rato.

STRESS – A Tensão da Vida

LIVRO I

A DESCOBERTA DO STRESS

SUMÁRIO

No sentido que lhe dá a medicina, o *stress é essencialmente o grau de desgaste no corpo.* Quem quer que sinta que algo que está fazendo — ou que está experimentando — é extenuante e cansativo sabe vagamente o que queremos dizer por *stress.* A impressão de estar apenas nervoso, agitado ou doente não passa de sensação subjetiva de *stress.* Contudo, *stress* não implica necessariamente uma alteração mórbida: a vida normal também acarreta desgaste na maquinaria do corpo. Na verdade, o *stress* pode ter até mesmo valor terapêutico, como na terapia de choque, sangria e esportes.

As pesquisas sobre o *stress* eram grandemente prejudicadas pelo fato de não dispormos de índices objetivos, que permitissem calculá-lo até que se descobriu, há uns vinte anos, que o *stress* produz certas modificações na estrutura e na composição química do corpo, as quais podem ser acuradamente avaliadas. Algumas dessas modificações são meramente sintomas de *lesão;* outras são manifestações das *reações de adaptação* do corpo, seu mecanismo de defesa contra o *stress.* O conjunto dessas modificações — *a síndrome de stress* — é denominada síndrome de adaptação geral (SAG). Ela desenvolve-se em três fases: 1) reação de alarme; 2) fase da resistência; 3) fase da exaustão.

O *sistema nervoso e o sistema endócrino (ou hormonal)* desempenham papéis especialmente importantes na manutenção da resistência durante o *stress.* Eles facilitam a manutenção, em bom estado, da estrutura e das funções do corpo, a despeito da presença de agentes produtores do *stress,* ou *stressores,* tais como a *tensão* nervosa, ferimentos, infecções e envenenamentos. Este estado constante é conhecido como *homeostase.*

Nesta seção, examinaremos a *evolução do conceito do stress,* da antiguidade à atualidade, e os *problemas psicológicos* que, encontrados casualmente, à cabeceira do paciente ou no laboratório de pesquisa, devem ser traduzidos numa ciência precisa.

STRESS – A Tensão da Vida

1. PRECURSORES DO CONCEITO DE TENSÃO

Que é o *stress?* Que é uma descoberta? Feiticeiros, espíritos malignos e encantamentos (tratamento pela dor, terror, febre, choque e similares). Como pode curar o que é danoso? "Pónos" – a luta da doença. Homeostase – a propriedade estabilizadora do corpo.

QUE É O *STRESS*

O soldado que recebe ferimentos em combate, a mãe que se preocupa com seu filho soldado, o jogador que observa os páreos, o cavalo e o jóquei em que apostou — todos eles estão sob *stress*.

O mendigo que passa fome e o glutão que come em excesso, o pequeno comerciante com seu constante pavor de falência e o homem de grandes negócios, lutando por ganhar mais um milhão — todos estão também sob *stress*.

A mãe de família que tenta garantir a segurança de suas crianças, a criança que se escalda — e especialmente as próprias células da pele sobre as quais derramou café escaldante — todas elas estão também sob *stress*. Que condição misteriosa é essa que as mais diferentes pessoas têm em comum com os animais e mesmo com células individuais, nas ocasiões em que muito — muito de qualquer coisa — lhes acontece? Qual é a natureza dos *stress?*

Essa é uma questão fundamental na vida de qualquer de nós; ela está estreitamente relacionada com a essência da vida e da doença. A compreensão do mecanismo do *stress* abre aos médicos uma nova perspectiva no tratamento de moléstias e além disso nos proporciona um novo sistema de vida, uma nova filosofia destinada a guiar nossas ações, de conformidade com as leis naturais.

Talvez o meio mais simples de entrar no espírito desse conceito seja o de segui-lo através de sua evolução histórica. Mas fico em dúvida sobre por onde começar. Seria natural começar com a descoberta do *stress;* todavia, ao que parece, o homem sempre teve conhecimento dele, em certo sentido, mas, mesmo atualmente, ainda não conseguiu apreender completamente sua essência.

Talvez isso se aplique a todo conceito fundamental; não é fácil reconhecer descobertas.

Parece-me que a maioria das pessoas não percebe inteiramente até que ponto o espírito da pesquisa científica e as lições que dela emanam dependem do ponto de vista pessoal dos descobridores, no momento em que se efetuam observações básicas. O pintor e a mensagem em sua tela, o músico ou poeta e o impacto emocional de suas criações são apenas aspectos diversos de um mesmo fenômeno natural. É surpreendente o a que ponto a constância dessa relação, entre a criação e o criador, tem sido negligenciada, assim como surpreendem também os resultados mais impessoais da investigação científica. Numa época que tanto depende da ciência e dos cientistas, estou convencido de que esse ponto fundamental merece especial atenção. Devo ainda dizer aqui, no início desta obra, que um dos seus objetivos principais é demonstrar a importância dessa relação. Meu livro deve ter, portanto, o duplo propósito de descrever não apenas o que se aprendeu sobre o *stress,* mas também o processo psicológico que levou à sua descoberta. Esse duplo objetivo é minha desculpa pela inclusão de digressões aparentemente irrelevantes, nas quais tentarei analisar minhas próprias reações mentais às observações pessoais de laboratório.

QUE É UMA DESCOBERTA?

A América teria sido descoberta pelos índios, que aqui viviam desde tempos imemoriais, pelos nórdicos, que vieram por

STRESS – A Tensão da Vida

volta do século X, ou por Cristóvão Colombo, que aqui chegou em 1492? Não estará, ainda hoje, sendo descoberta, diariamente, por todos os que perfuram um novo poço de petróleo ou descobrem uma nova jazida de urânio neste continente? Isso depende do aspecto particular da América e do tipo de exploração a que você atribui maior importância. A descoberta é sempre uma questão de ponto de vista e extensão. Sempre que indicamos um indivíduo como o descobrir de qualquer coisa, estamos querendo dizer que ele é, para nós, mais do que qualquer outra pessoa, o responsável pela descoberta.

O cronista de qualquer descoberta se defronta com esses fatos intrigantes. Geralmente, o objeto da descoberta é suspeitado e mais ou menos divisado por muitas pessoas, de vários ângulos, muito antes de ser "realmente descoberto". Na prática, pouco importa quem realizou uma descoberta científica, desde que possamos desfrutar seus resultados. Nesse sentido, pouco importa quem descobriu a América, já que agora detemos a posse do continente. Mas, se desejamos partilhar a emoção de uma história verdadeira de aventura ou se pretendemos aprender as lições práticas que ela pode oferecer, essa questão tem importância.

Nesse campo, podemos aprender muita coisa. Entre outras, podemos aprender o que constitui uma importante descoberta para qualquer pessoa, durante sua vida cotidiana, e não somente para o pesquisador profissional, em seus experimentos científicos.

Voltemos à descoberta da América. Evidentemente, consideramos Colombo o descobridor somente porque ele, mais que qualquer outra pessoa, foi responsável pela entrega a nós — e por "nós", refiro-me aos não índios — de um novo continente. Os índios, certamente, não poderiam considerá-lo o descobridor da América. Do ponto de vista dos índios, seu desembarque marcou a data a partir da qual o homem branco foi descoberto.

HANS SELYE

Os grupos isolados de nórdicos que aportaram durante o século X tiveram o mérito de chegar à América muito antes de qualquer europeu, mas embora façam jus indubitavelmente, ao mérito de haver descoberto o continente para si próprios, em nada contribuíram para sua descoberta *para nós*. Suas explorações foram completamente esquecidas porque eles malograram em estabelecer uma ligação funcional e permanente entre o Novo e o Velho Mundo. Essa é a razão por que em nada nos beneficiaram. Os nórdicos também não auxiliaram Colombo em nada, pois, quando ele planejou sua viagem, muitos séculos depois, nem ele nem as pessoas que conhecia, sabiam de qualquer coisa sobre as viagens já efetuadas. Nós mesmos só tivemos conhecimento delas recentemente, muito depois de se ter a América convertido em parte do mundo civilizado. Colombo teve de planejar sua viagem com a desvantagem de nada saber sobre as explorações antecedentes.

A diferença mais importante entre a descoberta da América pelos índios, pelos nórdicos e por Colombo reside no fato de somente Colombo ter conseguido ligar o Continente Americano ao resto do mundo.

O que constitui a essência da descoberta científica não é ver alguma coisa primeiro, mas estabelecer uma sólida relação entre o que já se conhecia e o que é até então desconhecido.

É precisamente esse processo de relacionar que pode promover a verdadeira compreensão e o progresso real.

A questão da relatividade da descoberta tem impressionado vários cientistas. O grande bacteriologista norte-americano Hans Zinsser, por exemplo, declara: "Frequentemente, na história da Medicina, descobertas científicas tem servido unicamente para esclarecer e estabelecer controle objetivo sobre fatos que há muito vinham sendo empiricamente observados e utilizados na prática. Os princípios da contaminação e os microrganismos invisíveis foram claramente evocados e postulados por Fracasto-

STRESS — A Tensão da Vida

rius, mais de cem anos antes da invenção dos mais primitivos microscópios; o século anterior a Pasteur é rico em observações clínicas que, agora, parecem constituir uma espécie de período de gestação, o qual precedeu o nascimento de uma nova ciência" *(As I Remember Him,* p. 139).

Podemos aprender muita coisa pela análise das descobertas, o que nos permite ainda aprender muito mais sobre o próprio objeto da descoberta. Aprender, por estudos retrospectivos, o que torna uma descoberta pequena ou grande, tem um valor prático definido, pois isso nos auxilia a guiar nossos esforços dentro de nossos próprios setores; e há margem para descobertas em qualquer campo das atividades humanas. Para o homem, analisar as explorações efetuadas no campo mais profundo da natureza humana é algo duplamente instrutivo, pois nesse caso, ele é, a um tempo, o explorador e o campo da exploração.

Com isto em mente, façamos agora uma regressão a certos conceitos médicos arcaicos do *stress,* como agente produtor de doença. O leitor, provavelmente, estará perguntando a seus botões, nesta altura, o que pretendo dizer com *stress.* Posteriormente trataremos disso, mas até agora evitei, deliberadamente, dar uma definição formal, porque creio que seria mais instrutivo penetrar neste campo sem a influência de quaisquer ideias preconcebidas.

FEITICEIROS, ESPÍRITOS MALIGNOS E ENCANTAMENTOS (TRATAMENTO PELA DOR, TERROR, FEBRE, CHOQUE E SIMILARES). COMO PODE CURAR O QUE É DANOSO) "PÓNOS" – A LUTA DA DOENÇA. HOMEOSTASE – A PROPRIEDADE ESTABILIZADORA DO CORPO.

Durante muitos séculos a doença foi considerada algo causado por espíritos malignos ou demônios. Consequentemente — por exemplo, na medicina primitiva dos astecas e na Medicina da velha Babilônia, milhares de anos antes do início de nossa era — as doenças eram tratadas por *encantamentos* e *danças* ou por *drogas fortes, emplastros* e *bandagens constritoras*, que eram aplicados por feiticeiros ou médicos-sacerdotes, cuja aparência inspirava medo, a fim de aterrorizar e expulsar os demônios.

A *sangria* era outro remédio consagrado pelo tempo, utilizado no tratamento de certas doenças. É difícil estabelecer precisamente quando começou a ser utilizada. De qualquer forma, o processo de *sangria* (puncionar uma veia para permitir a saída de sangue) é claramente representado em alguns vasos gregos que datam de 150 AC; e ele permaneceu em uso, como prática corrente de medicina, até época recente. Na verdade, lembro-me de que durante minha infância, meu avô e meu pai, que eram médicos, ainda puncionavam veias e aplicavam sanguessugas, tratando as mais diversas moléstias pelo sistema de sangria.

A *flagelação* dos dementes era um processo comum na antiguidade e na Idade Média, usava-se para expulsar os demônios do corpo de pacientes que sofriam das mais diversas aberrações mentais.

Paracelso (cujo verdadeiro nome, algo bombástico, era Theophrastus Bombastus von Hoenheim) foi um famoso médico suíço do século XVI. Em seu tratado sobre "Doenças Que Privam o Homem da Razão", ele declara que o melhor método de cura, e que raramente falha, é submergir tais pessoas em *água fria*.

Por volta de 100 AD, o eminente médico grego Rufus de Éfeso, efetuou a importante descoberta de que *febre alta* pode curar várias doenças. Suas descrições indicam que ele experimentava especialmente com febres da malária; descobriu que essas febres são benéficas no tratamento de melancolia e outras perturbações mentais, assim como no tratamento de certas moléstias da pele, asma, convulsões e epilepsia. Contudo, não era ele o único a

STRESS — A Tensão da Vida

recorrer ao tratamento pela febre; certos povos da África, ao que consta, bebiam urina de bode para produzir febre e "sei também que um médico grego, Euenor, empregou esse remédio" (Ralph H. Major: *A History of Medicine*, p. 184).

Tais observações foram rapidamente esquecidas e somente cerca de dezessete séculos depois o grande valor do tratamento pela febre foi redescoberto e aplicado na medicina moderna. Em 1883, Julius "Wagner von Jauregg, psiquiatra vienense, notou o desaparecimento dos sintomas mentais em certos pacientes que haviam, acidentalmente, contraído febre tifoide. Tal fato impressionou profundamente o jovem médico, que continuou a pensar e a escrever sobre as possibilidades da febre na cura das moléstias mentais até que, dez anos depois, decidiu provocar a febre em pessoas sãs, deliberadamente, utilizando germes diversos. Obteve resultados especialmente espetaculares nos casos de pacientes que sofriam de perturbação mental sifilítica — paralisia geral — ao inoculá-los com germes de malária. O método passou então a ser aplicado por muitos outros médicos, em todo o mundo.

Isso foi rapidamente seguido pelo desenvolvimento de diversos tipos de terapia de choque no tratamento de moléstias mentais. Tratamentos desse tipo são fundados na produção de choques, quer por meio de corrente elétrica, quer por meio de certas drogas, tais como o metrazol e a insulina. Tais técnicas, hoje em dia, ainda são largamente empregadas.

Ninguém sabe, na verdade, como funciona essa terapia de choque. Ela nasceu da observação casual de pessoas cuja exposição acidental a certos tipos de choque as curou das moléstias de que sofriam. Parecia que o paciente, de certa forma, era "arrancado, de um tranco, da sua moléstia", como quando uma criança obstinada e teimosa cede ao receber o súbito golpe de um copo de água fria, atirada no rosto.

HANS SELYE

O aspecto mais característico de todos esses tratamentos era uma carência de qualquer relação entre a causa da moléstia e a forma com que era tratada, é racional que uma infecção possa ser curada por um remédio que elimina os germes que a causaram; mas por que a contaminação com malária ou os choques elétricos curam uma perturbação mental que é causada, por exemplo, pela sífilis? A incerteza quanto à forma de funcionamento de tais tratamentos criou sérias dúvidas; mas eles produziam resultados — e frequentemente em casos para os quais não havia qualquer outro tratamento — e assim ganharam uma imensa popularidade.

Posteriormente, durante a primeira metade deste século, um certo tipo de *terapias não específicas* esteve em grande voga. Isso não estava tão distante da terapia de febre e terapia de choque como se poderia imaginar. Elas eram fundadas na observação de que as condições dos pacientes com várias doenças do tipo crônico — reumatismo, por exemplo — melhoram frequentemente após injeções de vários produtos estranhos (assim como leite, sangue de outro tipo, ou certas suspensões de metais pesados) que estimulam uma forte reação por parte do corpo.

COMO PODE CURAR O QUE É DANOSO?

Que têm em comum todos esses tratamentos? À primeira vista, dir-se-ia: Nada. Mas ao pensar de novo na questão, chega-se à conclusão de que têm realmente algo em comum. Os exorcismos místicos de um médico-sacerdote, que inspiram medo, a perda de sangue, as dolorosas flagelações, a febre extenuante, o choque produzido pela corrente elétrica e a forte reação física contra as substâncias estranhas injetadas no corpo, tem um fator em comum: todas elas causam desgaste; todas elas causam *stress*.

O corpo poderá ser forçado a "saltar fora de uma doença" ao receber um impulso súbito, ou *stress*? Fica-se a pensar — tal-

STRESS – A Tensão da Vida

vez. Se, por exemplo, a repetição compulsória de determinadas ações defensivas físicas pode, por assim dizer, "enguiçar " alguns de nossos mecanismos vitais, um bom empurrão poderá pô-los a funcionar. Não há quem não tenha passado por essa experiência com um relógio, um receptor de rádio ou qualquer outro aparelho: quando um deles deixa de funcionar, subitamente, às vezes pode ser posto novamente a funcionar unicamente com umas sacudidelas. O mesmo se aplica ao toca-discos que sofre de "repetição compulsória", por ter a agulha aberto um sulco a mais no disco. Se isso pode ocorrer com uma máquina, por que não com um ser humano?

Ao contrário desse passivo ser-colocado-no-lugar, no homem um tratamento que represente uma grande ameaça poderá ativar até mesmo determinados mecanismos de defesa. Isso pode ser intensificado a tal ponto que os citados mecanismos consigam não somente anular as lesões causadas pelo tratamento que os acionou como também, incidentalmente, a doença original.

Um desses dois possíveis mecanismos explicará a natureza não-específica de todos esses tratamentos. Referindo-nos a *tratamento não específico,* queremo-nos ocupar daqueles cujos benefícios não são limitados a uma única doença. Nenhum dos tratamentos até agora mencionados, significativamente, é específico para determinada moléstia. Eles podem dar a impressão de não ser muito eficientes, mas podem produzir bons resultados no tratamento de moléstias entre as quais, aparentemente, não há qualquer relação. Uma febre artificialmente produzida, por exemplo, pode contribuir para a cura de uma moléstia mental, de uma inflamação ocular ou de uma artrite reumática.

Contudo, devemos admitir que estas são unicamente conclusões intuitivas e não explicações. O fato de um empurrão súbito acarretar às vezes o reinício do funcionamento de um aparelho danificado apenas nos leva a supor, e não a compreender,

HANS SELYE

como podem funcionar os tratamentos não específicos de choque e similares.

Voltaremos posteriormente a este ponto, depois de termos estudado o verdadeiro mecanismo do *stress* no homem, tal como é revelado pela investigação científica. Até recentemente isso era, entretanto, tudo quanto sabíamos — ou, talvez, devêssemos dizer, suponhamos — sobre o possível processo das curas produzidas por agentes não específicos. Essa é a razão de todos esses tipos de tratamento terem entrado e saído da moda, através de toda a História, sem estabelecer-se como práticas reconhecidas. Médicos cientificamente treinados não gostam de utilizar métodos que não podem compreender, pois geralmente tais práticas são incertas e perigosas. Se não sabemos o caminho (pelo sistema nervoso, hormonal ou outros) através do qual um tratamento funciona sobre o corpo, podemos estar sobrecarregando, sem sabê-lo, um ponto fraco no sistema do paciente. Se conhecemos o mecanismo de um tratamento, podemos, no mínimo, evitar aplicá-lo a pessoas que provavelmente não poderiam recebê-lo.

Julgamos que isso dê um bom quadro do que era conhecido sobre o elemento não específico — ou, como agora o denominamos, *stress* — no tratamento médico. Consideremos agora o que se conhecia sobre os fatores não específicos na produção de doença.

"PÓNOS" — A LUTA DA DOENÇA

Há vinte e quatro séculos, Hipócrates, o Pai da Medicina, dizia na Grécia a seus discípulos que a doença não é apenas sofrimento *(pathos)* mas também instrumento *(pónos)*, isto é, a luta do corpo para restabelecer a normalidade. Cá está uma *vis medicatrix naturae*, um elemento terapêutico da natureza, que cura de dentro para fora.

STRESS – A Tensão da Vida

Há cem anos, John Hunter indicava que "Há uma circunstância ligada aos ferimentos acidentais que não pertence à doença — isto é, uma vez produzido, o ferimento tem uma tendência, em todos os casos, para produzir a disposição e os meios de cura".

Este é um ponto importante que, a despeito de ter sido constantemente redescoberto durante os séculos, ainda não é geralmente entendido, nem mesmo hoje em dia. A doença não é apenas submissão à doença, mas também luta pela saúde; e a menos que haja luta, não há doença.

Nem todas as alterações das condições normais do corpo são doença. Somente por ter perdido uma perna na infância, um homem não será um doente durante toda a sua vida. Pode ser um inválido e, contudo, gozar de perfeita saúde, a despeito de sua deficiência física. Uma mulher que nasce desfigurada, com lábio leporino, por exemplo, pode ser gravemente desfigurada, mas não é doente. Por que? Por não haver *pónos,* por não haver tensão; a luta há muito foi perdida e agora reina a paz no corpo, ainda que seja um corpo deformado. O próprio conceito de doença pressupõe um choque entre forças agressivas e nossas defesas.

HOMEOSTASE — A PROPRIEDADE ESTABILIZADORA DO CORPO

Durante a segunda metade do século XIX, o grande fisiologista francês Claude Bernard ensinava no *Collège de France,* em Paris, que um dos traços mais característicos de todos os seres vivos é sua capacidade de *manter a constância de seu equilíbrio interno,* a despeito de modificações no meio ambiente. As propriedades físicas e a composição química de nosso corpo, de nossos fluidos e tecidos, tendem a manter uma admirável constância, a despeito de todas as modificações que sofremos. Um homem, por exemplo, pode ser submetido a temperaturas muito baixas e muito altas, sem que sua própria temperatura varie muito. Pode ingerir grandes quantidades desta ou daquela substância sem com isso alterar, substancialmente, a composição de seu sangue. Quando acontece falhar essa propriedade auto reguladora, sobrevêm a doença ou mesmo a morte.

Walter B. Cannon, o famoso fisiologista de Harvard, posteriormente denominou tal capacidade de os seres vivos manterem constância, *homeostase* (do grego *homoios,* como, similar, mais *stasis,* posição, atitude), a propriedade de manter-se o mesmo, ou estático. Poder-se-ia traduzi-lo aproximadamente como "poder estabilizador". O substantivo *termostata* (do grego *therme,* calor, mais *stasis)* em seu sentido comum é um aparelho destinado a manter uma temperatura estável — num aposento ou num forno, por exemplo — cortando automaticamente a fonte de produção de calor quando este começa a superar o limite estabelecido, ou restabelecendo a produção quando ele começa a cair abaixo do limite. *Termostase* é, portanto, a manutenção de uma temperatura estável; *homeostase* é estabilidade orgânica, ou a manutenção da estabilidade em todos os aspectos.

Consideremos agora tais conceitos e perguntemo-nos o que nos podem ensinar, no que se refere à natureza do *stress* ou doença.

Aparentemente, doença não é apenas sofrimento, mas também uma luta por manter o equilíbrio homeostático dos tecidos, a despeito das lesões sofridas. Aqui deve haver certo elemento do *stress,* pelo menos no sentido em que os engenheiros se referem a tensão e pressão, ao tratar da relação entre força e resistência. O que verificamos até este ponto, todavia, não nos dá razões para crer que o *stress não específico* desempenhe qualquer papel nesse processo. Tanto quanto sabemos, até agora, é que cada agente causador de lesão — germes ou tóxicos — pode

STRESS — A Tensão da Vida

ser enfrentado por um mecanismo especial de defesa, altamente específico. Exemplos podem ser encontrados na produção de anticorpos, que são eficientes apenas contra certos germes, ou na produção, pelo corpo, de certos antídotos específicos, que neutralizam a ação de um certo tipo de tóxicos, mas não a de outros.

Mas, nem mesmo tudo isso facilita a definição do *stress* biológico ou doença em termos precisos; todavia, leva-nos à vaga impressão de que vários tipos de tratamento e muitas doenças, quando não todas, tem certos pontos em comum, certos traços não específicos.

Poder-se-ia traduzir toda essa vaga impressão, de alguma forma, nos termos precisos da ciência moderna? Poderia ela indicar um meio de investigar a existência ou a inexistência de um sistema interno não específico de defesa de nosso corpo, um mecanismo destinado a combater qualquer tipo de doença?

Poderia conduzir-nos a uma *teoria unificada de doença*?

Através do mundo e através das épocas, muitos médicos devem ter-se interrogado a respeito dessa questão. Sou apenas um deles.

2. MEU PRIMEIRO VISLUMBRE DO *STRESS*

Impressões de um jovem estudante de medicina sobre Medicina. A "síndrome de estar apenas doente".

IMPRESSÕES DE UM JOVEM ESTUDANTE DE MEDICINA SOBRE MEDICINA

Em 1925, eu era estudante da Escola de Medicina, na velha Universidade alemã de Praga. Acabara de completar meus cursos de anatomia, fisiologia, bioquímica e das outras disciplinas que devíamos estudar, como preparação, antes de entrar em contato com nosso primeiro paciente. Eu me saturara de conhecimentos teóricos até o pleno limite de minha capacidade e estava ardendo de entusiasmo pela arte de curar; mas tinha apenas a mais vaga das ideias sobre como funciona a clínica, na prática. Então, chegou o grande dia, de que jamais me esquecerei, quando deveríamos comparecer à nossa primeira aula de clínica médica e verificar como são examinados os pacientes.

Aconteceu que, naquele dia, à guisa de introdução, tivemos oportunidade de observar diversos casos de moléstias infecciosas, em suas fases iniciais. À medida que cada paciente era trazido ao anfiteatro, o professor o interrogava e examinava, cuidadosamente. Verificamos que todos os pacientes se sentiam e aparentavam estar doentes, tinham a língua suja, queixavam-se de dores e agulhadas mais ou menos difusas nas juntas e de perturbações digestivas, além de perda de apetite. A maioria deles também tinha febre (às vezes acompanhada de confusão mental) o baço ou o fígado dilatados, amígdalas inflamadas, irritações cutâneas e assim por diante. Tudo isso era bem evidente, mas o professor atribuía pouca importância a qualquer desses característicos.

Depois, ele enumerou alguns sintomas "característicos" que poderiam facilitar a diagnose da moléstia. Esses, não consegui distinguir. Estavam ausentes ou, no mínimo, eram tão imperceptíveis que eu ainda não conseguia distingui-los; todavia, Ele nos disse que esses sinais indicavam as alterações importantes às quais deveríamos prestar a maior atenção. No momento, segundo nosso professor, a maioria dos sinais característicos ainda não aparecera e, até que surgissem, pouco havia a fazer; sem eles era impossível saber precisamente de que sofria o paciente e, em consequência, era evidentemente impossível prescrever qualquer tratamento eficiente para a doença. Era claro que muitos dos sinais principais de doença, que já se manifestavam, não interessavam

STRESS — A Tensão da Vida

grandemente ao nosso professor, precisamente por serem "não específicos" e, por conseguinte, "de nenhuma utilidade" para o médico.

Sendo aqueles os meus primeiros pacientes, eu ainda era capaz de considerá-los sem as ideias preconcebidas do ensino médico da época. Se meus conhecimentos fossem mais amplos, jamais teria feito perguntas, pois tudo estava correndo "como devia correr", isto é, o exame era efetuado "como o seria por qualquer médico capacitado". Se soubesse mais do que sabia, certamente teria sido detido pelo maior dos obstáculos ao aperfeiçoamento: a certeza de estar certo. Mas não sabia o que era certo.

Podia compreender que nosso professor tinha de encontrar manifestações específicas de uma moléstia para identificar a sua causa nos diversos pacientes. Isso, como entendi claramente, era necessário para que drogas adequadas pudessem ser prescritas, remédios com o efeito específico de matar os germes ou neutralizar as toxinas causadoras da doença.

Compreendia claramente tal processo; mas, como noviço, o que mais me impressionou foi o fato de apenas alguns sinais e sintomas constituírem as verdadeiras características de qualquer moléstia; a maioria das perturbações registradas é, aparentemente, comum a muitas e, talvez, a todas as doenças.

Por que será, perguntei-me, que agentes produtores de doenças tão diversas como os que produzem o sarampo, a escarlatina e a gripe, partilham com determinadas drogas, agentes alérgicos, etc., a propriedade de provocar as manifestações não específicas que havíamos observado? E era evidente que partilhavam dessa propriedade; na realidade, partilhavam a tal ponto que, mesmo para nosso eminente professor, era impossível distinguir entre as várias doenças, pelo fato de os sintomas parecerem iguais.

HANS SELYE

A "SÍNDROME DE ESTAR APENAS DOENTE"

Mesmo agora — trinta anos decorridos — lembro-me claramente da profunda impressão que me foi causada por essas considerações que me ocorreram. Não podia compreender como, desde a aurora da Medicina, os médicos tivessem procurado concentrar todos os seus esforços no reconhecimento de doenças *individuais* e na descoberta de seus remédios *específicos*, sem dar qualquer atenção a síndrome evidente de "estar apenas doente". Sabia que uma síndrome é geralmente definida como "grupo de sinais e sintomas que se apresentam em conjunto e caracterizam uma doença". Bem, os pacientes que acabáramos de ver apresentavam uma síndrome, mas ele parecia ser uma síndrome que caracterizava a própria doença e não *uma* doença.

Certamente, se é importante encontrar remédios que facilitem o tratamento desta ou daquela doença, seria ainda mais importante aprender alguma coisa sobre o mecanismo da doença e os meios de tratar essa "síndrome geral de doença" que, aparentemente, era registrada em todas as doenças específicas!!

Como justificativa para os dois pontos de exclamação, permita-me o leitor que lembre que nessa época eu tinha apenas dezoito anos. Em virtude da confusão criada na Europa Central pelas consequências da Primeira Guerra Mundial, foi-me permitido concluir o curso pré-médico assim que consegui obter aprovação nos exames vestibulares e, com o auxílio de um excelente repetidor, ingressei na Escola de Medicina a uma idade inusitada.

Em vista disso, talvez possa ser desculpado por ter pretendido resolver num instante todas essas questões, atacando meu problema com técnicas clássicas de pesquisa. Por vários dias, pensei em solicitar a nosso professor de fisiologia espaço no laboratório, para analisar a "síndrome geral de estar doente" com as técnicas da fisiologia, bioquímica e histologia que nos haviam sido ensinadas. Se tais métodos podiam ser utilizados para esclarecer

STRESS — A Tensão da Vida

fatos específicos, tais como o mecanismo normal da circulação ou do funcionamento do sistema nervoso, não via por que não pudessem ser usados com o mesmo êxito na análise da "síndrome geral de doença" que tanto me interessava.

Meus planos imediatos de separar o geral do específico, contudo, não se materializaram. Dentro de pouco tempo, defrontava-me com um problema que não tinha a mesma importância geral, mas que, para mim, era mais premente — a necessidade de obter aprovação nos exames. Além disso, jamais ousei levantar a questão junto a meu professor de fisiologia, temendo o ridículo. Afinal, não tinha um plano preciso; não dispunha de uma diretriz que orientasse o trabalho que me propunha.

Então, à medida que o tempo foi passando, todo o problema foi perdendo importância para mim. À medida que aprendia mais e mais sobre medicina, os diversos problemas específicos de diagnose e tratamento começaram a obliterar minha visão do não-específico. Os primeiros, gradualmente, foram ganhando importância cada vez maior e deslocando as questões da "síndrome de estar apenas doente" e "o que é doença, em geral?" de meu consciente, enquadrando-as na moldura daquele tipo de argumentos puramente abstratos, com os quais não vale a pena preocupar-nos.

3. COMO QUESTIONAR A NATUREZA

A sede de aprender. Grandes esperanças. Dúvidas profundas. A grande desilusão.

A SEDE DE APRENDER

Que é doença — não qualquer doença, mas a própria doença em geral? Eu me defrontava com essa questão, como provavelmente devem ter-se com ela defrontado grande número de médicos de todas as nações, através dos tempos. Mas não havia esperança de uma rápida resposta, pois a natureza — fonte de todo conhecimento — raramente responde a questões, a menos que lhe sejam submetidas sob a forma de experiência às quais possa responder "sim" ou "não". A natureza não é loquaz; ela somente acena, negativa ou positivamente. "O que é doença?" não constitui uma questão à qual possa responder dessa forma.

Ocasionalmente, se indagamos "Que faria você se...?" ou "Que há em tal e tal ponto ?" ela pode apresentar um quadro silencioso. Mas jamais explica. Inicialmente, você tem de organizar todo o trabalho, auxiliado somente pelo instinto e pela capacidade falível do cérebro humano, até que possa fazer perguntas precisas, às quais a natureza possa responder precisamente, em sua silenciosa linguagem de acenos e quadros. A compreensão surge de um mosaico de respostas desse tipo. Compete ao cientista traçar o plano das questões que deve formular antes que o mosaico faça sentido.

É curioso que tão reduzido número de leigos, ou mesmo de médicos, compreenda tal fato.

Se você deseja saber se certa glândula endócrina (isto é, hormonal) é necessária em função do crescimento, você a remove cirurgicamente do corpo de um animal de experiência em processo de crescimento. Se o crescimento cessa, a resposta é «sim». Se deseja saber se determinada substância extraída dessa glândula é um hormônio de crescimento, você a injeta no mesmo animal, e se ele voltar a crescer, a resposta ainda é «sim».

Tais são os acenos da natureza.

Se deseja saber o que há no tecido gorduroso em torno dos rins, você o disseca e encontra a suprarrenal. Se sua questão é referente à forma, tamanho ou estrutura dessa glândula, não terá

STRESS — A Tensão da Vida

mais que observá-la; você poderá até mesmo estudar os pormenores de sua estrutura com um poderoso microscópio.

Tais são os quadros da natureza.

Mas, se você perguntar "Que é uma suprarrenal?" não terá resposta alguma. Essa é uma pergunta errada, a que não se pode responder por acenos ou quadros.

Somente os abençoados com o dom da compreensão, que provém do sincero e profundo amor à natureza, poderão, agindo intuitivamente, estabelecer o plano conjunto das muitas questões que a ela devem ser submetidas para que se obtenha uma resposta ainda que aproximada para tal questão.

Somente os devorados por uma insaciável e incontrolável curiosidade pelos segredos da natureza poderão — e terão de fazê-lo — passar toda a vida trabalhando paciente e sucessivamente nos inúmeros problemas técnicos envolvidos na realização das incontáveis experiências necessárias.

Que é doença? — Que é *stress*?

Não sabia como apresentar a primeira dessas perguntas; nem cogitava da formulação da segunda.

Dez anos depois daquela primeira aula de clínica médica defrontei-me com os mesmos problemas, embora sob circunstâncias inteiramente diversas. Nessa ocasião, como um jovem assistente, estava trabalhando no Departamento de Bioquímica da Universidade McGill, em Montreal, numa questão totalmente estranha: hormônios sexuais. Contudo, devo tratar desse assunto pois ele me levará de volta a "síndrome de estar doente".

GRANDES ESPERANÇAS

Vários extratos preparados dos ovários (glândulas sexuais femininas) e da placenta (a grande membrana vascular através da qual o embrião recebe nutrição, no útero materno) são muito ricos em hormônios sexuais femininos.

Um hormônio é um mensageiro químico especifico produzido por uma glândula endócrina e segregada no sangue, para regular e coordenar as funções dos órgãos distantes. Os hormônios sexuais são coordenadores das atividades sexuais, inclusive reprodução.

Um extrato é obtido pela ação de solventes (água, álcool, etc.) sobre tecido (ovários de vacas, por exemplo) e transformação do produto numa solução. O extrato é puro quando contém apenas a substância desejada (um hormônio, por exemplo) e impuro quando contém também contaminantes (por exemplo, substâncias do ovário indesejáveis e talvez nocivas).

Diversos hormônios sexuais já haviam sido preparados a essa altura (1935), mas eu julgava que ainda havia outro a ser descoberto. Seria obrigado a fazer uma grande digressão se fosse explicar o que me levava a pensar assim. (Além disso, minha teoria era completamente destituída de fundamento, e, assim, não nos preocupemos com ela.) Contudo, no curso da experiência, injetei em ratos diversos extratos de ovário e placenta, para verificar se os órgãos desses animais sofreriam alterações que *não* poderiam ser atribuídas à ação de qualquer hormônio sexual *conhecido.*

Para minha grande satisfação, registraram-se alterações desse tipo nos ratos, a despeito da impureza dos meus primeiros extratos:

1. Registrou-se uma considerável dilatação do *córtex da suprarrenal.*

As suprarrenais são pequenas glândulas endócrinas, que ficam pouco acima dos rins, de ambos os lados. São constituídas por duas partes, a central, ou medula, e a exterior, ou córtex. Ambas produzem hormônios, mas de tipo diverso. Meus extratos, ao que parecia, estimulavam o córtex, sem provocar grandes alterações da medula. A parte cortical das suprarrenais mostrava-se não somente muito dilatada, mas também com os sinais microscópicos de activida-

STRESS – A Tensão da Vida

de intensificada (tais como a multiplicação de células e a descarga no sangue de gotículas de secreções que eram mantidas em reserva).

2. Registrou-se uma considerável redução (ou atrofia) do timo, baço, nódulos e de todas as outras estruturas linfáticas do corpo.

As estruturas linfáticas são constituídas de inúmeros e diminutos glóbulos brancos, semelhantes aos leucócitos que circulam no sangue. O papel do leucócito no tecido linfático maciço ou no sangue, não é perfeitamente conhecido, mas Ele parece tomar parte na defesa do organismo contra vários agentes hostis. Em pessoas expostas a raios X, por exemplo, os leucócitos tendem a desaparecer e, em consequência, as defesas do organismo contra a ação de todos os tipos de germes e venenos é gravemente debilitada.

Os leucócitos são produzidos pelos gânglios linfáticos, pequenos nódulos que se situam nas virilhas, nas axilas, ao longo do pescoço e em várias outras partes do corpo. Os leucócitos também constituem a maior parte dos tecidos do timo e do baço: daí a razão por que tais órgãos são denominados tecidos linfáticos ou timo-linfático. O timo é um grande órgão linfático localizado precisamente em frente ao coração, no peito. Nas crianças, é muito desenvolvido, mas depois da puberdade, tende a atrofiar-se, provavelmente pela influência dos hormônios sexuais.

Ao verificar que os órgãos linfáticos dos ratos se haviam desintegrado tão rapidamente, examinei também, naturalmente, os leucócitos no sangue. Seu número também fora reduzido, sob a influência de meu extrato de tecidos, mas ao estudá-los descobri, acidentalmente, uma alteração ainda mais extraordinária no quadro do sangue: o desaparecimento quase total das células eosinófilas.

Estas são glóbulos brancos do sangue, um tanto maiores, que assim são denominados por serem facilmente distinguidas por intermédio de um corante denominado *eosina*. Esse agente corante é frequentemente utilizado em trabalhos de histologia, para tornar as células mais visíveis ao microscópio. A função dos glóbulos eosinofilos é ainda controvertida, mas ao que parece, estão elas relacionadas com a alergia, pois seu número aumenta extraordinariamente quando uma pessoa sofre de asma, febre de feno ou condições semelhantes.

3. Registrou-se uma série de *úlceras* perfuradas, profundas, nas paredes do estômago e na primeira parte do intestino delgado, logo depois do estômago, a que denominamos duodeno.

Esses três tipos de alterações constituíam uma síndrome definida, pois, de certa forma, eram claramente interdependentes. Quando eu injetava apenas pequenas doses de extrato, todas essas alterações eram pequenas; quando a dose injetada era grande, as alterações eram pronunciadas. Mas sem utilizar o extrato eu jamais poderia produzir uma das três alterações, isoladamente. Tal interdependência de lesões é precisamente o que lhes dá o característico de síndrome. (Ver fotografia, Prancha 1.)

> Incidentalmente, uma síndrome tal como o descrito, consistente em três tipos de alterações, é em geral denominado *tríade*.

Disso tudo, concluí que meus extratos deveriam conter uma substância especialmente ativa e, tendo a preparação sido feita de ovários, presumi, inicialmente, que se tratasse de um hormônio do ovário. Apoiando, aparentemente, tal conclusão, uma das mais importantes manifestações da tríade era uma alteração numa glândula endócrina, o córtex da suprarrenal, e outra ainda era a involução do sistema timo-linfático, um tipo de tecido cuja tendência a se atrofiar sob a ação de hormônios sexuais é conhecida.

Evidentemente, para mim a questão mais importante residia no fato de nenhum hormônio de ovário, ou combinação

STRESS – A Tensão da Vida

de hormônios de ovário, conhecidos até aquela época, ter provocado dilatação da suprarrenal, involução timo-linfática e úlceras no tubo intestinal. Parecia claro que nos defrontávamos com um *novo* hormônio de ovário.

Pode-se imaginar qual tenha sido minha satisfação! Aos 28 anos, eu já parecia estar na pista da descoberta de um novo hormônio. Cheguei mesmo a aperfeiçoar um método destinado a identificá-lo nos extratos, isto é, a verificação, nos ratos tratados com esse hormônio, da *tríade* que descrevi. Agora, a concentração e o isolamento do novo hormônio, em sua forma pura, parecia ser unicamente uma questão de tempo.

DÚVIDAS PROFUNDAS

Infelizmente, tal satisfação não estava destinada a durar muito. Não somente extratos do ovário, mas também da placenta, produziam a mesma *tríade*. Isso, inicialmente, não me preocupou muito; afinal, sabíamos que tanto o ovário quanto a placenta podem produzir hormônios sexuais femininos. Comecei a ficar confuso, todavia, quando verifiquei, posteriormente, que até os extratos da pituitária produziam a mesma síndrome.

A *pituitária,* ou hipófise, é uma pequena glândula endócrina presa aos ossos do crânio, logo abaixo do cérebro. Ela produz alguns tipos de hormônios, mas tanto quanto sabemos, não produz hormônios de ovário.

Entretanto, mesmo tal fato não me perturbou grandemente, desde que o meu hormônio seria de novo tipo e (quem o saberia?) talvez a pituitária pudesse produzi-lo.

Mas fiquei realmente perplexo ao descobrir, pouco mais tarde, que extratos do rim, baço, ou de qualquer outro órgão, produziam a mesma *tríade*. Não seria o agente determinante uma espécie de "tecido hormonal" geral, que poderia ser produzido por quase todas as células?

Outro fato inexplicável era o de todos os esforços desenvolvidos para purificar os extratos ativos levarem a uma redução de sua potência. As preparações mais rudimentares — as mais impuras — eram, invariavelmente, as mais ativas. Isso não parecia fazer sentido.

A GRANDE DESILUSÃO

Jamais me esquecerei de uma tarde, particularmente escura e chuvosa, durante a primavera de 1936, quando sofri a grande desilusão. Estava sentado em meu pequeno laboratório, considerando o crescente volume de indícios que mostravam ser muito improvável que meus extratos contivessem um novo hormônio, pelo menos no sentido lato do termo. Minha substância não podia ser o produto específico de qualquer glândula endócrina; descobria quantidades similares dela em quase todos os órgãos. Todavia, as alterações produzidas por tais extratos eram das mais reais e constantes. Deveria haver algo em tais preparações que determinasse seus efeitos característicos. Que poderia ser?

Foi então que um horrível pensamento me ocorreu: pelo que sabia, toda a síndrome poderia resultar meramente da toxidez de meus extratos, de não os ter purificado suficientemente.

Nesse caso, está claro, todo o meu trabalho não significava coisa alguma. Não estava mais na pista da descoberta de um novo hormônio de ovário; na verdade, não estava nem ao menos lidando com um "tecido hormonal" específico, mas unicamente com lesões produzidas.

Ao pensar nisso, aconteceu que meus olhos pousaram sobre um frasco de formol, na prateleira localizada em frente à minha mesa.

STRESS — A Tensão da Vida

Formol é um líquido extremamente tóxico e irritante. Usamo-lo na preparação de tecidos para estudo microscópico, como fixador. Assim como usamos fixadores na revelação de fotografias, em estudo microscópico utilizamos determinados agentes para fixar a estrutura das células, pela precipitação instantânea de seus constituintes no estado natural.

Nesse caso, pensei, se minha síndrome resulta unicamente de lesões de tecido, poderia reproduzi-lo, injetando em ratos soluções diluídas de formol. As células em contato imediato com o formol seriam precipitadas e mortas e o resultado seria uma considerável lesão nos tecidos. Tal experiência parecia ser uma boa forma de traduzir a questão que eu desejava formular: poderia um liquido tóxico, que não é produzido por qualquer tecido vivo, reproduzir meu síndrome?

Comecei imediatamente a efetuar tais experiências e, em menos de 48 horas, ao examinar os órgãos dos animais, a resposta era das mais evidentes. Todos os ratos apresentavam dilatação do córtex da suprarrenal, atrofia timo-linfática e úlceras intestinais, de um grau muito mais elevado que o produzido por quaisquer de meus extratos de tecidos.

Creio que jamais sofri tamanha desilusão! Subitamente, todos os meus sonhos de descobrir um novo hormônio ruíram por terra. Todo o tempo e material empregados naquele longo estudo haviam sido perdidos.

Tentei dizer a mim mesmo: "Você não pode deixar-se abater por uma coisa dessas; afinal de contas, felizmente, nada foi publicado sobre o "novo hormônio", nenhuma confusão foi estabelecida no espírito de terceiros e, portanto, não há nada de que se retratar". Tentei dizer a mim mesmo, repetidamente, que tais desilusões são inevitáveis na carreira de um cientista; eventualmente, qualquer um está sujeito a tomar o caminho errado, e é precisamente a visão necessária para reconhecer tais erros que caracteriza o investigador competente. Mas tudo isso era um fraco consolo e, na verdade, durante alguns dias, senti-me tão deprimido que não consegui trabalhar em coisa alguma. Permanecia simplesmente sentado em meu laboratório, ruminando sobre como poderia ter evitado aquela desventura e cismando sobre o que deveria fazer doravante.

Afinal, decidi que a única coisa que havia a fazer, está claro, era reerguer-me, admitir meu erro e voltar a trabalhar com alguns dos problemas endocrinológicos mais ortodoxos, que haviam despertado minha atenção antes que me deixasse levar por aquela infortunada empresa. Afinal, era jovem e muitos caminhos estavam abertos à minha frente. Todavia, por mais que me esforçasse não consegui esquecer minha *tríade* nem me forçar a trabalhar no laboratório, durante muitos dias.

O período de introvertida contemplação que se seguiu foi fator decisivo de toda minha carreira; indicou-me o caminho para todo meu trabalho subsequente. Contudo, mais importante que isso, abriu perspectivas das mais tentadoras em sua promessa de aventura e finalidade, que animaram aquela insaciável curiosidade sobre os processos da natureza que, desde aí, deveria constituir meu delicioso tormento.

4. O NASCIMENDO DO SAG

Um novo ponto de vista. Se assim fosse... Uma mudança de opinião. Desânimo. Encorajamento. Planos para futuras pesquisas. Qual é o desígnio deste exame? As primeiras dificuldades semânticas. A primeira publicação sobre a síndrome de *stress*. As três fases. De que se necessitará para fazer pesquisas?

STRESS – A Tensão da Vida

Mais dificuldades semânticas. O desagrado produzido por uma palavra pode provir unicamente da incapacidade de apreender seu significado. Ainda dificuldades semânticas! O termo *"stress"* emerge vitorioso.

UM NOVO PONTO DE VISTA

À medida que persistia em minhas infortunas experiências e suas possíveis interpretações, ocorreu-me, subitamente, que elas poderiam ser consideradas de um ponto de vista inteiramente diverso. Se se registrava algo como uma única reação não-específica do corpo a qualquer tipo de lesão infligida, valeria a pena estudar essa condição em si. Na verdade, esclarecer o sistema de funcionamento desse tipo de "síndrome de reação à lesão como tal", estereotipada, poderia muito bem ser mais importante, para a medicina, que a descoberta de mais um hormônio sexual.

Ao repetir-me constantemente, "uma síndrome de reação à lesão, como tal" minhas primeiras impressões de estudante da síndrome clínica de "estar apenas doente", começaram a surgir, gradualmente, de meu subconsciente, onde haviam estado ocultas por mais de uma década. Seria possível que tal síndrome no homem (a sensação de estar doente, as dores difusas em juntas e músculos, as perturbações digestivas acompanhadas de perda de apetite, a perda de peso) constituísse, de certa forma, o equivalente clínico do síndrome experimental, a tríade (estímulo das suprarrenais, atrofia timo-linfática, úlceras intestinais) que eu havia produzido em meus ratos com a utilização de diversas substâncias tóxicas?

SE ASSIM FOSSE...

Se assim fosse, as implicações médicas gerais de tal síndrome seriam imensas! Certo grau de lesões não específicas é indubitavelmente aduzido às características específicas de qualquer doença, sob os efeitos específicos de qualquer droga.

HANS SELYE

Se assim fosse, tudo quanto havíamos aprendido sobre as manifestações características de doenças, sobre os efeitos específicos de drogas, demandaria revisão.

Se assim fosse, isso significaria que minhas primeiras impressões de estudante, sobre a uniteralidade do pensamento médico eram justificadas e não constituíam, de forma alguma, questões ociosas sem soluções práticas. Se a "síndrome de lesão" se superpõe aos efeitos específicos de todas as doenças e remédios, um inquérito sistemático no mecanismo da síndrome poderia perfeitamente fornecer-nos uma sólida base científica para o tratamento da lesão em si.

Se assim fosse, teríamos estado a considerar a medicina — doença e tratamento — unicamente a partir do específico, mas através de óculos cujas lentes tinham a cor do não específico. Agora, cientes de tal fator enganoso, poderíamos por de lado os óculos e estudar as propriedades da doença e do tratamento livres da obliteração determinada pela cor das suas lentes.

Já se sabia há muito, pela experiência prática, que certas formas de terapia são não específicas, isto é, são aplicáveis a pacientes que sofram de quase qualquer espécie de doença. Na verdade, tais terapias eram aplicadas há vários séculos. Uma delas determina ao paciente que vá para a cama e descanse; outra prescreve a ingestão de alimentos facilmente digeríveis e proteção contra o mau tempo, variações bruscas de temperatura e umidade.

Além disso, eram também utilizados todos os tratamentos não específicos que nos haviam sido ensinados na escola de medicina, tais como injeções de substâncias estranhas ao corpo, terapia de febre, ou sangria. Evidentemente, eles eram úteis em determinados casos. O problema residia no fato de frequentemente não produzirem resultado e de, às vezes, produzirem efeitos danosos; e desde que nada conhecíamos sobre seu mecanismo, utilizá-los era ainda algo como dar um tiro no escuro.

STRESS – A Tensão da Vida

Se pudéssemos provar que o organismo tem um sistema geral não específico de reação, com o qual poderia anular as lesões produzidas por diversos agentes de doença em potencial, tal reação defensiva seria passível de análise realmente científica, estritamente objetiva. Compreendendo o mecanismo de resposta através do qual a própria natureza se opõe a lesões de vários tipos, poderíamos aprender a intensificar essa resposta quando ela é imperfeita.

MUDANÇA DE OPINIÃO

Estava verdadeiramente fascinado por essas novas possibilidades e decidi, imediatamente, alterar os meus planos para o futuro. Em lugar de abandonar o problema do *stress* e voltar à endocrinologia clássica, estava agora preparado para passar o resto de minha vida a estudá-lo. Jamais tive ocasião de arrepender-me de tal decisão.

DESÂNIMO

Talvez valesse a pena mencionar, a esta altura, que tive de vencer consideráveis inibições mentais em meus esforços para aplicar esse plano. Hoje em dia talvez seja difícil conceber quão absurdo tal plano se afigurava a muita gente, antes que eu dispusesse de mais fatos para demonstrar sua aplicação. Lembro-me, por exemplo, de um veterano experimentador a quem eu muito admirava e cuja opinião tinha para mim grande peso. Sabia que era um grande amigo, realmente interessado em ajudar-me nos meus esforços de pesquisador. Certo dia, durante aquelas semanas de intenso trabalho, pediu-me que comparecesse a seu gabinete, para uma boa e franca conversa. Ali, lembrou-me inicialmente que, por meses a fio, tentara convencer-me de que deveria abandonar aquela linha ociosa de pesquisa. Assegurou-me que, em sua opinião, eu reunia todas as qualidades essenciais para um bom pesquisador; que evidentemente eu poderia dar uma séria contribuição aos setores geralmente reconhecidos e aceitos da endocrinologia; nessas circunstâncias, por que preocupar-me com aquela brincadeira no escuro?

Repliquei a tais observações com minhas explosões usuais, de entusiasmo juvenil incontrolado pelo meu novo ponto de vista; esbocei novamente as imensas possibilidades inerentes ao estudo das lesões não específicas que se registram paralelamente a todas as doenças e a todos os medicamentos, com exceção dos mais brandos.

Quando ele percebeu que me dispunha a fazer uma outra longa e entusiástica descrição dos efeitos que observara em animais tratados com esta ou aquela substância tóxica impura, fitou-me desanimado, com olhos desesperadoramente tristes, observando: "Mas, Selye, tente compreender o que está fazendo, antes que seja tarde demais! Você está decidindo dedicar toda sua vida ao estudo da *farmacologia da, sujeira!*"

Ele estava certo, é claro. Ninguém poderia tê-lo expressado mais incisivamente; daí a razão pela qual me feriu tão fundo, tanto que ainda posso recordar a frase, mais de vinte anos decorridos. A farmacologia é a ciência que explora as ações de drogas específicas ou tóxicas e eu não iria estudar nada além de seus efeitos indesejáveis e acidentais, isto é, não específicos. Contudo, para mim, a *farmacologia da sujeira* parecia ser o mais promissor dos campos da medicina.

Não posso, entretanto, dizer que não tenha hesitado; no decorrer do tempo, frequentemente duvidei do acerto de minha decisão. Poucos, entre os pesquisadores mais experientes e reconhecidos, em cujo julgamento se pode confiar frequentemente, concordavam com meus pontos de vista; e para um noviço não seria tolo e pretencioso contradizê-los? Talvez estivesse obstinado

STRESS – A Tensão da Vida

na adoção de um ponto de vista errado. Não estaria, talvez, perdendo meu tempo?

ENCORAJAMENTO

Em tais momentos de dúvida, constituiu grande fonte de animação e estímulo o fato de, desde o início, um dos mais respeitados cientistas canadenses, "sir" Frederick Banting, estar manifestamente interessado em meu plano. Nessa ocasião, Ele efetuava visitas regulares aos laboratórios de universidades de todo o país, em sua qualidade de conselheiro do Conselho Nacional Canadense de Pesquisas. Quando estava em Montreal, aparecia com frequência e sem cerimonias em meu pequeno e repleto laboratório. Como geralmente não havia muito espaço disponível, ele costumava sentar-se na mesa, ouvindo atentamente minhas observações cheias de esperança sobre a "síndrome de estar apenas doente".

Nada poderia fazer-me maior bem! Foi também Ele quem me auxiliou a obter a primeira e modesta ajuda financeira necessária para esse tipo de pesquisa, mas isso não tem grande importância. Mais que qualquer outra coisa deste mundo, eu necessitava de seu apoio moral, do sentimento confortador de verificar que era levado a sério pelo descobridor da insulina.

Às vezes fico a cismar, imaginando se poderia ter levado a cabo meu propósito sem seu estímulo.

PLANOS PARA FUTURAS PESQUISAS

A próxima questão a decidir era a de como prosseguir estudando *a nova síndrome*. Imediatamente defrontei-me com uma série de questões:

1) até que ponto tal síndrome é realmente *não específico*?

2) além das já observadas, quais seriam suas *outras manifestações?*

3) *como se desenvolve ele no tempo?* O grau das manifestações será meramente proporcional ao das lesões produzidas, em todos os casos, ou a síndrome — como muitas moléstias infecciosas — desenvolver-se-ia em fases distintas, em ordem cronológica?

4) até que ponto eram as manifestações da síndrome não específica *influenciadas por ações específicas* dos agentes que as determinavam? Todos os germes, tóxicos e agentes alérgicos têm características especiais, que distinguem seus efeitos dos produzidos por todos os outros agentes. Contudo, quando qualquer substância atua sobre o corpo, Ele também aciona automaticamente um mecanismo não específico. Portanto, o quadro resultante teria de ser composto, constituído tanto por ações específicas quanto por não específicas. Poderiam elas ser isoladas?

5) que poderíamos descobrir sobre o *mecanismo,* a "dinâmica" dessa reação, isto é, os meios através dos quais as várias alterações orgânicas são produzidas?

Esta e muitas outras questões levantavam-se não somente de forma espontânea, mas tornavam-se também suscetíveis de análise científica objetiva assim que o conceito da "síndrome não específica" se cristalizou. Agora, era apenas uma questão de tempo descobrir as respostas para todas as questões que não poderiam nem ao menos ter sido formuladas antes de a descoberta de uma única "reação estereotipada à lesão" ter tomado forma precisa.

QUAL É O ÂMBITO DESTE ESTUDO?

Julguei que nossa primeira questão a ser formulada fosse "Até que ponto esta síndrome é não específica?". Até então, eu o produzira unicamente com injeções de substâncias estranhas

STRESS – A Tensão da Vida

(extratos de tecidos, formol). Experiências subsequentes demonstraram que se pode produzir essencialmente a mesma síndrome com hormônios purificados, tais como adrenalina (hormônio da medula da suprarrenal) ou insulina (hormônio do pâncreas). Pode-se também produzi-lo por meio de agentes físicos, tais como frio, calor, raios X ou traumatismo físico; pode-se produzi-lo com hemorragia, dor ou exercício muscular forçado; na verdade, é *impossível encontrar um agente nocivo que não produza a síndrome*. O âmbito deste estudo parecia ilimitado.

AS PRIMEIRAS DIFICULDADES SEMÂNTICAS

Nesse ponto, tornei-me dolorosamente consciente das dificuldades puramente linguísticas que emanavam de meus novos pontos de vista sobre pesquisa. Novos conceitos requerem novos termos para sua descrição. Contudo, os neologismos geralmente nos desagradam, talvez porque — especialmente no que se refere aos síndromes e sintomas clínicos — as novas designações sejam frequentemente sugeridas com o único fito de dar a impressão de uma nova descoberta. Está claro que uma nova designação, quando mal escolhida ou superficial, pode contribuir para maior confusão, em lugar de esclarecimento. Todavia, agora eu necessitava denominar duas coisas: a própria síndrome não específica e o que o produzia. Não consegui encontrar uma denominação apropriada para nenhuma delas.

A PRIMEIRA PUBLICAÇÃO SOBRE SÍNDROME DE *STRESS*

Meu primeiro artigo, no qual tentei demonstrar que a síndrome de *stress* poderia ser estudada independentemente de todas as alterações específicas, foi publicado, por acaso, no dia da independência dos Estados Unidos, 4 de julho de 1936. Tinha a forma de uma pequena nota de 74 linhas, reproduzida numa coluna da revista inglesa *Nature,* sob o título: "Síndrome produzida por vários agentes nocivos".

Embora em conversa e em conferências eu tivesse empregado previamente o termo *stress biológico,* referindo-me ao que causava tal síndrome, na ocasião em que aquele primeiro artigo foi publicado — provocando críticas violentamente hostis — havia aberto mão, temporariamente, dessa expressão. O haver empregado a palavra *stress* com referência a reações do corpo dera margem a muitas críticas, pois na linguagem corrente (inglês) implicava solicitação excessiva do sistema nervoso. Não desejava obscurecer meus verdadeiros objetivos com tais pendências sobre terminologia e esperava que o termo *noxious* (especialmente depois de ter sido refinado em *nocuous,* pelo jornal britânico) pudesse ser considerado menos odioso que *stress.* (*)

AS TRÊS FASES

Nesse mesmo artigo, também sugeri a designação *reação de alarme* para a resposta inicial — isto é, a *tríade* anteriormente mencionada — pois que tal síndrome provavelmente representasse a expressão corporal de uma mobilização total das forças de defesa.

Mas tal reação de alarme não constituía, evidentemente, toda a resposta. Minhas primeiras experiências demonstraram que um estágio de adaptação, ou resistência, seguia-se à exposição contínua a qualquer agente nocivo, capaz de provocar esta reação de alarme (a menos que matasse imediatamente). Se o corpo se defronta com agente tão nocivo que a contínua exposição a ele seja incompatível com a vida, a morte se segue à reação de alarme,

---

(*) *Noxious* quer dizer nocivo. Nota do tradutor.

STRESS – A Tensão da Vida

dentro das primeiras horas ou dias. Para que a sobrevivência seja possível, a citada reação de alarma dá margem a uma segunda fase, que denominei *fase de resistência*.

As manifestações desta segunda fase são muito diferentes, e no que se refere a certos pontos, diametralmente opostos aos que caracterizam a reação de alarma. Por exemplo, durante a reação de alarma, as células do córtex das suprarrenais descarregam seus grânulos — microscopicamente visíveis — de secreção hormonal, na circulação. Consequentemente, as reservas da glândula são gastas. Por outro lado, durante a fase de resistência, o córtex acumula uma reserva abundante de grânulos segregados. Na reação de alarma o sangue torna-se mais concentrado e registra-se uma redução de seu peso específico; mas, durante a fase de resistência, Ele se apresenta diluído e com peso específico normal. Muitos exemplos similares podem ser citados, mas estes são suficientes para ilustrar o caminho por meio do qual podemos acompanhar objetivamente as alterações de resistência em diversos órgãos.

Fato curioso, depois de exposição ainda mais prolongada a qualquer dos agentes nocivos de que me utilizava, essa adaptação adquirida era afinal perdida. O animal entrava na terceira fase, *fase de exaustão,* cujos sintomas eram, em muitos pontos, estranhamente semelhantes ao da reação inicial de alarma. Ao fim de uma vida sob *stress,* isso era uma espécie de envelhecimento prematuro, consequente do desgaste, uma espécie de segunda infância que tinha muitos pontos de contato com a primeira.

Todos os pontos registrados demandavam uma designação geral, para toda a síndrome. E desde que este parecia tão intimamente relacionado com a adaptação, denominei o conjunto de respostas não específicas de *síndrome de adaptação geral.* Geralmente, esse termo é representado pela abreviatura SAG. No tempo, o conjunto da síndrome evolui de acordo com as fases que já citei, isto é: (1) reação de alarme (R A); (2) fase de resistência (FR) ; e (3) a fase da exaustão.

Denominei tal síndrome de *geral* pelo fato de ser produzida especialmente por agentes que têm efeito geral sobre grandes partes do corpo. Chamei-a *de adaptação* por estimular defesas e, portanto, facilitar o estabelecimento e a manutenção de uma fase de reação. Denominei-a, finalmente, *síndrome* por serem suas manifestações individuais coordenadas e mesmo parcialmente interdependentes.

Já verificamos que a ideia do *stress* reverte aos *pónos* da medicina da Grécia antiga e que há muito se conhecem até certos efeitos não específicos de drogas. O uso prático das medidas produtoras do *stress,* como terapia, tem sido frequentemente classificado de panaceia, sendo sempre posto de lado, após alguns anos, como demonstração de superstição ou charlatanice. As partes componentes desse conceito eram muito enganosas para que pudessem ser ligadas e abarcadas como um todo e, sendo assim, esse todo, ou conjunto, não podia ser analisado e compreendido.

É significativo usarmos em inglês a palavra *abarcar* (grasping) como sinônimo de *compreender* (understanding), precisamente por significar "segurar ou agarrar um objeto físico com as mãos". Compreender é abarcá-lo mentalmente. Fisicamente, você só pode abarcar qualquer coisa quando, por exemplo, a segura entre os dedos sobre os quais exerce controle.

A compreensão é um processo similar. Não constitui uma experiência mental totalmente nova, essencialmente diversa da observação, assim como abarcar e tocar fisicamente determinado objeto não são ações tão diversas. Compreender constitui unicamente a fixação sólida de um elemento relacionado com todo nosso conhecimento.

Através de toda a história médica, partes do conceito do *stress* têm sido observadas à deriva, flutuando sem destino, como

STRESS – A Tensão da Vida

troncos lançados ao mar, periodicamente alcançando grande altura, no topo das vagas da popularidade, e depois mergulhando lentamente nas profundidades do descrédito e do esquecimento.

Inicialmente, temos de unir esses troncos dispersos (fatos observados) por meio de cabos sólidos (teorias úteis), e afinal garantir a resultante balsa (SAG), ancorando-a com elementos sólidos, geralmente aceitos (medicina clássica) antes que possamos utilizar sua madeira.

Era isso que tinha em mente ao tratar da essência da descoberta. *Descobrir não significa ver, mas revelar o que se viu de forma que seja e continui a ser visto por muitos, para sempre.*

No que se refere ao SAG, o processo de compreendê-lo e acrescentá-lo aos nossos demais conhecimentos progredira, nessa ocasião, em duas dimensões: 1) *no espaço,* pelo fato de três pontos fixos terem sido estabelecidos como parte de uma síndrome coordenada: a suprarrenal, o timicolinfático e as alterações intestinais. Têm eles recebido o nome de *tríade.* 2) *no tempo,* foi demonstrado que o SAG se desenvolve através de três fases distintas: a reação de alarme; a fase da resistência e a fase da exaustão. Segue, portanto, um desenvolvimento lógico e previsível.

Tal figura não passava de um esboço, e esboço incompleto. Já se conhecia, anteriormente, muita coisa sobre *pónos.* Muita coisa mais foi investigada e escrita desde aí, a propósito de alterações relacionadas com o SAG ou *síndrome de stress,* como é também conhecido atualmente. A única coisa importante em relação aos nossos pontos fixos no espaço e no tempo residia no fato de permitirem eles abarcar o *stress;* tinham força suficiente para impedir que o conceito escapasse novamente por entre nossos dedos; estabeleceram as condições para a realização de uma análise científica precisa. Podíamos agora traçar um plano de pesquisa sistemática sobre o *stress.* Há mais a ser dito sobre esse plano, posteriormente; mas apenas a título de ilustração, podíamos agora efetuar experiências práticas para verificar se os efeitos do stress sobre o tecido linfático depende ou não da atividade da suprarrenal. Para estabelecê-lo, nada mais tínhamos a fazer que verificar se o tecido timicolinfático dos animais empregados em experiência se atrofia em consequência do stress, mesmo depois da remoção das suprarrenais. Não poderíamos ter levantado questões precisas dessa natureza sobre o mecanismo do *stress*, antes de terem sido estabelecidos os nossos pontos fixos.

Agora, antes de nos aprofundarmos mais na história do stress, poderia ser interessante entrar no espírito desta investigação, fazer uma pausa para debater alguns problemas da pesquisa em geral e os pensamentos que cruzam a mente do investigador que, no interior de um laboratório, passa toda a vida a fazer pesquisas dessa natureza.

DE QUE SE NECESSITARÁ PARA FAZER PESQUISAS?

A descrição eminentemente técnica de uma descoberta é baseada unicamente em valores intelectuais que podem ser medidos; contudo, na vida prática, a ciência está longe de ser apenas um produto do pensamento consciente. Realmente, creio que, de costume, quanto maior for uma criação científica, maior terá sido o papel do instinto e das emoções em sua concepção. Para tornar verdadeiro um grande sonho, o requisito fundamental é uma grande capacidade de sonhar; a segunda é persistência — fé no próprio sonho. A tão glorificada qualidade da inteligência é tão comum, entre pessoas ocupadas com sonhos científicos, que raramente constitui o elemento principal na realização de uma descoberta.

O intelecto puro é especialmente uma qualidade da mente de classe média. O mais desclassificado vagabundo e o maior

STRESS — A Tensão da Vida

dos criadores, em qualquer campo da atividade humana, são motivados especialmente por instintos e emoções imponderáveis e, especialmente, pela fé. Curiosamente, mesmo a pesquisa científica — o mais intelectual dos esforços criadores de que o homem é capaz — não constitui uma exceção a tal princípio. É por isso que o objetivo, forma destacada de uma publicação científica original ou de um manual, carece das condições necessárias para bem representar o espírito de uma investigação.

Quando se inicia uma carreira de pesquisa, é desanimador pensar que provavelmente a maioria das descobertas importantes já foram feitas pelas mentes extraordinárias que, no decorrer de tantos séculos, exploraram os principais problemas da medicina. Conversando com meus estudantes, ouvi mais de uma vez observações semelhantes. Muitos dos noviços também estão realmente convencidos de que para fazer descobertas realmente interessantes, hoje em dia, é necessário que se disponha de grandes verbas, laboratórios modernos, equipados com todos os tipos de aparelhamento moderno e caro e, sempre que possível, de um quadro de assistentes altamente qualificados. Alguns estudantes deixam-se desencorajar, frequentemente, pelo pensamento de que já pertence definitivamente ao passado a época em que era possível fazer uma descoberta médica imortal unicamente pelo exame de uma determinada parte do corpo humano, até então inexplorada.

Tomemos as suprarrenais, que desempenham papel tão relevante em nossa história: o fato mais importante a respeito das suprarrenais é o de elas existirem. Sem saber disso, nada descobriríamos a seu respeito. Este fato básico foi revelado em 1563, por Bartolommeo Eustacchio, médico do cardeal della Rovere. Em virtude de suas relações com altos funcionários, Eustacchio conseguiu obter permissão para efetuar dissecções em Roma. Depois disso, o resto foi fácil: por meio de uma simples sondagem no tecido gorduroso que reveste o ápice dos rins, ele *tinha* que descobrir as suprarrenais — não havia como deixar de descobri-las. Creio que essa é uma forma errónea de considerar tais questões. Primeiro, deve ter havido uma curiosidade científica insaciável para superar os preconceitos do século XVI, a ponto de se apresentar uma solicitação para dissecar o corpo humano. Segundo, evidentemente requereu grande perspicácia reconhecer naquela pequena secção comum de tecido esbranquiçado, imerso em uma camada gordurosa que apresentava cor quase idêntica, um órgão definido, que valia a pena estudar e descrever. Devemos sempre medir a importância de uma descoberta em relação ao ambiente e a época em que foi feita; e creio que cada período diferente oferece ao investigador científico a mesma proporção, aproximadamente, de vantagens e desvantagens. Não devemos invejar os antigos anatomistas por estarem em condições de efetuar grandes descobertas empregando meios simples, assim como não devemos lamentar a possibilidade de nossos instrumentos de pesquisa parecerem muito primitivos em relação aos utilizados pelos investigadores dos séculos futuros.

Somente o futuro nos dirá até que ponto o conceito do SAG facilitará a compreensão da doença e trará alívio ao sofrimento humano. Mas se nesses setores ele demonstrar alguma utilidade, ressaltemos, para encorajar os noviços ou principiantes, que nós o descobrimos sem qualquer das facilidades excepcionais dos grandes laboratórios e mesmo sem o conhecimento e a experiência necessários para utilização de tais facilidades.

Felizmente, não é tanto a existência de fatores que *desconhecemos,* ou sobre cujo papel temos dúvidas, que atrapalham nossas pesquisas, mas a existência de fatores que *conhecemos* e sobre cujo papel temos certeza absoluta — embora, no fim de contas, possamos estar errados. Carência de equipamento, ou mesmo de conhecimento, é menor desvantagem, para o pesquisador de

STRESS – A Tensão da Vida

nossos dias que uma superabundância de material ou informações (às vezes falsas) acumulada em nossos laboratórios e nossos cérebros.

O leitor lembrará que os indícios de *stress* sobre os quais o conceito do SAG foi fundado eram: dilatação do córtex da suprarrenal; involução timicolinfática e ulceras intestinais. Então veio a percepção de que a síndrome é trifásica, com o registro inicial de manifestações particularmente agudas (reação de alarma), sua subsequente desaparição (fase de resistência) e, finalmente, um colapso do organismo, com a desaparição total de resistência (fase de exaustão). Esses eram os fatos sobre os quais se fundou o primeiro artigo a propósito de "Uma Síndrome Produzida por Diversos Agentes Nocivos". Tudo isso é facilmente compreensível. Na verdade, o único instrumento de que me utilizara até aquele momento, em minhas experiências, era constituído por um par de tesouras, que usava para abrir os meus ratos; por outro lado, a produção do *stress* por meio de substâncias tóxicas não demandava a posse de equipamento complicado.

Ao cogitar da possibilidade de produção do *stress* sem injetar qualquer substância nos ratos, pensei em expor os animais a uma baixa temperatura. Mas nós não dispúnhamos de um compartimento especial, ventilado. Contudo, que me seja permitido recordar que tal problema não se levanta no Canadá durante a maior parte do ano, especialmente na Faculdade de Medicina McGill, cujo telhado é plano e convenientemente varrido pelo vento.

É verdade que utilizei uma seringa para aplicar nos ratos as injeções de formol; reconheço ainda que, naquela ocasião, dispunha também de um "quadro de assistentes" representado pelo sr. Kai Nielsen, o qual, nessa época, estava praticando para ser auxiliar de laboratório. Ele me ajudava, mantendo os ratos imóveis enquanto eu lhes aplicava injeções e, especialmente, encorajando-me,

HANS SELYE

através daqueles dias atarefados, com o efeito estabilizador de sua personalidade escandinava, sempre amigo e equilibrado. (1)

A medida que os anos decorreram, consegui ir adquirindo todos os dispositivos mais modernos que a ciência pode oferecer aos que se especializam nos campos da histologia, química e farmacologia. Obtive os meios de instalar um dos mais bem equipados institutos de medicina e cirurgia experimentais do mundo, dispondo também de 53 assistentes treinados, técnicos e secretários. Contudo, hoje em dia, quando lembro aqueles vinte anos que decorreram desde minhas primeiras observações, em 1936, fico envergonhado por ter que declarar que jamais serei capaz de acrescentar àqueles primeiros e primitivos experimentos qualquer coisa que tenha importância similar.

Creio que qualquer jovem, no início de sua carreira — quer pretenda ser cientista, artista, homem de negócios, ou engenheiro — deve levar em conta o fato de não necessitar mais que dos olhos para avistar toda uma floresta. Unicamente para a

---

(1) – Incidentalmente, é com a maior das satisfações que registro o fato de ainda contarmos com a colaboração do sr. Nielsen. Ele aprendeu muita coisa sobre as mais complexas técnicas de laboratório e, atualmente, tem a seu cargo todo um grupo de técnicos. Todavia, retrospectivamente, quando tudo já foi feito e dito, sinto que em 1936, quando ambos éramos jovens, assim como em 1956, quando somos um pouco menos, sua contribuição indubitavelmente enorme para o estudo do *stress* foi muito simples. Ele era, como é ainda hoje, uma pessoa direita, na qual se pode depositar a maior confiança, e um excelente amigo, cujo bom senso constituía uma garantia de estabilidade para o laboratório em que trabalhávamos. Permitam-me lembrar aqui que, ao entrar no terreno prático da pesquisa, tais características sólidas num colaborador podem ser mais úteis que o mais habilitado quadro de assistentes, assim como os pensamentos simples, relacionados com observações simples, podem levar-nos para muito mais perto do verdadeiro conhecimento da natureza do que se introduzirmos complexidades em nosso contato íntimo com ela.

STRESS – A Tensão da Vida

detecção de algum pequenino pormenor, numa única célula de uma só das árvores, Ele necessitará de um microscópio.

Meu conselho a qualquer jovem, no início de sua carreira é tentar considerar as linhas gerais das coisas mais visíveis com seu espírito jovem que, se não é treinado, também não é cheio de preconceitos. Envelhecendo, ele não mais poderá distinguir "a floresta, das árvores". Mas não desanime, jovem leitor, nessa altura disporá de dinheiro para adquirir instrumentos complicados que explorarão os pormenores.

Há duas formas de registrar algo que ninguém consegue ver: uma é descer ao menor dos pormenores, aproximando-se tanto quanto possível, com os melhores instrumentos de análise de que se disponha; o outro meio consiste unicamente em considerar as coisas de um novo ângulo, que exporá várias facetas até então invisíveis. O primeiro meio requer dinheiro e experiência; o último dispensa esses dois requisitos; na verdade, tem a vantagem da simplicidade, da ausência de despesas, da ausência dos hábitos de pensamento estabelecido, que tendem a se estratificar, depois de longos anos de trabalho.

Você poderá pensar que isso nada tem a ver com o SAG, o que me disponho a descrever. Não pense assim! Pelo contrário, para mim são esses os pensamentos que realmente contam; eis a razão pela qual quero partilhá-los com você. Lembre-se de que o SAG – poderia ter sido descoberto durante a Idade Média, quando não antes; sua descoberta não dependeu do desenvolvimento de qualquer peça complicada de aparelho, de novas técnicas de observação ou mesmo de grande experiência, sagacidade ou inteligência, ao que eu saiba, mas tão somente de um estado de espírito despido de preconceitos, um novo ponto de vista.

Agora, prossigamos com a história do *stress*.

HANS SELYE

MAIS DIFICULDADES SEMÂNTICAS

A medida que o tempo foi passando, pouco a pouco, os traços fundamentais do SAG foram sendo reconhecidos e designados, mas não tínhamos ainda ideia precisa do que os produzia e, menos ainda, de um termo preciso que definisse sua causa. Em meus primeiros artigos, tratei de *agentes nocivos,* mas este termo, evidentemente, era pouco adequado. Mesmo experiências psicológicas inócuas, tais como um breve período de trabalho muscular, excitação ou uma curta exposição ao frio são o suficiente para produzir certas manifestações de uma reação de alarma, como uma reação do córtex suprarrenal, por exemplo. Evidentemente, tais agentes não podem ser descritos estritamente como nocivos; devíamos encontrar uma designação mais adequada.

Em busca de uma, tropecei novamente no termo *stress,* que há muito era utilizado na linguagem corrente e especialmente em engenharia, para designar forças que atuam contra determinada resistência. Por exemplo, as alterações que se produzem numa tira de elástico durante a tração, ou numa mola de aço submetida a pressão, são resultantes do *stress.* Quando físico, o *stress,* certamente, é não específico. Em certo sentido, as manifestações não específicas do SAG – podem ser consideradas como equivalentes biológicos do que se chama resultado do *stress* sobre matéria inanimada. Talvez seja possível falar de *stress biológico.*

Outra vantagem apresentada por tal termo é a de que, embora seu significado nunca tivesse sido definido anteriormente, não chegava a constituir estritamente um neologismo, mesmo em medicina. Por exemplo, as expressões *stress nervoso* e *pressão* tem sido utilizadas por psiquiatras ao tratar do *stress* mental. Walter B. Cannon, o eminente fisiologista que introduziu o termo *homeostase,* também tratou em termos gerais do *stress* e de tensões que se registram quando a doença exerce pressão sobre certos mecanismos específicos necessários à homeostase, isto é, a manutenção de condições normais, da condição estável no corpo.

STRESS – A Tensão da Vida

Embora o termo não tenha sido empregado anteriormente para designação de qualquer reação não-específica e — evidentemente — menos ainda para uma síndrome coordenada, não vi obstáculo algum a empregá-lo nesse sentido. Assim, durante os anos que se seguiram, a despeito de grande oposição inicial, foi essa a forma que adotei em todos livros e artigos científicos.

Para o leigo, pode assumir um aspecto ridículo a atribuição de tamanha importância a uma designação. Afinal, como Shakespeare, disse: "Que há num nome? / Naquilo que chamamos uma rosa / Sob qualquer nome, o aroma seria sempre dulcíssimo". Contudo, na ciência os nomes têm uma significação mais profunda, especialmente quando aplicados aos novos conceitos. Você pode discutir uma rosa usando qualquer nome, pois todos sabem perfeitamente o que seja uma rosa, mas não pode discutir, e menos ainda definir, um novo conceito científico sem antes identificá-lo de certa forma, denominando-o. Tentei ressaltar a importância de tal fato tratando da designação do *stress* antes de tentar definir o conceito do *stress* em linguagem rigorosamente científica. Esta é a ordem na qual os acontecimentos, em geral, se desenvolvem na ciência.

Uma das maiores objeções contra o uso que dei ao termo *stress* foi a das confusões a que poderia levar, em consequência dos outros significados da palavra. Por exemplo, alguns cientistas temiam que *stress,* como eu o empregava, pudesse ser identificado com tensões e pressões específicas sobre mecanismos homeostáticos individuais, os "homeostatos internos" (Norbert Wiener) ou reguladores automáticos de determinadas ações. Mas Cannon havia demonstrado claramente, por exemplo, que a estabilização específica, ou *reação homeostática* à falta de oxigênio, é algo muito diverso da reação do corpo ao frio; esta, por sua vez, é diametralmente diversa da reação ao calor. Estes ajustamentos, assim como vários outros altamente especializados (como por exemplo, reações serológicas específicas contra determinados micróbios, o reforço de determinados grupos de músculos em resposta ao uso frequente) demonstram, precisamente, *aquela parte, da resposta geral a um agente, que devemos destacar a fim de chegar a nossa síndrome de tensão*. Os característicos do SAG (por exemplo, o aumento da produção de hormônios do córtex da suprarrenal, a involução dos órgãos linfáticos, a perda de peso) não passam dos resíduos puramente não específicos que permanecem depois dessa subtração da resposta geral. Além disso, Cannon nunca propôs o termo *stress* como designação científica para qualquer coisa em especial; não é tampouco registrado no índice de seu livro e, tanto quanto sei, Cannon empregou tal termo apenas como ilustração, durante uma conferência de vulgarização.

De qualquer forma, na prática, as possíveis outras significações do termo não redundaram em muita confusão. Se eu tivesse criado um novo nome, depois de escolher as letras que comporiam suas sílabas, ao acaso, seu significado seria difícil de recordar; parecia preferível utilizar um termo existente ao qual daríamos um significado redefinido. Afinal os termos *geral, adaptação, síndrome, alarme, reação, fase, resistência* e *exaustão* também não eram novos. Todos eles haviam anteriormente sido utilizados em relação a tópicos que nada tinham a ver com a síndrome de adaptação geral e suas três fases. Contudo, a aparente semelhança não causou qualquer dificuldade de compreensão. Está claro que, na prática, nenhum desses termos foi imediatamente bem recebido, tal como *stress;* mas como desde então eles passaram a constituir parte do vocabulário médico em todas as linguagens, não vemos qualquer necessidade de envolver-nos em longas pendências semânticas em sua defesa.

O DESAGRADO PRODUZIDO POR UMA PALAVRA PODE PROVIR UNICAMENTE

STRESS — A Tensão da Vida

DA INCAPACIDADE DE APREENDER
SEU SIGNIFICADO

A análise das razões que determinaram a reação especialmente intensa ao uso que dei à palavra *stress* apresenta pontos de considerável interesse. Essa própria aversão é uma parte integral da história do *stress* pois nesse caso, a rejeição do nome é uma das consequências principais da incapacidade de abarcar o novo conceito. Repetidamente, nos períodos de debates que se seguiam às minhas conferências em sociedades científicas, alguém pediria a palavra para perguntar por que eu deveria falar de *stress,* quando, na verdade, usara em meus experimentos formol, frio ou raios X. Não seria muito mais simples dizer logo que as suprarrenais eram estimuladas pelo frio, quando era ao frio que eu expunha o meu animal de experimentação? Tentei lembrar que não seria o frio, necessariamente, o produtor do estímulo da suprarrenal, já que o calor ou vários outros agentes podem produzir o mesmo efeito. Para efeito de comparação, cheguei a declarar que um farmacêutico, examinando os efeitos do éter, pode deixar de considerar a dilatação da suprarrenal ou a involução do timo como consequências desse efeito, no mesmo sentido da anestesia. Na verdade, ressaltei que doravante, em minha opinião, ter-se-ia de reexaminar todo o conjunto da farmacologia para distinguir as alterações produzidas pelo *stress* das que são causadas pelas drogas de ação específica.

Esse mesmo tipo de objeção era também formulado, às vezes, de modo mais articulado, ressaltando que, na verdade, o *stress é uma abstração* e que, portanto, não se registra em estado puro. Por outras palavras, é um elemento puramente hipotético, que não tem existência real independente. Em consequência, segundo meus objetores, seria impossível isolar. *stress* das observações e avaliações objetivas, diretas e científicas de seus próprios

HANS SELYE

efeitos, o que seria indispensável para qualquer tratamento científico deste problema. Não se pode estudar o *stress;* pode-se somente explorar elementos reais e tangíveis tais como os efeitos da exposição ao frio, injeções de formol, infecções e assim por diante. Por essas razões, afirmavam-me, mesmo que admitíssemos a existência do *stress,* Ele não seria passível de estudo científico, em si.

Está claro que o conceito de *stress é* uma abstração; mas a nossa ideia de vida também é uma abstração, que dificilmente pode ser rejeitada como um conceito sem valor para a biologia. Ninguém estudou a vida sob uma forma pura, incontaminada. Ela está sempre, inseparavelmente, ligada a algo que é mais tangível e significativamente mais real, tal como o corpo de um gato, de um cachorro, ou de um homem; além disso, toda a ciência da fisiologia é edificada sobre tal abstração.

Ao estudar as leis da gravidade, é preciso que se aprenda a destacar o conceito de peso das demais características dos objetos, ainda que o peso, em si, não exista. Uma bela moça e um pedaço de pedra, ambos pesando 60 quilos são idênticos no que se refere ao peso embora, no que se refere a outros aspectos, a moça possa ser bem diferente da pedra.

Contudo, durante aqueles primeiros anos, tais argumentos convenciam muito pouca gente. Foi apenas gradualmente, mais por meio da força de hábito que da lógica, que o termo *stress,* empregado em meu sentido, caiu no uso corrente, enquanto o próprio conceito se converteu num popular assunto de pesquisa.

AINDA DIFICULDADES SEMÂNTICAS

Mesmo depois disso, quando começava a falar de *stress* no sentido que eu dera à palavra, via-me novamente exposto a críticas severas em virtude de novas dificuldades de terminolo-

STRESS – A Tensão da Vida

gia. Lembrava-se que a palavra tensão era indiscriminadamente aplicada tanto ao agente produtor do SAG quanto à condição do organismo exposta a ela. Na verdade, certas pessoas chegam a referir-se à utilização de *stress*-frio, *stress*-calor e — Oh, horror dos horrores! — até mesmo *stress*-infeccioso, quando tratavam de frio, calor ou infecção produzidos para causar *stress*; mas também usam as mesmas expressões para o estado de *stress* produzido no corpo pelos citados agentes.

Tal crítica era justificada e, portanto, propus a substituição da palavra *stressor* pela de agente e a manutenção de *stress* para a condição.

Pouco depois, outra complicação imprevista surgiu, no que concerne à dificuldade de uma tradução acurada de *stress* em outros idiomas. Está claro que, como sempre, os gregos tinham uma designação para ela — *pónos,* mas aparentemente nenhuma das línguas modernas tem uma expressão tal como *stress,* que deveria sugerir um novo significado. Tornei-me perfeitamente consciente disso em 1946, quando o *Collège de France* me honrou com o convite para efetuar uma série de conferências sobre o SAG em Paris.

Ali, eu deveria falar no famoso instituto de pesquisas no qual, cem anos atrás o grande Claude Bernard proferia suas clássicas conferências sobre a importância da manutenção da constância do *milieu intérieur* (meio interno). Eu deveria dar algumas aulas, como representante de uma universidade franco canadense, e desenvolvi grandes esforços para expressar-me em bom francês. Isso era da maior importância, pois uma das encantadoras tradições dessa venerável instituição de ensino é honrar o conferencista visitante — pelo menos por ocasião de sua primeira palestra — com a presença de todos os professores do *Collège de France,* independentemente de seu interesse pessoal na questão. Isso significava que ali, na primeira fila, à minha frente, estavam alguns dos mais ilustres literatos da França. Pode-se muito bem imaginar como senti sobre os ombros, a esta altura, o peso das responsabilidades linguísticas! Todavia, tinha de usar pelo menos um anglicismo, a palavra *stress*, por não me ocorrer o termo francês que o substituísse.

Após minha conferência, foi registrado um debate dos mais animados sobre a tradução correta do *stress*, discussão na qual tomaram parte aqueles distintos guardiães da cultura, encarregados de zelar pela pureza da língua francesa. Considero-me absolutamente incapaz de fazer uma descrição aproximada de seus eruditos debates, mas o leitor pode estar interessado no resultado.

O TERMO *STRESS* EMERGE VITORIOSO

Tendo eliminado como inaplicáveis, sucessivamente, termos tais como *dommage, agression, tension, détresse*, a conclusão unânime foi a de que, como não havia equivalente, era necessário adotar um termo específico. Depois de pesar a matéria cuidadosamente, decidiu-se, inicialmente, que o gênero do termo seria masculino. Assim, foi acordado que o melhor termo francês para ele seria:

le stress

Assim, uma nova palavra francesa nasceu e tal experiência foi para mim de grande auxílio quando, durante conferências posteriores na Alemanha, Itália, Espanha e Portugal, tratei sem qualquer hesitação *der Stress, lo stress, el stress* e *o stress*. Isso deu-me a satisfação de saber que mesmo que os meus trabalhos científicos resultem de pouco valor, terei a glória imorredoura de ter enriquecido o vocabulário de todas aquelas línguas com uma palavra, no mínimo.

A palavra *stress*, com esse sentido, designa o total de todos os efeitos não específicos de fatores (atividade normal, agentes

STRESS – A Tensão da Vida

produtores de doenças, drogas, etc.) que podem agir sobre o corpo. Esses agentes são denominados *stressores* quando tratamos de sua característica de produzir *stress*.

Se devemos empregar tal conceito de forma estritamente científica, é muito importante levar em conta que *stress* é uma abstração e que não tem existência independente. Mas, como também já verificámos, isso se aplica a muitos dentre os mais utilizados conceitos científicos, tais como vida ou peso.

Não podemos produzir *stress* sem também produzir algumas ações específicas, características, especialmente, do agente que utilizamos. O que vemos na realidade, quando algo atua sobre o corpo vivo é uma combinação do *stress* e das ações específicas do agente.

Isso também é verdade no que se refere à vida. A própria vida não tem existência independente; ela também, só pode ser devidamente estudada por suas manifestações, quando ligada a algo vivente.

Verificamos que isso também é verdade no que se refere ao peso. Nada além de um objeto pode ter peso e objeto algum tem apenas peso. O fato de objetos de igual peso poderem ser diversos sob todos os pontos de vista não nos impede de estudar as leis da gravidade, independentemente dos fatores que determinam a cor tamanho, ou constituição química dos objetos. Na verdade, é unicamente nossa capacidade de abstração que nos permitiu desenvolver as ciências da biologia e da física.

Tais considerações foram importantes na preparação dos fundamentos para a ciência do *stress*. O estabelecimento de um plano para investigar o mecanismo da síndrome do *stress* foi nosso objetivo seguinte.

HANS SELYE

LIVRO II
A DISSECÇÃO DO STRESS

SUMÁRIO

Para efeitos científicos, *stress é definido como o estado que se manifesta pelo SAG*. Este compreende: estímulo da suprarrenal, atrofia dos órgãos linfáticos, úlceras gastrointestinais, perda de peso, alterações na composição química do corpo e assim por diante. Todas essas alterações constituem uma síndrome, um conjunto de manifestações que surgem ao mesmo tempo.

Em tecidos mais diretamente afetados pelo *stress,* desenvolve-se uma *síndrome de adaptação local* (SAL); por exemplo, há inflamação onde os micróbios penetram no corpo.

SAL e SAG são estreitamente coordenados. *Sinais de alarme* químicos são enviados por tecidos diretamente afetados pelo *stress,* da área do SAL para os centros de coordenação no *sistema nervoso* e nas glândulas endócrinas, especialmente *pituitária* e *suprarrenais,* que produzem hormônios de adaptação, destinados a anular o desgaste do corpo. Assim, a resposta geral (SAG) volta a agir sobre a região do SAL.

Simplificando a questão, os hormônios de adaptação constituem dois grupos: os hormônios anti-inflamatórios (ACTH, cortisona, COL) que inibem reações defensivas excessivas, e os hormônios *pró-inflamatórios* (STH, aldosterone, DOC) que as estimulam. Os efeitos de todas essas substâncias podem ser modificados, ou condicionados, por outros hormônios (adrenalina, ou hormônio da tireoide), reações nervosas, dieta, hereditariedade, e as memórias locais de exposições prévias ao *stress*. Perturbações deste mecanismo de SAG produzem doenças de desgaste, isto é, de adaptação.

Numa palavra: a resposta ao *stress* tem um triplo mecanismo, consistente em: 1) efeito direto do agente do *stress* sobre o corpo; 2) respostas internas que estimulam defesa dos tecidos; e 3) respostas internas que estimulam a rendição dos tecidos por causa da Inibição da defesa. *Resistência e adaptação dependem do equilíbrio adequado destes três fatores.*

STRESS – A Tensão da Vida

Esta seção é de leitura destinada somente aos verdadeiramente interessados em a natureza da vida normal e mórbida. Como o Livro IV, é de certa forma pesado; contudo, quem preferir saltar os pormenores poderá fazê-lo, lendo cuidadosamente este sumário, que garante a continuidade necessária.

5. POR QUE NECESSITAMOS DE UM PLANO PARA A DISSECÇÃO?

Para compreender uma questão complexa, deve-se desmontá-la sistematicamente. A força de uma abstração.

PARA COMPREENDER UMA QUESTÃO COMPLEXA, DEVE-SE DESMONTÁ-LA SISTEMATICAMENTE

Compreender a natureza da doença é o objeto fundamental da medicina, pois conhecer um elemento é a melhor maneira de ganhar controle sobre ele. É claro que a capacidade limitada e a curiosidade ilimitada do cérebro humano jamais permitirão ao homem que resolva completamente tal questão — ou qualquer outra questão fundamental. Contudo, em se tratando de um assunto de imensa importância para a humanidade, até mesmo uns poucos passos no sentido da compreensão constituem esforço bem recompensado. Poderá o conceito do *stress* facilitar-nos os progressos rumo ao citado objetivo? Vimos que o *stress* é um elemento inerente a toda doença. Se conseguirmos obter uma melhor compreensão da natureza do *stress* e de seu mecanismo, talvez possamos pôr em ordem algumas de nossas ideias sobre a natureza da doença.

Os progressos obtidos nesse campo não terão alcançado seu objetivo, necessariamente, ao ser obtida a satisfação passiva resultante da compreensão; provavelmente tal progresso nos revelaria novos meios através dos quais nos seria possível exercer uma influência ativa sobre a doença. Quanto melhor conhecemos o funcionamento das máquinas — um automóvel, ou uma máquina de escrever — melhor podemos utilizá-las e repará-las, quando se quebram. Isso também se aplica às máquinas vivas, tais como nossos corpos.

Para compreender uma máquina complexa, urge desmontá-la. Para compreender um ser humano você deve dissecá-lo. Mas como seria possível dissecar um conceito tão abstrato quanto o do *stress*? De que substância é composto um conceito? Suas partes são ligações imponderáveis, sem substância própria; contudo, não podemos ignorá-las se pretendermos tratar efetivamente, como um conjunto coordenado, uma massa de fatos ponderáveis e substanciais, porém desligados entre si.

A FORÇA DE UMA ABSTRAÇÃO

Para apreciar a força da abstração, tomemos um exemplo noutro campo. Consideremos as unidades de uma armada — submarinos, couraçados, porta-aviões — que, embora diversos na aparência e na localização geográfica, são, de qualquer forma, reunidos para serem utilizados conjuntamente em ações efetivas, como uma força coordenada. Isso só é possível, em virtude de uma abstração: o conceito imponderável de nacionalidade. Seria difícil medir tal conceito; não sendo uma realidade física, é mais poderoso que o maior dos couraçados. Ele domina toda a armada. Os conceitos sempre trabalham através de abstrações, pois é somente pela abstração dos traços distintos e familiares de um determinado objeto que podemos verificar os característicos comuns de tantos deles, a partir dos quais podem ser coordenados em função de um ponto.

Poderia a abstração do *stress* dotar-nos de um desses pontos comuns, por meio do qual pudéssemos abarcar todas as ma-

STRESS — A Tensão da Vida

nifestações individuais do SAG e assim coordená-lo em função da compreensão da própria natureza da doença?

Para começar, devemos entender claramente que o *stress* é uma condição, um estado e, sendo embora um imponderável, como tal se manifesta por meio de alterações mensuráveis nos órgãos do corpo. Utilizando-se essas alterações como indicadoras de *stress*, estaremos mais capacitados para obter uma melhor compreensão do próprio *stress*. Por exemplo, podemos verificar, entre outras coisas, se as várias alterações orgânicas registradas em pacientes durante o SAG são estreitamente interdependentes, se a remoção deste ou daquele órgão dos animais experimentais bloqueará total ou parcialmente a reação do *stress*, se tratamento com determinadas drogas pode aumentar ou reduzir a resistência ao *stress*, e assim por diante.

Para ressaltar as possibilidades abertas por tais observações, vejamos agora o que são os elementos do *stress* e que curso devemos dar às nossas análises. Por outras palavras, façamos um inventário completo de todos os instrumentos à nossa disposição para a dissecção de *stress*. Essencialmente, os elementos mais importantes são: fatos, abstrações, materiais e técnicas.

6. INVENTÁRIO DO ATIVO
(A) OS FATOS
Observações anteriores

OBSERVAÇÕES ANTERIORES
Expondo a evolução histórica do conceito do *stress*, mencionamos algumas das mais evidentes alterações orgânicas que se registram durante o *stress*. Tais alterações podem ser acuradamente

HANS SELYE

determinadas, e funcionam como sólidos marcos durante o processo de dissecção do mecanismo do *stress*. Inicialmente, temos a *tríade* da reação de alarme. *A dilatação do córtex da suprarrenal* e a *atrofia dos órgãos timicolinfáticos* podem ser objetivamente medidas em termos de peso desses órgãos. *As úlceras gastrintestinais* eram elementos menos suscetíveis de serem avaliados, mas permitiam, na pior das hipóteses, que se verificasse se constituíam lesões graves, superficiais ou se não se registravam.

Posteriormente, no curso de 1937, muitas outras alterações não específicas foram reconhecidas. Entre elas as mais importantes eram a *perda de peso*, o *desaparecimento das células eosinofilas* do sistema circulatório e diversas *alterações químicas* na constituição dos diversos fluídos e tecidos do corpo.

Ainda não estava bem claro qual a parte — se é que havia alguma — que, todas essas alterações, desempenhariam na *resistência* do corpo ao *stress*, mas era isso, precisamente que desejávamos saber. Animais de experiência e mesmo seres humanos podem ser vítimas do *stress*, e poderíamos oferecer uma grande contribuição à medicina prática se conseguíssemos determinar qual o tipo de alteração necessário para o estabelecimento de resistência ao *stress*. Está claro que a própria resistência poderia também ser utilizada como um indicador objetivo do *stress*. Poderíamos medir o grau de sobrevivência dos animais experimentais, em condições diferentes.

Verificou-se, finalmente, que os efeitos do *stress* sobre *inflamações* são seus mais importantes indicadores. Normalmente, a aplicação limitada do *stress* a uma parte do corpo produz inflamação, mas a capacidade de as partes afetadas responderem dessa forma fica reduzida quando todo o corpo está sob *stress*. Por outras palavras, a experiência demonstrou que os animais expostos ao mesmo agente geral do *stress* (tal como infecção do sangue, excitação nervosa intensa ou fadiga muscular extrema) deixam

STRESS – A Tensão da Vida

de reagir com inflamações nos locais onde o agente do *stress* (por exemplo, uma substância à qual são alérgicos) é aplicado diretamente ao seu corpo. A inflamação é também um fato tangível que pode. Perfeitamente ser medido, por exemplo, em termos de inchaço, rubor ou das alterações histológicas que caracterizam tal tipo de respostas locais às lesões. Os agentes gerais do *stress* agem diretamente sobre as células, para prevenir inflamação, ou por intermédio de algum hormônio produzido por uma glândula, talvez pela suprarrenal aumentada?

Noutra dimensão, no tempo, a evolução trifásica da resposta ao *stress* pode ser utilizada como fato suscetível de ser medido. Todas as alterações que enumeramos acima variam durante as três fases do SAG, de uma forma característica e previsível. Essa variação de resposta durante exposição a um agente invariável do *stress* torna possível a utilização de indicadores de medida de *stress* (alterações histológicas ou químicas) sob o ponto de vista da evolução do SAG no tempo.

É dos mais significativos o fato de ser curto este capítulo. Sua brevidade indica que, no início deste estudo, em 1937, nosso inventário do ativo carecia substancialmente de fatos. Mas o que importava, realmente, era que todas essas *alterações* eram manifestações dos *stress suscetíveis de medida* e, portanto, valiosos indicadores do funcionamento de várias partes da máquina do *stress*.

Nenhum desses fatos tinha, em si, grande valor. O que os transformava em instrumentos efetivos para a dissecção do *stress* eram certas abstrações, que lhes davam um sentido mais geral. Quase todas as alterações características do *stress* eram conhecidas há muito tempo, como fatos isolados, mas na ausência de qualquer conceito unificador não podiam ser interpretadas ou utilizadas para o estudo da natureza da doença. Devemos, portanto, atribuir especial atenção a uma cuidadosa definição das abstrações que serviram para transformar esses fatos observados em instrumentos analíticos.

7. INVENTÁRIO DO ATIVO
(B) AS ABSTRAÇÕES

Que é uma definição? Definição do *stress*. Definição do agente do *stress (stressor)*. Definição do SAG. Relação entre o SAG e o SAL. Conceito de energia de adaptação. Relação entre energia de adaptação e envelhecimento. Definição das doenças de adaptação

QUE É UMA DEFINIÇÃO

Agora chegou o momento em que não podemos prosseguir adiando uma tentativa de definir os conceitos abstratos com os quais nos defrontaremos constantemente. Nas páginas precedentes tratei do stress, agentes de stress, não especificidade, SAG e assim por diante, mas não tentei definir tais conceitos. Todas essas abstrações adquirem, gradualmente, um certo significado, mais ou menos espontaneamente, através das discussões ou observações que se fazem necessárias para denomina-las. Parece esquisito dar nome a uma coisa antes que possamos defini-la claramente, mas é dessa forma que os conceitos desse tipo começam a tomar forma, geralmente, em nosso espírito.

Que é uma definição e que podemos esperar dela ? Aceita-se geralmente o princípio de que uma definição deve ser uma explicação concisa do significado de um termo. Segundo Aristóteles é a demonstração da essência de um conceito. Nos manuais é a definição que surge em primeiro lugar, para levarmos ao conceito; na vida real, funciona o processo inverso. Quando a definição é muito vaga, devemos primeiro obter um conceito – derivado da observação e simbolizado por um nome – antes que possamos tentar a delimitação mais precisa de uma definição.

STRESS – A Tensão da Vida

Se desejamos conhecer a história do *stress* nos termos em que realmente se desenvolveu, temos que agir da mesma forma, partindo da observação para o conceito e deste para definição. Mas deve-se compreender que, de qualquer forma, as definições aplicadas a conceitos biológicos nunca são completamente satisfatórias. Em última análise, a maioria das abstrações em biologia — assim como na própria vida — são mais fundadas na experiência que delimitadas pelo raciocínio. Todos nós sabemos perfeitamente o que é a vida, embora nos seja muito difícil defini-la.

Em certas disciplinas (tais como no Direito e nas Matemáticas) as definições são asseguradas por leis rígidas que determinam os conceitos; em biologia, as definições servem unicamente como descrições concisas de um aspecto de determinado fenômeno que registramos. E além disso devemos levar em conta que a qualquer momento nossos conceitos podem ser modificados por observações posteriores. É dentro desse espírito que as definições que se seguem são apresentadas.

DEFINIÇÃO DE *STRESS*

O termo *stress* tem sido aplicado de formas tão diversas e tem sido definido de forma tão confusa que creio que seria mais fácil e mais instrutivo começar por estabelecer claramente o que ele *não é*. Ao contrário de certas observações vagas e enganosas, feitas hoje em dia,

1) *Stress* não é tensão nervosa. Reações relacionadas com o *stress* são registradas em animais inferiores, desprovidos de sistema nervoso. Uma reação de alarme pode ser induzida por lesões mecânicas produzidas num membro do qual se retiraram os nervos. Na verdade, o *stress* pode ser produzido até mesmo em culturas de células que se desenvolvem fora do corpo.

2) *Stress* não é uma ação de emergência da medula da suprarrenal, descarregando hormônios. Uma descarga de adrena-

lina é frequentemente relacionada com um estado agudo de *stress,* afetando todo o corpo, mas não desempenha qualquer papel nos processos inflamatórios generalizados (artrite, tuberculose), embora também possa produzir considerável *stress;* nem desempenha qualquer papel nas reações locais ao *stress* limitadas às zonas diretamente lesadas do corpo.

3) *Stress* não é nada que cause uma secreção por meio do córtex da suprarrenal ou seus hormônios, os corticoides; o ACTH, hormônio da pituitária estimulante da suprarrenal, pode libertar corticoides sem produzir qualquer sintoma do *stress.*

4) *Stress* não é o resultado específico de lesão. As atividades normais — uma partida de tênis ou um beijo apaixonado — podem produzir considerável *stress* sem causar danos de monta.

5) *Stress* não é um desequilíbrio da homeostase, a condição de estabilidade do corpo. Qualquer função biológica (a percepção do som ou da luz, a contração de um músculo) causam grandes desequilíbrios no estado normal de repouso dos órgãos ativos.

6) *Stress* não é nada que cause uma reação de alarme. É um agente de *stress* que causa tal reação.

7) *Stress* não é idêntico à reação de alarme ou ao SAG como um todo. Tais reações são caracterizadas por certas alterações orgânicas mensuráveis, causadas por *stress* e que não podem, portanto, *ser* o próprio *stress.*

8) *Stress* não é uma reação não específica. O sistema da reação ao *stress* é dos mais específicos. Ele afeta certos órgãos (como por exemplo, a suprarrenal, o timo, o tubo gastrintestinal) de forma definida e especial.

9) *Stress* não é uma reação específica. A resposta ao *stress* é, por definição, não específica, desde que pode ser produzida por quase qualquer tipo de agente.

Se considerarmos tais pontos, poderemos facilmente ser levados a concluir que tudo é tão confuso e vago que não é pos-

STRESS — A Tensão da Vida

sível definir o *stress*. Talvez o próprio conceito não seja bastante claro para servir de objeto a análise científica.

Mas, que é vago? As tentativas malogradas de definição, mas não o próprio *stress*. Este tem uma forma muito clara e tangível. Um número incontável de pessoas tem sido beneficiado ou prejudicado por ele. Na verdade, *stress* é algo muito real e concreto. Creio que seria correto afirmar que *stress é o denominador comum de todas as reações de adaptação no corpo*. Isso é simples e verdadeiro, mas talvez ainda muito vago.

Vejamos agora se a definição seguinte, mais precisa, corresponde melhor aos fatos:

STRESS É O ESTADO MANIFESTADO
POR UMA SÍNDROME ESPECÍFICA,
CONSTITUÍDA POR TODAS AS ALTERAÇÕES
NAO ESPECÍFICAS PRODUZIDAS
NUM SISTEMA BIOLÓGICO.

Assim, *stress* tanto tem forma característica como composição, mas não causa especial. Os elementos de sua forma são as alterações determinadas pelo *stress,* quaisquer que sejam suas causas. Eles são índices adicionais que podem manifestar o conjunto de todos os vários ajustamentos que incessantemente se produzem no corpo.

Esta é essencialmente uma "definição operacional"; ela trata do que deve ser feito para produzir e reconhecer o *stress*. Um estado pode ser reconhecido apenas por suas manifestações, assim como o estado de stress pela manifestação do síndrome do *stress*. Portanto, você precisa observar um grande número de seres vivos, expostos a uma variedade de agentes, para que possa ter uma ideia da forma e do stress como tal. As alterações, que são induzidas especificamente por apenas um ou outro agente, devem ser

HANS SELYE

rejeitadas de início; se então examinarmos o que resta — que é o não específico, induzido por muitos agentes — teremos revelado o quadro do próprio *stress*. Este quadro é o SAG. Uma vez estabelecido tal fato, você estará habilitado a reconhecer o *stress* sob qualquer de suas formas; na verdade, poderá até mesmo medi-lo pela intensidade das manifestações do SAG registradas. (1)

Parece-me que tal formulação constituiu a chave que abriu as portas a um conceito inteiramente novo de medicina. Raramente, para não dizer nunca, teria sido possível atribuir justificadamente tal resultado a uma simples sentença. É verdade que alguns dos médicos que têm dado grande contribuição à melhor compreensão do stress utilizam tal definição de forma apenas subconsciente e sem mesmo formulá-la. Contudo, no fundo de todas as pesquisas sobre o *stress*, se você souber procurá-la, encontrará a definição. Ela dá unidade e significado a muitas das observações isoladas do SAG, CS hormônios e as doenças de adaptação, que de outra forma permaneceriam fatos isolados. De qualquer forma, a definição do *stress* é o eixo em redor da qual giram todas as partes deste volume. Agora, teremos de analisar nossa definição cuidadosamente, a fim de abarcar seu significado integral.

Stress é um ESTADO MANIFESTADO POR UMA SÍNDROME. Não disporíamos de meios para avaliar o estado

---

(1) – Inicialmente, fui tentado a definir o *stress* como o grau de desgaste do corpo, a qualquer momento, pois isso é o resultado imediato não específico de função e lesão. Reações que tendem a compensar os efeitos do desgaste (tais como as secreções corticoides) não são estritamente *stress*, mas, na verdade, respostas ao *stress*. Contudo, na prática, raramente (para não dizer nunca) é possível distinguir claramente entre lesão e reparação. Portanto, tal formulação — embora teoricamente mais satisfatória — não pode ser utilizada como base para uma verdadeira "definição operacional", de que necessitamos para dar ao conceito do stress uma sólida fundação objetiva.

STRESS – A Tensão da Vida

do *stress*, não fora pelas alterações que produz. Podemos dizer que "um indivíduo está sob *stress*", porém só chegaremos a tal conclusão pelas manifestações visíveis. A distinção entre um estado e as alterações que caracterizam tal condição é tão importante em biologia quanto em física. Uma tira de elástico pode estar em condições de tensão, mas esta só é perceptível pelas alterações físicas na borracha. A condição de *stress* biológico é essencialmente um ajustamento, através do desenvolvimento de um antagonismo entre um agressor e a resistência que a ele é oferecida pelo corpo. Tal característico de tensão é provavelmente responsável pelo erro comum, mas muito enganoso, de considerar *stress biológico* um equivalente de *tensão nervosa*.

O Stress manifesta-se como uma síndrome ESPECÍFICA, *sendo todavia,* INDUZIDA DE FORMA NÃO ESPEGIFICA. Até recentemente, em meus trabalhos técnicos, referi-me frequentemente ao *stress* como "o total de todas as alterações não específicas causadas por função ou lesão". Em virtude de tal simplicidade, essa definição tornou-se popular; todavia, dava margem a muita confusão. Talvez sua maior fraqueza residisse na ausência de uma indicação de que o sistema de reação ao *stress* (por exemplo, o mosaico de alterações nas suprarrenais, timo e tubo gastrintestinal) é altamente específico; apenas sua motivação é não específica. Devemos distinguir claramente entre especificidade na forma e na causa de uma alteração.

Uma *alteração não especificamente produzida* é a que afeta todo ou grande parte de um sistema, sem seletividade. É o oposto de uma *alteração* especificamente produzida que afeta apenas uma ou, quando muito, apenas algumas das unidades de um mesmo sistema.

Uma *alteração não especificamente causada* é a que pode ser causada por muitos ou todos os agentes. É o contrário de alteração especificamente causada, que só pode ser produzida por um ou, pelo menos, por pequeno número de agentes.

HANS SELYE

É especialmente importante levar em conta que *a especificidade é sempre uma questão de grau*. Tanto entre alterações quanto entre causas, há transições naturais entre o menos e o mais específico. O malogro na compreensão deste ponto é um dos maiores obstáculos que se opõem à compreensão do conceito do *stress,* não somente pelos leigos mas também pelos médicos. A simples analogia mecânica abaixo reproduzida, esclarece este ponto:

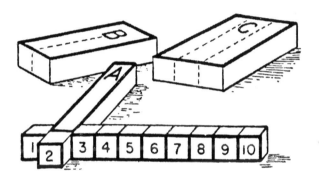

Na ilustração vemos uma linha de dez cubos. Consideremos a linha de cubos o corpo humano, com cada um de seus órgãos representado por um cubo. Temos também três blocos que correspondem em largura a um (A), dois (B) e três (C) cubos. Empurrando-se o bloco A, tal como no desenho, podemos deslocar um único cubo, sem alterar a ordem dos outros; tal tipo de ação é altamente específica. Utilizando o bloco B não poderíamos deslocar o menor dos três cubos. Uma variedade de tipos intermediários poderia ser estabelecida entre o bloco que desloca apenas um único cubo, e o que desloca todos. Necessitaríamos de um bloco cuja largura fosse de dez cubos, para deslocar toda a linha, e mesmo isso constituiria uma alteração absolutamente não específica neste sistema. Num correr de mil cubos, o deslocamento de dez deles constituiria uma alteração relativamente específica.

Com referência ao grau da especificidade ou não especificidade, encontramos uma mesma escala entre os diversos agentes (drogas, estímulo nervoso, bactérias) que podem agir sobre o corpo humano. Poder-se-á pensar, nesse caso, que especificidade e não especificidade são conceitos tão fluidos que não podem ter grande utilidade em pesquisas científicas objetivas, nas quais todos os valores devem ser concretos e calculáveis. Isso está longe da verdade. O conceito de "verde" é frequentemente empregado e, contudo, e um arco-íris perfeito, ninguém pode afirmar com exatidão onde começa e onde acaba o verde.

Até mesmo o mais fundamental dos conceitos biológicos, o da própria vida, é relativo. Cá estou sentado, ditando, sentindo-me vivo e, todavia, há partes de meu corpo que já morreram. Meus cabelos e minhas unhas, evidentemente, pertencem a meu corpo, mas suas células não estão mais vivas, no sentido usual da expressão. Seria difícil provar que a água contida em meu corpo está viva. Estou certo de que minhas amígdalas, que me foram removidas quando tinha quatro anos, estão mortas. Contudo, todos esses elementos são ou foram partes de minha pessoa.

Pode-se alegar que escolhi maus exemplos, pois o indivíduo, como conjunto, permanece vivo, ainda que partes dele morram. Talvez devêssemos tratar de vida e morte unicamente em função dos indivíduos, como conjunto; mas como poderíamos traçar uma linha demarcatória entre as partes e o conjunto? Poderei tomar algumas células de meu corpo e fazê-las crescer, num caldo de cultura colocado numa estufa, durante muitos anos; nessas células a vida pode ser mantida muitos anos depois de eu ter sido enterrado. Mesmo sem tais experiências artificiais, por meio de nossas células reprodutoras, vivemos indefinidamente.

HANS SELYE

Assim, a própria vida é um conceito relativo.

Já explicamos que a especificidade da causa e a especificidade da forma são duas coisas completamente diversas. Todavia, na prática, as duas tendem a seguir um curso paralelo. Efeitos não-especificamente formados em grandes partes do corpo são dos mais comuns; contudo, efeitos altamente característicos, em partes circunscritas do corpo, são produzidos por um número relativamente reduzido de agentes. Por exemplo, o desaparecimento de tecidos do corpo é determinado pela fome, moléstias infecciosas, perturbações emocionais, câncer e muitas outras condições, mas um estímulo realmente característico e intenso do córtex da suprarrenal só pode ser produzido por um único hormônio: ACTH.

A esse respeito, as respostas ao *stress* diferem da maior parte das reações biológicas, pois, embora sejam não-especificamente produzidas, sua forma é das mais específicas. Deve haver uma ligação comum através da qual os mesmos órgãos podem ser alcançados por diversas direções. Para compreender tal situação peculiar, deve-se levar em conta que o *stress* causa dois tipos de alteração: *uma alteração primária,* que é não específica, tanto em sua forma quanto em sua causa (pode ser produzida em qualquer ponto, por qualquer tipo de lesão ou função), e uma *alteração secundária,* que apresenta o desenvolvimento específico do SAG. A primeira age como um sinal comum, que pode indicar a segunda em qualquer parte do corpo.

Ilustremos tal princípio com um exemplo. Suponhamos que todos os possíveis acessos ao edifício de um banco sejam ligados a uma delegacia de polícia, por intermédio de um elaborado sistema de alarme contra ladrões. Quando um ladrão penetra no banco, não importa qual seja sua aparência, suas características — seja ele baixo ou alto, magro ou gordo — e não importa por onde penetre, ele desencadeará sempre o mesmo sistema de alarme.

Tal alteração primária é, portanto, induzida não especificamente em qualquer ponto, por qualquer coisa. O desencadeamento da alteração secundária resultante, pelo contrário, é altamente específico. Será sempre numa determinada delegacia de polícia que o alarme soará e os policiais seguirão então para o banco por um caminho predeterminado, de acordo com um plano predeterminado para impedir o assalto.

Contudo, não deixa de ser difícil, mesmo numa situação tão simples, distinguir claramente entre ofensiva e defesa, ou entre alteração primária e secundária. Quando o ladrão força a janela para entrar, isto é uma agressão, mas é também o gatilho que desencadeia o alarme que é parte de um sistema predeterminado de defesa. Num sistema biológico complexo, tal como o corpo humano, é ainda mais difícil distinguir claramente entre alteração primária, ou lesão, e alteração secundária, ou defesa. Reconhecemos tal diferença em princípio mas, frequentemente, é impossível fazê-lo na prática. Em consequência, é preferível considerar o conjunto de todas as alterações produzidas pelo *stress* como uma síndrome, ao qual as reações defensivas secundárias imprimem qualidade ou forma específica.

Para tornar nossa analogia ainda mais aplicável às condições do *stress,* tais como elas se registram no corpo humano, devemos também considerar um aspecto quantitativo do sistema de alarme. A resposta ao alarme do corpo é estritamente proporcional à intensidade da agressão. Isso não acontece com os alarmes comuns contra ladrões; contudo, um único pedido de socorro aos bombeiros trará um número limitado de homens e equipamento ao local do sinistro, em comparação a um segundo ou terceiro pedido de socorro que parta da mesma vizinhança. A resposta defensiva é quantitativamente ajustada ao número de sinais de alarme.

Que há nisso de específico e qual será a parte não específica da resposta ao alarme? Na figura seguinte, quatro retângulos representam caixas das quais se podem ligar alarmes de incêndio a quatro prédios adjacentes.

Todos os mecanismos de alarme — como os vários órgãos do corpo humano — são diferentes, como indicado pelos pormenores dos desenhos das caixas: pontos, triângulos, traços e círculos. O alarme pode ser desencadeado pelo ato de quebrar o vidro na caixa, o acionamento de uma pilha termelétrica ou qualquer outro sistema. Afinal, todos esses mecanismos funcionam de modo não específico, através do mesmo tipo de alarme elétrico de incêndio, que aciona a mesma campainha no mesmo posto de bombeiros. Não importa onde e como o alarme seja acionado, o resultado deve ser sempre o mesmo. Contudo, a despeito da não especificidade de causa, a forma da resposta defensiva resultante é de novo altamente específica e estereotipada. O toque da campainha envia homens e equipamento para o local do incêndio, de acordo com um plano pré-estabelecido, característico.

Em nosso desenho, o alarme estereotipado, isto é, o não específico, foi acionado na terceira caixa por seu processo de atração, indicado por uma descarga de traços; tal ação secundária mobiliza um sistema específico dos traços. Contudo, se cinco alarmes soarem simultaneamente em três outros postos de bombeiros, um grande número de homens e de equipamento será mobilizado. Cá temos uma proporção definida entre a extensão da lesão e a resposta. A analogia também demonstra claramente como intervenções diferentes (acionamento de mecanismos de alarme distintos, em pontos diversos) podem, não especificamente (sempre através do mesmo sinal), produzir um tipo específico de resposta. Somente a parte não específica (os sinais) pode ser somada para provocar uma resposta proporcional à lesão.

A mesma situação, essencialmente, existe no corpo quando o característico específico da síndrome de *stress* é induzido pelo conjunto de sinais de alarme não específicos procedentes de vários tecidos.

STRESS — A Tensão da Vida

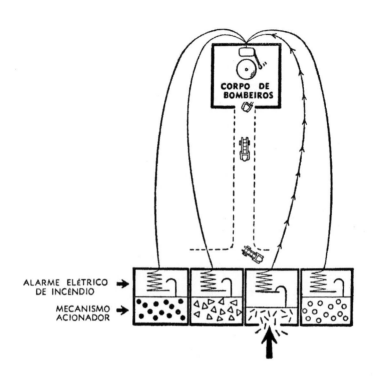

A síndrome do stress consiste em TODAS as ALTERAÇÕES *induzidas de forma não específica.* Por que devemos especificar *todas* as alterações? Porque sempre que um agente atua sobre o corpo e produz diversos efeitos não especificamente induzidos, nenhum deles em si — mas o conjunto total das alterações — constitui a síndrome do *stress*.

Na tríade da reação de alarme qualquer alteração, como o estímulo da suprarrenal, não é indicativo do *stress* não específico. Essa única alteração também pode ser reproduzida por um hormônio altamente específico, ACTH (do qual trataremos, posteriormente). Quando assim produzido, seletivamente, o estímulo da suprarrenal é uma ação específica. Somente quando induzido por qualquer dos agentes do *stress*, como parte componente da tríade — isto é, simultaneamente com atrofia timicolinfática e úlceras gastrintestinais — ela é uma componente da síndrome do *stress,* não específico.

A síndrome geral do *stress* afeta todo o corpo; uma síndrome local do *stress* influencia diversas unidades de uma dada parte; contudo, o *stress* sempre se manifesta por uma síndrome, um conjunto de alterações, e não por uma única modificação. Um efeito isolado sobre qualquer das unidades do corpo é lesão ou estímulo à atividade; em qualquer dos casos, tal efeito é específico e, portanto, não é *stress.*

Isso levanta a questão: *"Que é uma unidade biológica?"* Poderemos chamar de unidade um órgão, como o rim ou o cérebro, ou devemos ampliar o significado deste termo para nele incluir todos os pequenos grupos de células, talvez mesmo células individuais e partes de célula?

A definição de unidades biológicas capazes de reações seletivas (reactions) é tão fundamental para a biologia quanto a definição dos elementos e das partículas subatômicas para a química e a física. Trataremos mais a fundo desse problema no Livro IV. O que nos interessa, no momento, é que, não importa o que definamos como unidade de vida — o conjunto de uma nação, um ser humano, uma parte do corpo humano ou uma única célula — só podemos falar de *stress* num sistema vivo se várias de suas partes constituintes são afetadas não especificamente. Se uma droga introduzida na circulação geral do sangue causa alterações somente nos rins, a ação é especificamente causada e especificamente formada dentro do corpo. Poucas drogas podem agir dessa forma, unicamente sobre os rins, à exclusão dos demais órgãos (especificidade de causa) e, está claro, o rim representa uma região circunscrita no interior do indivíduo (especificidade na forma ou composição de resposta). Por outro lado, se a droga é injetada diretamente nos rins e causa alterações na própria substância renal,

STRESS – A Tensão da Vida

tais alterações são não específicas, tanto no que se refere à forma quanto à causa, pois parte alguma do órgão é seletivamente afetada e o efeito geral pode ser obtido por um número incontável de agentes. Alterações seletivas num órgão – se podem ser produzidas por quase todos os agentes, desde que diretamente aplicados ao citado órgão – são manifestações do *stress* local; enquanto as alterações que podem ser produzidas através do corpo por uma grande variedade de agentes, não importa onde sejam aplicados, constituem a síndrome geral do *stress*.

Nessa distinção entre *stress* local e geral reside a ligação entre a especificidade e a não especificidade.

Através dessa análise de nossa definição, tratamos de *alterações* biológicas. Uma alteração, nesse sentido, é qualquer mudança do estado normal de repouso do corpo. Mas, o que é «normal» e o *que* é «estado de repouso»?

Defrontamo-nos novamente com conceitos relativos. Nem se cogita de delimitações estritas pois, em organismos vivos, há transições imperceptíveis entre normal e anormal, repouso e atividade.

Ninguém é absolutamente normal; a menor cicatriz, ou ruga é, na verdade, uma anomalia. Por outro lado, ninguém consegue obter um estado de repouso absoluto, enquanto em vida. Mesmo durante o sono, o coração, os músculos respiratórios e o cérebro continuam a trabalhar. Não faz diferença o fato de não termos consciência disso ou o de tais atividades não requererem qualquer esforço voluntário de nossa parte.

Contudo, na evolução de todas as espécies (do mais simples ser unicelular ao homem), de todos os indivíduos (da fase embrionária à maturidade), certos tipos constituem o que reconhecemos facilmente como normal para determinada espécie, sexo ou

HANS SELYE

idade. As diversas adaptações na evolução de cada indivíduo, de cada espécie, têm deixado suas marcas e contribuído para o estabelecimento dessas normas individuais. É normal, para certos índios peruanos, viver na atmosfera rarefeita dos Andes, mas isso seria extremamente anormal e perigoso para um holandês.

O conceito de repouso é igualmente relativo. Somente os mortos podem tolerar o repouso total. Mas o grau e o tipo de atividade apropriada para um menino de seis anos seria extremamente anormal e extenuante para um organismo de setenta anos, e vice-versa.

Em nossa analogia mecânica, os cubos são apresentados ao longo de uma linha reta, na condição básica de normalidade, antes da ocorrência de uma alteração. Mas se desejamos agora adaptar tal quadro ao que acabamos de estudar, podemos imaginar perfeitamente que, com o decorrer do tempo, eles podem ser armados numa estrutura em V, numa mesa que vibra constantemente. Nesse caso, uma estrutura em V e a vibração constante seriam normais para eles e qualquer modificação desse estado — por exemplo, imobilização em linha reta — seria uma alteração.

O termo stress só tem significação quando aplicado a UM SISTEMA BIOLÓGICO PRECISAMENTE DEFINIDO. Assim sendo, conclui-se que é óbvio que, se um grande número de agentes produz o mesmo tipo de reações específicas (tal como inflamações) num dado órgão (como o estômago, por exemplo) eles atuam como agentes do *stress* para esse sistema biológico especial, e assim seu efeito pode ser descrito como um síndrome local do *stress*. Mas se agem somente sobre um órgão, tal ação é ainda estritamente específica, no que se refere ao corpo como um todo.

Todo agente é suscetível de produzir tanto ações específicas quanto não específicas; todo o indivíduo, ou parte de cada

STRESS – A Tensão da Vida

indivíduo, é suscetível de ser influenciado tanto específica quanto não especificamente. Isso é ilustrado pelo desenho a baixo.

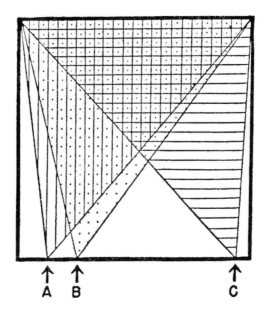

Aqui, o conjunto do campo delimitado representa o corpo e A, B e C representam os três agentes que produzem alterações específicas (linhas horizontais, linhas verticais ou pontos) em secções diversas do corpo. Mas só podemos falar de alterações não-especificamente induzidas no que se refere ao menor setor triangular (marcado por pontos e traços), pois somente ele é afetado pelos três agentes. As alterações neste setor correspondem às alterações orgânicas seletivas (suprarrenal, timo, estômago, etc.) do síndrome geral de *stress*.

DEFINIÇÃO DO AGENTE DE *STRESS*

Sendo assim definido o estado de *stress* — pelo menos até onde o permitem as limitações das definições biológicas — o agente de *stress* é, naturalmente, "aquele que produz *stress*". Em vista do que já expusemos a respeito da relatividade do *stress, é* mais que evidente que qualquer agente causa mais ou menos *stress,* em proporção ao grau de sua capacidade de produzi-la, isto é, provocando alterações não específicas."

DEFINIÇÃO DE SAG

Agora devemos voltar nossa atenção para o importante *elemento tempo,* em relação às respostas não-específicas. Enquanto o *stress* é refletido pelo conjunto de alterações não específicas que ocorrem no corpo, em dado momento, a síndrome de adaptação geral (ou SAG) engloba todas as alterações não específicas à medida que elas se desenvolvem no tempo durante exposição contínua a um agente de *stress.* Um funciona como um instantâneo, enquanto o outro se assemelha a uma película cinematográfica do *stress.*

Verificamos que um SAG perfeitamente desenvolvido consiste em três estágios, ou fases: a reação de alarme, a fase de resistência e a fase de exaustão. Registra-se *stress* em qualquer momento, durante essas três fases, embora suas manifestações sejam diversas à medida que o tempo decorre. Além disso, não é necessário que as três fases se desenvolvam para que possamos registrar o SAG. Somente o mais grave *stress* leva, eventualmente, à fase de exaustão e morte. A maioria das pressões, infecções e outros agentes de *stress* que atuam sobre nós produzem alterações correspondentes apenas à primeira e segunda fase: de início podem perturbar-nos e alarme-nos, mas, depois, acostumamo-nos a elas.

No curso de uma vida humana normal, não há quem não passe pelas duas primeiras fases, por muitas e muitas vezes. De outra forma jamais poderíamos nos adaptar suficientemente para desenvolver todas as atividades e resistir a todos os infortúnios com que o homem se depara.

STRESS — A Tensão da Vida

Mesmo a exaustão não é, necessariamente, irreversível e completa, desde que afete unicamente partes do corpo. Correr, por exemplo, produz uma situação de *stress*, especialmente nos músculos e sistema cardiovascular do corredor. Para contrabalançar tal efeito, temos inicialmente de mobilizar e preparar esses órgãos para a prova a que os submeteremos; a seguir, durante algum tempo, estaremos no auge da eficiência em sua aplicação; eventualmente, contudo, registra-se a exaustão. Isso pode ser comparado à reação de alarme, uma fase de resistência e uma fase de exaustão, todas limitadas, essencialmente; pelos sistemas cardiovascular e muscular. Mas tal tipo de exaustão é reversível; depois de um bom repouso, voltamos ao normal.

O mesmo se aplica a nossos olhos. Quando saímos de um lugar escuro e tentamos ver, à luz do sol, nada conseguimos enxergar, de início. Então, nós nos adaptamos; contudo, com o tempo, nossos olhos tornar-se-ão exaustos se os mantivermos expostos a forte luz solar.

Não há quem não tenha conhecimento de tais fatos, por experiência própria, no que se refere aos músculos e aos olhos; e isso também é verdade no que concerne a várias atividades intelectuais. A maioria das atividades humanas passa por três fases: inicialmente temos de nos habituar, depois funcionamos com grande eficiência mas, finalmente, cansamo-nos do que fazemos.

O que nem todos sabem é que essa evolução trifásica de adaptação é também característica das atividades corporais que somente os médicos estão em condições de avaliar perfeitamente, como o processo inflamatório, por exemplo. Se alguns micróbios virulentos penetram sob a pele, causam inicialmente o que se denomina inflamação aguda (rubor, inchaço, dor) e que é seguida por inflamação crônica (formação de bolha ou abscesso) e, finalmente, uma desintegração local do tecido que permite a saída do fluído purulento produzido pela inflamação (abertura de um abscesso).

RELAÇÃO ENTRE SAG E SAL — O CONCEITO DE ENERGIA DE ADAPTAÇÃO

A exaustão seletiva dos músculos, olhos ou tecidos inflamados representa as fases finais somente nas síndromes de adaptação local (SAL). Vários destes podem ocorrer, simultaneamente, em várias partes do corpo e, proporcionalmente à sua intensidade e extensão, podem ativar o mecanismo da SAG. Somente quando todo o organismo está exaurido — em consequência de senilidade, ao fim do curso normal de uma vida, ou através do envelhecimento prematuro, causado pelo *stress* — é que entramos na fase final de exaustão do SAG.

É como se tivéssemos reservas ocultas de adaptabilidade, ou *energia de adaptação,* em nosso próprio corpo. Assim que o *stress* local consome as reservas locais mais facilmente acessíveis, a exaustão local se verifica e a atividade na parte sujeita a *stress* cessa automaticamente. Esse é um importante mecanismo de proteção pois, durante o período de repouso assim estabelecido, um grau maior de energia de adaptação é reunido, quer a partir de reservas locais menos acessíveis, quer de reservas procedentes de outras partes do corpo. Somente quando toda nossa adaptabilidade é gasta sobrevém o irreversível — exaustão geral e morte.

RELAÇÃO ENTRE ENERGIA DE ADAPTAÇÃO E ENVELHECIMENTO

Parece haver uma relação das mais íntimas entre SAG e o envelhecimento. Já dissemos que diversas síndromes locais de adaptação podem desenvolver-se consecutiva ou mesmo simultaneamente num mesmo indivíduo. O homem acaba por acostumar-se com certas condições (frio, trabalho físico pesado, preocupações) que inicialmente têm um efeito dos mais alarmantes.

STRESS – A Tensão da Vida

Contudo, após uma exposição prolongada a tais condições, mais cedo ou mais tarde toda a resistência cede e a exaustão se manifesta. É como se algo tivesse sido perdido, ou gasto, durante o trabalho de adaptação — o que seja, precisamente, não sabemos. O termo *energia de adaptação* foi cunhado em função daquilo que é consumido durante o trabalho contínuo de adaptação, para indicar que é uma coisa diversa da energia sob forma de calorias, que provém da alimentação; mas o termo não constitui mais que uma designação e ainda não dispomos de um conceito preciso do que possa ser tal energia. Pesquisas posteriores ao longo desta linha apresentariam, ao que parece, grandes perspectivas, pois aqui estaríamos entrando em contato com as condições fundamentais do processo de envelhecimento.

É como se cada indivíduo herdasse, ao nascer, um certo grau de energia de adaptação, cuja magnitude é determinada por seu antecessor genético — seus pais. Ele pode girar, sem incidentes, com esse capital, através de uma existência longa, mas invariavelmente monótona, ou despendê-lo prodigamente no curso de uma vida cheia de *stress,* intensa e talvez mais cheia de colorido e interesse. De qualquer forma, seu capital é um só e deve ser equilibrado de acordo.

Diremos mais sobre exaustão ao discutirmos as experiências reais nas quais tal ponto de vista é fundamentado (Livro IV) e suas aplicações práticas nos problemas cotidianos (Livros III e V). Aqui, quero unicamente tratar das bases teóricas de tal conceito.

DEFINIÇÃO DE DOENÇAS DE ADAPTAÇÃO

O último conceito que nos propomos definir é o de "doenças de adaptação". Estas são as doenças nas quais imperfeições do SAG desempenham papel principal. Muitas doenças não são realmente resultados da atuação de certos agentes externos (infecção, intoxicação) mas consequência da incapacidade do corpo de opor-se a tais agentes com reações de adaptação adequada, isto é, com um SAG perfeito.

Este conceito também é relativo. Doença alguma é tão somente uma doença de adaptação. Nem há agentes de doença que possam ser tão perfeitamente bloqueados pelo organismo, que a inadaptação não desempenhe papel importante em seus efeitos sobre o corpo. Tais agentes não produzem doenças. Essa imprecisão na delimitação não interfere com a utilidade prática de nosso conceito. Defrontamo-nos com certa imprecisão sempre que temos de classificar qualquer outro tipo de doença. Não há uma moléstia puramente cardíaca, na qual todos os demais órgãos permaneçam absolutamente ilesos, nem podemos considerar uma moléstia puramente renal ou nervosa, nesse sentido.

Nas passagens precedentes, tive de conduzir o leitor através de uma análise bastante detalhada de abstrações, mas tais conceitos são realmente indispensáveis para compreensão de *stress* que nos afeta na vida diária. Eles nunca foram precisamente formulados anteriormente e é somente através deles que o *stress* pode ser explorado no laboratório. Pensamento abstrato é algo realmente extenuante, mas a própria definição de abstração é "destacar pela operação mental". Se desejamos dissecar *stress* a fim de compreender seu mecanismo, devemos primeiro expor suas partes principais isolando-as dos pormenores confusos e irrelevantes. Tal separação é possível somente através de uma operação mental, desde que os detalhes não podem ser materialmente destacados dos verdadeiros constituintes do *stress*.

Neste inventário de todos os dados disponíveis para uma análise do *stress,* registramos até agora os fatos e as abstrações Agora, consideremos os materiais e as técnicas que podem ser utilizadas com esse objetivo.

STRESS – A Tensão da Vida

8. INVENTÁRIO DE DADOS
(C) MATERIAIS E TÉCNICAS

Animais experimentais. Técnicas cirúrgicas. Técnicas químicas. Técnicas morfológicas. Técnicas complexas de clínica e laboratório. Técnicas de coordenação do conhecimento.

ANIMAIS EXPERIMENTAIS

Se desejamos aprender algo sobre qualquer aspecto da vida, devemos dispor inicialmente de uma amostra de sua organização, tal como se manifesta no corpo de um animal ou do homem. A organização estrutural da vida pode ser frequentemente estudada por meio da dissecção, após a morte, mas os processos vitais só podem ser estudados em seres vivos.

Desde que não se justifica efetuar operações perigosas em seres humanos, os animais experimentais são realmente indispensáveis para tais estudos. Isso envolve o que é frequentemente denominado *vivissecção*. Literalmente, tal termo significa "cortar um animal vivo", e implica, para muitos leigos, a realização disso sem anestesia e com sofrimento desnecessário. Tal incompreensão é lamentável, pois tem levado muitas criaturas bem intencionadas a condenar experimentações com animais — a própria base da pesquisa médica — alegando tratar-se de práticas cruéis. A *Encyclopedia Britannica* apresenta num longo verbete uma série de argumentos pró e contra a vivissecção, com a ressalva de que "ambos os pontos de vista, para que sejam respeitados, devem ser fundados em extensos e acurados conhecimentos, declarações acuradas e sinceridade. Infelizmente, tais condições nem sempre são apresentadas pelos protagonistas". Não está entre meus objetivos penetrar profundamente nos problemas éticos da experimentação em animais, embora eu confie em que este livro dará ao leitor a compreensão necessária para que forme uma opinião a respeito. Tudo quanto gostaria de dizer, com fundamento em

HANS SELYE

toda uma existência associada a experimentos com animais e experimentadores de animais, é o seguinte:

1) Quase todos os grandes progressos da medicina têm sido fundados, pelo menos parcialmente, em experiências com animais. Sem os animais Pasteur e seus contemporâneos não poderiam ter descoberto o papel dos micróbios nas doenças infecciosas, nem teria sido possível obter vacinas, soros e antibióticos para combatê-las. Sem operar animais Ivã Pavlov não teria desenvolvido seu conceito de "reflexos condicionados", o qual é ainda um dos pilares básicos sobre os quais assentam nossos conhecimentos relacionados com o sistema nervoso. Banting não teria descoberto a insulina sem provocar diabete em cães (pela remoção do pâncreas) para provar a ação antidiabética de seus primeiros extratos. B, finalmente, imagine-se a crueldade gratuita e a perda de vidas humanas se os cirurgiões adquirissem sua prática começando por operar pacientes!

2) Nunca conheci um experimentador profissional que não se preocupasse com a questão de crueldade com os animais e não tentasse evitá-la. Os que afirmam que as experiências a que tais animais são submetidos jamais são dolorosas distorcem a verdade; mas todos os esforços são feitos para reduzir a dor produzida ao grau mínimo absolutamente inevitável. É importante para os leigos saber que, mesmo se um cirurgião que se dedica a tais experiências fosse um sádico degenerado, teria, inevitavelmente, de anestesiar os seus animais para fazer intervenções cirúrgicas de importância, pois não é possível realizar operações delicadas se o animal reage.

3) Os legisladores que votam leis que proíbem ou restringem o uso de animais experimentais para fins de pesquisa ou para o ensino em escolas de medicina, fazem-no em virtude de considerações sinceras de ordem moral ou sob pressão de exigências políticas. Quaisquer que sejam seus motivos, devem

STRESS – A Tensão da Vida

ser considerados como homens que conseguiram conciliar sua consciência com o fato de necessariamente infligirem crueldades inenarráveis a seus irmãos humanos e interferirem gravemente com uma das mais nobres aspirações do homem, o desejo de compreender a si mesmo.

Quanto mais se sabe sobre a natureza da vida, doença e sofrimento, maior é a repulsa inspirada pela brutalidade. Esse pensamento não foi dos menos importantes que me levaram a escrever um livro sobre a natureza da doença para os que não estão profissionalmente relacionados com a Medicina. No ano passado, em nosso Instituto, utilizamos cerca de 400 ratos para pesquisa, numa semana, mas nenhum deles foi exposto a dor desnecessária, em consequência de incúria.

TÉCNICAS CIRÚRGICAS

Vejamos agora, mais precisamente, o que podemos obter por meio da utilização da cirurgia experimental e como ela é aplicada, na prática, para resolver alguns problemas típicos na exploração do mecanismo do stress.

A maioria dessas experiências é realizada em ratos ou camundongos. Esses animais têm um cérebro relativamente subdesenvolvido e, provavelmente em consequência disso (não estamos absolutamente certos) são passíveis de sofrer menos angústia e dor que um gato ou um cão. Os roedores também têm a vantagem de serem pequenos e singularmente resistentes às infecções, o que os torna especialmente úteis para experiências em grande escala.

Numa experiência-padrão, um rato é anestesiado com éter, ou com qualquer outro anestésico, até ficar completamente inconsciente, incapaz de mover-se ou sentir qualquer dor. Então, o experimentador pode expor uma glândula e removê-la, para verificar como o rato reagirá ao stress sem esse órgão. Da mesma forma, o cirurgião experimentador pode cortar um nervo sensitivo, se, para seus estudos, deseja tornar certa região do corpo insensível à dor. Ele pode reduzir o fluxo de sangue através de uma artéria, reduzindo seu diâmetro com um laço constritor de linha, e assim por diante. Depois da operação o animal volta a si e então está preparado para observação.

Na maioria dos casos, a intervenção cirúrgica produz um tipo de deficiência que pode surgir espontaneamente no homem. Causando tal perturbação seletiva, podemos verificar a participação dos órgãos individuais no mecanismo do *stress*.

TÉCNICAS QUÍMICAS

Há muita coisa que só podemos aprender por meio da aplicação de métodos químicos. Por exemplo, se desejamos estudar a ação dos corticoides, podemos obter uma grande quantidade de suprarrenais bovinas num matadouro e extrair os hormônios dessas glândulas. A operação de produzir um extrato, em princípio, resume-se em cortar as glândulas em partículas finíssimas e colocá-las n'água ou em qualquer outro fluido, no qual os hormônios são solúveis. Desse extrato bruto, várias frações podem ser precipitadas pela adição de substâncias químicas que tornam insolúveis os hormônios ou os contaminantes. Tal processo de purificação prossegue até que um hormônio seja separado de tudo mais quanto existe na glândula, surgindo em forma de pureza absoluta, geralmente cristalina.

A purificação é uma fase especialmente importante, pois somente substâncias puras podem ser analisadas pelo químico que pretende determinar sua estrutura molecular, isto é, verificar a organização exata dos átomos individuais na molécula hormonal. Depois disso, geralmente é possível, mais cedo ou mais tarde,

STRESS – A Tensão da Vida

obter a substância natural no laboratório, a partir de seus próprios elementos ou de outros componentes simples cuja obtenção não seja tão difícil quanto a de glândulas. Isso é o que denominamos síntese, ou fusão.

Aprender a sintetizar hormônios é uma operação particularmente importante, pois a maioria deles constitui fonte de valiosos remédios, que devem ser produzidos em quantidade suficiente para ser ministrada a todos os que deles necessitam. Tal produção maciça, se fosse baseada nas glândulas dos animais, seria sempre onerosíssima e talvez impossível, pois nem todos os matadouros do mundo, reunidos, poderiam fornecer a quantidade suficiente de matéria-prima.

Evidentemente, há muitos outros problemas da medicina experimental que só podem ser resolvidos por meio da técnica da bioquímica. As alterações registradas durante o *stress,* ou depois do tratamento com hormônios, na composição química dos fluidos e tecidos corporais, fornecem inumeráveis exemplos a respeito.

TÉCNICAS MORFOLÓGICAS

Morfologia significa, literalmente, a "ciência da forma" (do grego *morphe,* modelo, forma e – *logia,* ciência de). O conhecimento anatómico geral, obtido da mera dissecção e do exame dos órgãos entra nessa categoria; assim também os conhecimentos resultantes da histologia (do grego *histos,* tecido) estrutural ou organização celular dos tecidos, como são revelados pelo microscópio. Podemos aprender muita coisa sobre as funções de certos órgãos meramente por meio de seu exame ao microscópio. Por exemplo, a suprarrenal em repouso é carregada de pequenas células gordurosas — facilmente visíveis ao microscópio — e que contém os hormônios solúveis em gordura; a glândula ativa descarrega suas reservas no sangue e, portanto, não contém tais células.

TÉCNICAS COMPLEXAS CLÍNICAS E DE LABORATÓEIO

Já vimos como a química, a cirurgia e a morfologia experimental nos fornecem os instrumentos básicos para pesquisas médicas. É costume classificar isoladamente as informações fornecidas pela farmacologia, bacteriologia e muitas outras técnicas experimentais, assim como por estudos clínicos. Contudo, em essência, todas as citadas técnicas são combinações da cirurgia, química e morfologia.

Suponhamos que se deseje saber se um excesso de hormônios da suprarrenal passa para a urina de um paciente sob ação de *stress*. Fazemos um extrato de urina e, depois da devida purificação, injetamo-la em animais previamente submetidos à adrenalectomia (do grego *ectome,* ablação, extração). Devemos retirar as suprarrenais do animal de experimentação para evitar complicações incontroláveis, consequentes da secreção de hormônios por suas próprias suprarrenais. O timo desses animais, aos quais se retiram as suprarrenais, é sempre muito desenvolvido, pela ausência de hormônios das suprarrenais, que determinam a involução do timo. Após a injeção do extrato nos citados animais, o grau da resultante involução do timo nos indicará qual a proporção de hormônios da suprarrenal que nosso extrato contém. Tal método farmacológico é denominado ensaio biológico, pois significa experimentar ou medir algo por sua atividade biológica.

Em essência, tal processo é, portanto, uma combinação de química (extrato), cirurgia (adrenalectomia) e morfologia (alteração no tamanho do timo).

A maioria das alterações causadas por doenças espontâneas no homem ou pelas intervenções experimentais em animais (tratamentos com bactérias, agentes alérgicos, etc.) é revelada através da combinação das três técnicas fundamentais que acabamos de mencionar.

STRESS – A Tensão da Vida

TÉCNICAS PARA A COORDENAÇÃO
DO CONHECIMENTO

O volume de literatura médica tem assumido proporções tão gigantescas que o mero registro e coordenação do conhecimento médico acumulado se tornou um dos mais importantes setores contemporâneos de pesquisa. Como o disse tão oportunamente Vannevar Bush à Associação Filosófica Norte-Americana (The Atlantic, agosto, 1955), se malograrmos nesta tarefa "a ciência poderá vir a ser sufocada por seu próprio produto, inibida, como uma colónia de bactérias, por suas próprias exsudações".

Em virtude de seu profundo interesse pelo *stress,* nosso Instituto chegou a reunir a maior coleção de livros e panfletos sobre o assunto de que se tem notícia. Nossa biblioteca SAG é virtualmente completa e as informações que contém são de fácil acesso, por intermédio de um índice de assuntos especiais.

Mas, para dar-lhe uma ideia da magnitude e do escopo de tal trabalho, cá estão alguns dados. Em 1950, quando publiquei *"Stress", o* primeiro tratado técnico sobre o assunto, tive de valer-me de mais de 5.500 artigos originais e livros que tratavam de vários dos tópicos relacionados. Desde essa época, todos os anos, meus colaboradores e eu publicamos, regularmente, um volume intitulado *Annual Beport on Stress* (Relatório Anual sobre o *Stress)* — jocosamente denominado AROS, entre os especialistas. Em cada um desses relatórios tratamos de 2.500 a 5.700 publicações. Está claro que todo esse material deve ser obtido, lido e cuidadosamente catalogado antes de incorporado em nossos *Relatórios.* (1)

---

(1) — Para realizar tal tarefa, organizamos um "Sistema de Estenografia Simbólica para Medicina e Psicologia" (H. Selye, Acta, Inc. Montreal, 1956). Nele, os conceitos de medicina são representados por símbolos que correspondem essencialmente às equações de álgebra, fórmulas de química ou notas musicais. Para dar ao leitor uma ideia de como funciona o sistema foi ele adotado no índice do livro *(N. Editor:* o índice foi suprimido nesta edição brasileira).

Incidentalmente, à medida que dito essas linhas e considero o grande espaço que é ocupado nas prateleiras pelos volumes AROS, acima de minha mesa, não posso deixar de pensar, com certa melancolia, em todo o tempo que poderia ter dedicado às pesquisas de laboratório (ou brincando com meus filhos, viajando, ouvindo música ou lendo por prazer) enquanto compilava esta montanha de informações. O mesmo se aplica a todas as pessoas que convenci a prestar-me auxílio, no trabalho preciso e monótono de registro de informação.

Somente quem Já se tenha dedicado a tal tipo de trabalho pode imaginar o que significa devassar 25 mil artigos científicos e catalogar sua substância, para que possa ser facilmente localizados quando necessário. Não se pode digerir e apreender inteiramente tal massa de informações, pois o seu próprio volume só permite que se passem os olhos sobre as páginas, com a atenção voltada para o pormenor pertinente.

E por que não ler menos e dedicar maior tempo à assimilação de tudo quanto se lê? Tal atitude parece ser a mais sensata; no fundo, é o que todos nós gostaríamos de fazer. Infelizmente, isto não pode ser posto em prática porque, para julgar se vale ou não a pena ler um artigo, é preciso inicialmente catalogá-lo. De início, temos de encontrá-lo. Há cerca de 8.000 publicações médicas especializadas; não se teria tempo para ler todas elas, ainda mesmo que nossa biblioteca dispusesse de meios para adquiri-las. Assim, optasse pela alternativa mais viável, tentando-se descobrir o que se deseja por intermédio dos catálogos. Então escrevemos ao autor, solicitando a remessa do artigo, ou uma cópia fotostática se este não dispuser de mais de um recorte (os livros devem ser adquiridos). Depois de tudo isso, deve-se pelo menos correr os olhos pela publicação e catalogar mentalmente as informações que contém, para que se saiba se elas têm ou não utilidade prática. Nessa altura, redige-se uma ficha de catalogação, tornando-do assim as informações obtidas acessíveis tanto aos interessados quanto aos pesquisador.

STRESS — A Tensão da Vida

Naturalmente, entre os milhares de publicações sobre *stress*, há diversas que li cuidadosamente e com o maior interesse; na realidade, algumas serviram de base para minhas próprias experiências. Mas tanto o *stress* quanto os hormônios de adaptação que participam no *stress* inspiraram um número tão grande de investigações, que pessoa alguma poderia estudar todas elas. Todavia, ainda assim seria impossível coordenar todos os dados pertinentes e organizá-los numa ciência sem organizar um instrumento internacional de informação e correlação como o AROS.

É desnecessário repetir experiências que já foram efetuadas por outros; é fútil empregar técnicas obsoletas, quando é possível empregar técnicas aperfeiçoadas. Não podemos ter ideia das maiores lacunas, a menos que estabeleçamos um quadro geral de nosso conhecimento. Em consequência, tal serviço de informação constitui um instrumento essencial para pesquisa organizada do *stress*, assim como para as técnicas experimentais cirúrgicas, químicas ou morfológicas que utilizamos no laboratório.

É curioso que tantos governos e organizações particulares se empenhem em subsidiar programas individuais de pesquisa médica, enquanto não se cogita de financiar e auxiliar o trabalho dos que registram e correlacionam todo o conhecimento assim adquirido. Além das dificuldades inerentes à preparação de um índice de pesquisa do *stress*, o problema de financiamento sempre foi, e é até hoje, uma de nossas maiores preocupações.

Estas são algumas das questões práticas concernentes aos materiais e técnicas da pesquisa médica em geral. Discutindo-as, fizemos um inventário do ativo que elas proporcionam à nossa análise do *stress*. Vejamos agora como atua realmente o experimentador, quando tenta analisar mecanismos biológicos em geral, e como dissecamos, o mecanismo do *stress*, em particular.

9. COMO SE DISSECA UM MECANISMO BIOLÓGICO?

Analogia das cinco lâmpadas. Análise das Inter-relações no sistema nervoso. Análise das interligações no sistema endócrino.

ANALOGIA DAS CINCO LÂMPADAS

Suponhamos que você se defronte com o problema de traçar o sistema de instalação de uma complexa rede elétrica, na qual uma bateria fornece corrente a cinco lâmpadas; a tarefa seria fácil se todos os fios não estivessem invisíveis, embutidos nas paredes, conhecendo-se sua posição apenas pelas tomadas.

Num caso como esse, depois de estabelecer a posição da bateria e das cinco lâmpadas, o procedimento mais simples seria interromper o fornecimento de corrente, pelo desligamento dos fios nos possíveis pontos de conexão. Isso nos permitiria saber quais das lâmpadas seriam apagadas e quais permaneceriam acesas depois de ter sido cortada determinada conexão. Como prova, poderíamos então — depois de desligar a própria bateria — utilizar uma outra fonte de corrente, que seria aplicada em vários pontos, para verificar quais os fios que levam a corrente a determinadas lâmpadas.

Tal método é ilustrado pelo desenho seguinte.

Nele, se podemos verificar unicamente a posição da bateria e das cinco lâmpadas (numeradas de 1 a 5), seria impossível saber de que forma são elas abastecidas de corrente. Mas podemos verificá-lo facilmente, depois de umas poucas experiências. Por exemplo, se cortarmos a corrente no ponto nº 1, todas as lâmpadas, exceto a 3, se apagarão. Isso significa que as lâmpadas 2, 4 e 5 recebem força através de um sistema que deve passar pelo ponto 1, enquanto a 3 tem uma linha independente de suprimento, ligada diretamente à bateria.

STRESS – A Tensão da Vida

Por outro lado, depois de desligar a bateria principal e conectar uma fonte auxiliar de eletricidade logo abaixo do ponto 1, verificar-se-á que as lâmpadas 2, 3, 4 e 5 se acenderão. Disso concluiremos que a lâmpada 3 dispõe de uma dupla fonte de suprimento de corrente, uma delas procedente de algum ponto superior e a outra de sob o ponto 1. A partir daí, será uma simples questão de tempo e paciência demonstrar, por meio de várias experiências do mesmo gênero, que os três fios que partem do ponto 2 levam às lâmpadas 3, 4 e 5. Assim, eventualmente, todo o plano do circuito poderá ser traçado.

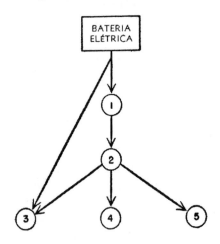

O mesmo processo, em essência, é utilizado pelos pesquisadores médicos, quando têm de destrinçar interligações complexas num sistema biológico, tal como o corpo de um animal ou do homem.

ANÁLISE DAS INTERLIGAÇÕES NO SISTEMA NERVOSO

O sistema nervoso proporciona a nossos músculos os impulsos necessários para contração. Isso é feito através de cabos e filamentos complexos; os nervos. O problema de revelação dessas conexões é muito parecido com o empregado para o levantamento de um circuito elétrico. Depois de cortar certos feixes nervosos de um animal de experimentação, podemos verificar quais são os músculos que ficam paralisados. A seguir, para prova conclusiva, podemos estimular cada coto nervoso com corrente elétrica, para ver quais os grupos de músculos que se contrairão. Alguns nervos são ligados diretamente a certos músculos ou (depois de dividir--se) a diversos músculos; outros vão inicialmente para estações coordenadoras, os *gânglios nervosos.*

ANÁLISE DAS INTERLIGAÇÕES NO SISTEMA ENDÓCRINO

A situação é muito semelhante à dos órgãos vivos cujo funcionamento é regulado por hormônios, os mensageiros químicos produzidos pelas glândulas endócrinas. A principal diferença reside em não serem os hormônios conduzidos em canais especiais, como no caso dos nervos, que transmitem seus impulsos através de fibras individuais, ou da corrente elétrica, propagada em fios isolados.

Os hormônios são substâncias químicas solúveis, descarregadas pelas glândulas no sangue e por ele conduzidas para todas as partes do corpo. Mas cada hormônio é portador de instruções em código, que somente certos órgãos estão em condições de decifrar. Podem, esses mensageiros conduzidos pelo sangue influenciar partes destacadas do corpo com tanta seletividade quanto os nervos. Cada órgão responde apenas a certos hormônios, que atuam sobre ele diretamente ou por meio de outra glândula endócrina (estação coordenadora).

Aqui, a situação é mais parecida com a da transmissão de rádio ou de televisão, pois as estações emissoras enviam ondas indiscriminadamente, em todas as direções, sendo que somente

STRESS – A Tensão da Vida

certos receptores estão sintonizados num determinado comprimento de ondas. É isso que permite a seleção de recepção de determinados programas, com exclusão de todos os demais. A comparação pode ser levada ainda mais longe, pois embora certos receptores possam receber os programas diretamente da estação emissora, outros captam a retransmissão de uma emissora local; assim também os hormônios de uma glândula podem atuar sobre os tecidos, quer diretamente, quer retransmitindo sua mensagem por intermédio de outra glândula.

Portanto, nos estudos da endocrinologia, que é a ciência das glândulas endócrinas e de seus hormônios, podemos usar novamente o mesmo processo analítico. Este é ilustrado pelo clichê que apresentamos a seguir, retirado do campo da pesquisa do *stress*. Aqui verificamos o efeito de um *stressor,* ou agente produtor de *stress,* sobre a glândula pituitária, as suprarrenais, o estômago, os tecidos linfáticos e os glóbulos brancos.

Lembraremos novamente que a *pituitária* (ou hipófise) é uma pequena glândula endócrina colada aos ossos da base do crânio, logo abaixo do cérebro. As *suprarrenais* são glândulas endócrinas que se situam acima dos rins, uma de cada lado. Os *tecidos linfáticos* são importantes órgãos de defesa compostos de pequenas células, similares aos pequenos glóbulos brancos. Os gânglios linfáticos, nas virilhas e axilas, as amígdalas, na garganta, e o timo, no peito, pertencem a esse sistema. Entre os *glóbulos brancos do sangue,* alguns procedem dos órgãos linfáticos, outros da medula dos ossos. Essas células também são parte importante do sistema defensivo, especialmente contra infecções.

Durante o *stress,* notamos alterações em todos esses tecidos, mas não sabemos como — por intermédio de que — são eles produzidos. Segundo dissemos, ao iniciar este livro, o timo poderia produzir certos hormônios que estimulariam as suprarrenais. Mas essa hipótese foi logo posta de lado. Depois de remover cirurgicamente o timo (ponto 4 nas figuras precedentes) de ratos,

HANS SELYE

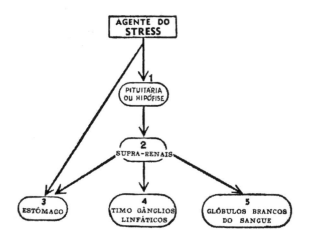

suas suprarrenais (ponto 2) permaneciam dilatadas e superativadas durante o *stress*. Inversamente, contudo, depois da ablação das suprarrenais, o timo não mais apresentou as reações características da reação do *stress*. Finalmente, descobrimos que injeções de extratos de suprarrenais (ricas em hormônios corticoides) produziam alterações características do *stress* no timo, mesmo depois de adrenalectomia. Evidentemente, o curso seguido vai das suprarrenais para o timo e não do timo para as suprarrenais.

Então, levantou-se a questão: "Como percebem as suprarrenais a presença de *stress* e, portanto, que é necessário para produzir uma grande quantidade de hormônios corticoides?" Por outras palavras, qual o elo imediatamente anterior na sequência de acontecimentos? Depois de uma série de tentativas malogradas, removemos a pituitária e descobrimos que, depois da interrupção da cadeia de reação biológica nesse ponto (ponto 1), o *stress* não mais estimulava as glândulas suprarrenais (ponto 2). Por outro lado — mesmo sem *stress* e mesmo na ausência da pituitária — injeções de um hormônio da pituitária, o ACTH causavam alterações características do *stress* nas suprarrenais. Ela dilatava-se e produzia os seus hormônios em excesso. Evidentemente, as suprarrenais funcionam como estação coordenadora entre o ponto 1 e certos pontos mais distantes, ao longo da cadeia.

É fácil verificar como — usando o diagrama como mapa para a dissecção do *stress* — toda a complexa rede endócrina do SAG é passível de análise científica. Nada mais é necessário que interromper a rede, pela remoção de uma glândula, e depois corrigir a deficiência resultante com a injeção do hormônio especial da glândula.

Tal tipo de trabalho ainda vai em progresso e deverá prosseguir, durante certo tempo. Nós, como centenas de outros investigadores, trabalhamos para destrinçar as muitas complexidades ainda misteriosas da mecânica do *stress*. Mas agora façamos uma pausa para verificar o que conseguimos encontrar a esta altura.

10. RESULTADOS DA DISSECÇÃO

Esquema para um relatório de dissecção. Registro de ações relacionadas entre eventos específicos e não-específicos. Como pode a mesma síndrome específica ser produzida por vários agentes? Como podem produzir-se reações; quantitativamente várias? O curso da resposta ao *stress* é trifásico. A defesa é antagônica A importância dos fatores condicionantes.

ESQUEMA PARA UM RELATÓRIO DE DISSECÇÃO

Nos capítulos precedentes, tentei fazer um inventário de todos os dados materiais e conceituais que temos à nossa disposição para a dissecção do *stress*. Agora, faremos um breve sumário do que aprendemos. Alguns dos resultados alcançados já foram expostos mas, em todo o caso, uma recapitulação não seria supérflua, já que lidamos com fatos estranhos à experiência cotidiana.

HANS SELYE

Por outro lado, não valeria a pena descrever na íntegra as técnicas utilizadas em todas as experiências que foram efetuadas para provar cada qual dos fatos de que tratamos. Os princípios sobre os quais tais análises experimentais são fundadas já foram examinados nos capítulos anteriores; não é necessário grande imaginação para verificar de que forma são eles aplicáveis a nossos problemas específicos.

Subdividi o material em cinco secções, a serem examinadas neste e nos três capítulos seguintes:

1) *Generalidades* — Os principais resultados alcançados na compreensão do *stress* e em sua relação com a doença.

2) *Stress numa casca de noz* — O quadro geral dos fatos recentemente descobertos.

3) *Stress e inflamação* — A aplicação do conceito de *stress* ao estudo dessa questão especial foi selecionado como um exemplo de consideração mais pormenorizada, pois a inflamação constitui um dos sinais fundamentais de doença. Além disso, acontece que até agora esse campo de conhecimento foi o que permitiu as demonstrações mais bem sucedidas da aplicação do conhecimento do mecanismo do *stress* aos problemas clínicos.

4) *Sinopse do conjunto do mecanismo do stress* — Um relato pormenorizado da forma de cooperação entre vários órgãos, a fim de manter a saúde durante o *stress.*

5) *A natureza da adaptação.*

REGISTRO DE AÇÕES RELACIONADAS ENTRE EVENTOS ESPECÍFICOS E NÃO ESPECÍPICOS

Já verificamos que qualquer agente que possa atuar sobre o corpo humano, a partir de dentro ou a partir de fora, provoca ações cuja intensidade varia. Os que produzem maiores efeitos acarretam alterações relativamente específicas, comparadas à ação dos que produzem efeitos menores. Estas últimas, compreendidas entre as ações não específicas, podem, consequentemente, ser consideradas efeitos colaterais incidentais. Mas são incidentais somente do ponto de vista da medicina ortodoxa, que está eminentemente interessada na causa específica da moléstia e nos métodos específicos de cura destinados a combatê-las. Um dos objetivos fundamentais da pesquisa do *stress* está relacionado com as citadas ações não específicas. Seja qual for nosso ponto de vista, devemos levar em conta que, na prática, é realmente impossível destacar o específico do não específico.

Nos desenhos abaixo, as setas maciças representam o *stress* e as outras as ações contaminantes específicas de três agentes.

Evidentemente, o produto final de uma exposição a qualquer dos agentes representados pelas duplas setas não pode ser o mesmo, embora os efeitos do *stress* sejam idênticos. Os dois tipos de ações do mesmo agente podem influenciar-se mutuamente. Na linguagem da pesquisa do *stress,* dizemos que os efeitos não específicos são *condicionados* (alterados) pelos efeitos específicos de cada agente. Na verdade, as ações específicas dos agentes podem anular – em determinados casos, completamente — certos efeitos não específicos, desde que ambos se encontrem em polos opostos. Essa alteração e a "camuflagem" de que se revestem as ações específicas constituem uma das razões principais do longo tempo que é necessário para que se obtenha um quadro preciso do *stress.*

Está claro que nós nos deparamos com um estado de coisas semelhante, sempre que tentamos fazer uma generalização. Por exemplo, se desejamos obter um quadro geral do que denominamos "homem negro", é inicialmente sua pele escura que nos chama a atenção, como a indicação mais específica de sua raça. Pareceria fácil generalizar a partir daí, declarando: "Os negros têm pele escura". Todavia, há negros albinos nos quais, em virtude de uma anomalia hereditária, não se registra a pigmentação cutânea escura. Isso não invalida nossa generalização de que os negros constituem uma raça de pele escura. A grande maioria dos negros é constituída por indivíduos de pele escura, e a pigmentação característica é um índice valioso, embora não infalível, para identificá-los. Indicação alguma, isolada, serve para definir uma raça, mas mesmo um albino pode ser identificado como negro, em virtude de seus outros traços raciais. Só podemos conhecer essas outras características por meio do exame de grande número de negros.

O mesmo se aplica a pesquisa do *stress*. Por exemplo, um dos traços típicos do SAG é sua curva de açúcar no sangue, característica, que segue um curso distintamente trifásico: inicialmente cai, depois sobe e finalmente declina outra vez. Se o *stress* é produzido por injeção de insulina (o hormônio antidiabético do pâncreas), a resposta característica da curva de açúcar no sangue será obscura em virtude da ação específica da insulina, que é a de reduzir a cota de açúcar durante todo o tempo. Seria falso concluir que o açúcar no sangue não é um indicador do *stress*, ou que a insulina não pode produzir um SAG. O efeito do *stress* da insulina ainda pode ser reconhecido porque, como todos os outros agentes de *stress*, ele estimula o córtex das suprarrenais, a involução do timo e assim por diante. Chegamos a tal conclusão depois de examinar muitos dos efeitos produzidos por muitos agentes.

STRESS — A Tensão da Vida

COMO PODE A MESMA SÍNDROME ESPECÍFICA SER PRODUZIDA POR VÁRIOS AGENTES?

No desenho seguinte, vemos quatro retângulos, que simbolizam áreas potencialmente suscetíveis de estímulo. Elas podem representar tecidos, órgãos inteiros ou mesmo células individuais. Cada qual dos retângulos é divido em duas partes: uma superior — contendo sinais de alarme (flechas) e outra inferior — destinadas a produzir reações específicas quando estimuladas.

Cada vez que um agente específico atua sobre qualquer dos retângulos, duas coisas acontecem: há uma resposta específica (graficamente representada aqui pela descarga do conteúdo da parte inferior dos retângulos) e uma resposta não específica (representada pela descarga das pequenas flechas sempre idênticas, da parte superior do retângulo).

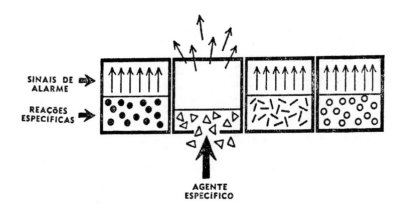

Por exemplo, o efeito da luz sobre os olhos produz a visão, um diurético induz os rins a produzirem urina; um impulso nervoso provoca a contração de um músculo. Estas não são respostas específicas. Mas, ao mesmo tempo, as células de todos esses órgãos podem enviar certos sinais de alarme não-específicos que apenas indicam atividade. O fato de os olhos, os rins ou os músculos poderem reagir diversa e especificamente ao estímulo é mais que evidente. Mas como poderíamos provar, substancialmente, a resposta não específica A natureza química dos sinais de alarme ainda não foi perfeitamente determinada; todavia, sua existência tem sido provada acima de qualquer dúvida.

Quando, nos animais experimentais ou no homem, os órgãos são induzidos a funcionar intensivamente (por exemplo, se uma grande parte da musculatura é forçada a trabalhar) ou quando há uma lesão de tecidos (por exemplo, se a superfície da pele é queimada), há provas evidentes de um aumento de secreção de ACTH, o hormônio da pituitária que estimula as suprarrenais. Esta substância, por sua vez, estimula a secreção hormonal do córtex da suprarrenal; consequentemente, o conteúdo córtico-hormonal do sangue aumenta. Evidentemente, o órgão afetado, de alguma forma, deve ter enviado uma mensagem, na qual notificou o sistema pituitária-suprarrenais da necessidade do aumento do conteúdo córtico-hormonal, ou "corticoide".

De início, julgou-se que tais mensagens fossem transmitidas através dos nervos. Mas não é esse o caso. Já foi possível demonstrar, por exemplo, que se num rato profundamente anestesiado, um membro traseiro for completamente destacado do corpo (com exceção dos vasos sanguíneos), as lesões mecânicas ou o escaldamento do citado membro podem produzir estímulos no córtex da suprarrenal. Evidentemente, os sinais de alarme, nesse caso, não podem ser estímulos nervosos; devem ter sido enviados do membro afetado à suprarrenal através da corrente sanguínea. Provavelmente tais mensageiros são compostos químicos, *substâncias de fadiga,* produzidas por subprodutos do metabolismo durante atividade ou lesão.

A experiência tem também demonstrado que um agente específico atuando somente sobre determinado órgão causa uma

STRESS — A Tensão da Vida

resposta ao *stress* menor que a produzida por um agente não específico atuando sobre várias partes do corpo. Por que?

A explicação desse fato pode ser novamente visualizada por nossa analogia dos quatro retângulos, como o demonstra a ilustração abaixo:

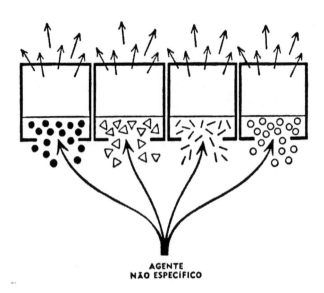

AGENTE NÃO ESPECÍFICO

Se um agente não específico age simultaneamente sobre os quatro alvos, estes respondem, cada qual em sua forma característica (um músculo pela sua contração, um nervo com condutibilidade, etc.). Mas, evidentemente, tais respostas não podem ser aditivas, desde que cada alvo tem uma forma diversa de resposta. Por outro lado, cada tecido descarrega também seus sinais de alarme; estes são idênticos em todos os pontos e seus efeitos não específicos são aditivos.

A resposta hormonal à descarga desses sinais de alarme é uma resposta de adaptação efetiva, na qual as glândulas pituitária e suprarrenais desempenham papel de importância capital. Experiências com animais têm demonstrado que se qualquer dessas glândulas for removida antes da exposição a agentes do *stress*, a resistência é muito baixa. Todavia, pode ser restaurada ao nível normal se um tratamento adequado de compensação for efetuado, por meio das injeções de hormônios apropriados.

No curso de todos esses acontecimentos o mecanismo de resposta ao *stress* lembra muito as várias fases de um alarme de incêndio, que usamos como analogia no capítulo anterior.

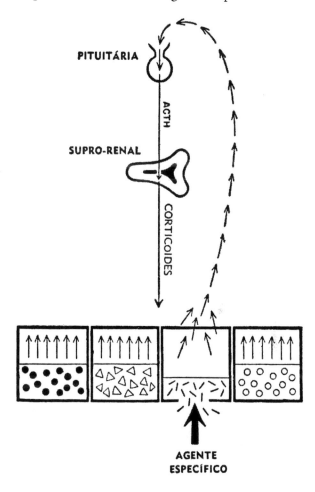

Neste desenho, um agente específico atua sobre o terceiro retângulo. O alvo reage com sua ação característica de resposta (descarga inferior de traços) e sua atividade específica desencadeia automaticamente sinais de alarme que seguem para a pituitária. Os sinais são não específicos, não importa de onde procedam; eles dizem, unicamente: *"Stress".* Mas, a partir daqui, a forma das respostas é das mais específicas.

Nos capítulos precedentes, tratei longamente do córtex das suprarrenais, mal mencionando a pituitária. Essa glândula é presa ao ossos da base do crânio e regula a produção de corticoides através de seu hormônio *adreno-corticotrófico,* ou ACTH. Não importa que as suprarrenais sejam colocadas acima dos rins, a grande distância da pituitária, pois os hormônios são conduzidos a todos os órgãos pelo sangue. Quando a pituitária produz ACTH, este hormônio trófico (do grego, *trophein,* nutriente) estimula as células do córtex das suprarrenais a transformar em corticoides todas as matérias-primas disponíveis. Os corticoides também são descarregados no sangue e assim podem ser enviados a todos os setores que deles necessitam.

A secreção seletiva do ACTH e dos corticoides sob a influência dos sinais de alarme é uma forma específica de resposta. Seu objetivo principal parece ser o de aumentar a produção de corticoides, que podem então atuar sobre a área diretamente estimulada, para normalizar sua atividade e reduzir o ritmo excessivo de sua atuação.

COMO PODEM PRODUZIR-SE REAÇÕES QUANTITATIVAMENTE VÁRIAS?

Se compararmos os dois desenhos precedentes, será fácil verificar que quanto menos específico for o agente atuante (quanto menos seu efeito for limitado a alvos individuais) maior será sua capacidade de produzir um intenso síndrome do *stress*. Até mesmo o máximo estímulo específico de qual quer alvo pode produzir unicamente *stress* de intensidade correspondente à quantidade limitada de sinais de alarme que a citada unidade possa emitir. Por outro lado, se um grande número de áreas for afetado por um agente não específico, que atua simultaneamente sobre vários pontos, a quantidade de sinais de alarme desencadeados pode ser enorme. Aqui — como em nossa analogia dos múltiplos alarmes de incêndio — há uma proporção direta entre o número de sinais e a extensão das medidas defensivas resultantes.

Tal hipótese não foi ainda, de forma alguma, provada, mas não há outra interpretação que melhor se enquadre em nossas observações experimentais a esse respeito. Verificamos, por exemplo, que se um rato for submetido a um som intenso, outro a frio intenso e um terceiro ao escaldamento de uma pata, registra-se uma dilatação moderada das suprarrenais de todos eles. Há um limite bem definido ao estímulo das suprarrenais produzido por qualquer agente, tal como o escaldamento de uma pequena área, não importa quão grave venha a ser. Contudo, se um rato é simultaneamente exposto a som, frio e escaldamento, a resultante dilatação da suprarrenal será muito maior que a produzida por qualquer dos três citados agentes do *stress,* isoladamente. Evidentemente, esses três agentes distintos devem ter tido certo efeito comum, através do qual suas ações sobre as suprarrenais podem ser aduzidas.

É, aparentemente, a descarga dos sinais de alarme que torna o *stress o* denominador comum das mais diversas reações a todos os tipos de agentes.

O CURSO DA RESPOSTA AO *STRESS* É TRIFÁSICO

Se seguirmos o desenvolvimento do SAG no tempo, verificamos que ele se processa através de um curso trifásico ca-

STRESS – A Tensão da Vida

racterístico. Para ilustrar tal fato lembro que (no Capítulo 2) se um animal é continuamente exposto a um agente de *stress* (frio, digamos), o córtex das suprarrenais inicialmente descarrega todos os seus microscópicos grânulos de gordura, que contêm os hormônios corticoides (reação de alarme), posteriormente fica sobrecarregado de células gordurosas (fase de resistência) e finalmente descarrega-as novamente (fase de exaustão). Tanto quanto sabemos, o mesmo curso trifásico é seguido pela maioria, quando não por todas as manifestações do SAG.

O desenho seguinte é uma ilustração gráfica do processo, utilizando-se a resistência geral à lesão como indicador:

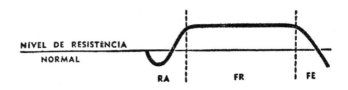

Na fase aguda da reação de alarme (RA) a resistência geral ao agente particular de *stress*, que provocou o SAG, cai muito abaixo do normal. Então, à medida que a adaptação se processa, na fase de resistência (FR), a capacidade de resistir ascende muito além do normal. Mas, eventualmente, na fase de exaustão (FE), a resistência cai novamente abaixo do normal.

Poder-se-ia perguntar: "Mas como pode ser isso verificado, na prática?"

Expusemos grande número de ratos a diversos agentes de *stress*, durante longos períodos de tempo, e provamos a resistência de grupos desses animais selecionados, a intervalos repetidos. Numa experiência, por exemplo, instalamos uma centena de ratos num aposento refrigerado, onde a temperatura era quase a do congelamento. Graças à sua pelagem, eles puderam suportar razoavelmente bem a queda de temperatura, embora nas primeiras 48 horas tivessem desenvolvido as reações de alarme características. Isso foi provado pelo exame de dez desses animais, mortos ao fim do segundo dia; todos eles tinham as suprarrenais dilatadas e livres de gordura, timos atrofiados e úlceras de estômago.

Ao mesmo tempo — depois de 48 horas de exposição — vinte outros ratos foram removidos do aposento refrigerado, para teste de sua resistência às baixas temperaturas. Eles foram colocados num compartimento onde o frio era ainda mais intenso, juntamente com certo número de ratos que até então tinham vivido à temperatura ambiente. Verificou-se que os ratos que já tinham apresentado uma reação de alarme ao frio menos intenso eram menos que normalmente resistentes ao frio excessivo.

Cinco semanas depois, outro grupo de ratos foi retirado do compartimento refrigerado. Nessa ocasião eles já se tinham adaptado perfeitamente à vida em condições de baixa temperatura e estavam na fase de resistência do SAG. Quando esses animais foram colocados em compartimentos ainda mais frios, sobreviveram a temperaturas que teriam sido mortais para ratos não condicionados. Evidentemente sua resistência tinha ascendido a um nível muito superior ao normal.

Contudo, depois de vários meses de exposição ao frio, tal resistência adquirida perdia-se novamente, estabelecendo-se a fase de exaustão. Nessas condições, os animais não eram capazes de sobreviver nem mesmo ao frio relativamente moderado do primeiro compartimento, ao qual se haviam adaptado com a maior facilidade, desde o início da experiência.

As três variações da curva, para baixo, para cima e para baixo novamente (ver último desenho), representam um sumário de muitas outras observações, pois tal tipo de experiência foi re-

STRESS — A Tensão da Vida

petido com diversos outros agentes de *stress* (trabalho físico forçado, drogas, infecções) e o resultado foi sempre o mesmo.

A adaptabilidade pode ser bem condicionada para servir a um propósito especial, mas eventualmente ela é esgotada; sua capacidade é limitada.

Não era isso o que eu esperava. Deveria ter considerado que, uma vez que um animal aprendeu a viver no frio, poderia prosseguir indefinidamente resistindo às baixas temperaturas. E por que não poderia, desde que receba alimento suficiente para criar o calor interno necessário para a manutenção de uma temperatura normal do corpo? Naturalmente, a fim de acostumar-se ao frio, o organismo deve aprender a produzir um excesso de calor por meio da combustão de alimentos. Para segurança adicional, o corpo deve aprender também a prevenir perdas de calor desnecessárias. Isso é obtido por meio de uma constrição geral dos vasos sanguíneos cutâneos, que interferem com o esfriamento do sangue à superfície. Mas uma vez que o processo é dominado e que o animal se torna bem ajustado à vida em baixas temperaturas, poder-se-ia julgar que nada, com exceção de falta de alimentação (energia calórica), constituiria obstáculo à manutenção da resistência contínua ao frio. As observações demonstram que não é assim que acontece.

Experiências similares revelaram então que a mesma perda de adaptação adquirida também ocorre em animais forçados a efetuar exercícios musculares extenuantes, ou naqueles que recebem doses de tóxicos e outros agentes do *stress* durante longos períodos. Essas foram as observações práticas que levaram ao conceito da "energia de adaptação" (ver cap. 7).

A DEFESA É ANTAGÔNICA

Há dois meios principais de defender-se contra agressão: avançar e atacar o adversário, ou retirar-se e colocar-se fora de seu alcance. As duas técnicas são utilizadas pelo sistema defensivo de nossos tecidos contra inimigos internos do corpo. Há, por exemplo, mecanismos sorológicos que podem defendermos contra micróbios invasores. Quando um germe entra na corrente sanguínea, pode ser morto por substâncias químicas puramente agressivas que denominamos *anticorpos*. Não há elemento de retirada, nem de colocar-se a salvo, nessa resposta. Por outro lado, se acidentalmente colocamos a mão sobre uma chapa aquecida, nossos músculos imediatamente retiram a mão queimada do local. Isso acontece quer queiramos fazê-lo ou não, pois esse é um reflexo involuntário de fuga. Nisso, nada há de agressivo; não desenvolvemos qualquer esforço para destruir a fonte da lesão, limitando-nos a ganhar distância dela.

Em minha opinião, um dos mais característicos traços do SAG reside no fato de seus diversos mecanismos de defesa serem sempre fundados na combinação desses dois tipos de defesa: ataque e retirada. Esta é, essencialmente, uma resposta antagônica, isto é, destinada a ativar duas forças em oposição. Estou inclinado a pensar que é uma noção subconsciente desse fato que deu à palavra *stress* o seu significado de "tensão", na linguagem corrente. Em física, tensão é a resultante de duas forças equilibradas e é isso que as tensões nervosas ou hormonais, antagónicas, criam durante o *stress* no corpo humano. Está claro que o ataque e a retirada não podem ocorrer simultaneamente e no mesmo ponto, mas as forças ofensivas e defensivas podem ser mobilizadas ao mesmo tempo, alternadamente, em qualquer lugar.

Ilustremos novamente tal fato, através de uma analogia simples, mecânica, e que, incidentalmente, representa um sistema de defesa que é realmente utilizado pelo corpo humano.

STRESS – A Tensão da Vida

As faixas negras da ilustração representam os dois maiores ossos do braço; os balões brancos representam os músculos contrateis, flexores e extensores. É evidente, como se verifica pelo exame do desenho, a forma pela qual a contração do flexor fechará, e como a contração do extensor abrirá o braço. Se esses dois músculos antagónicos se contraírem simultaneamente, com a mesma força, o braço não se moverá, mas tornar-se-á tenso e, portanto, mais firme.

Quando meu pulso toca qualquer coisa irritante, posso retirá-lo do agente de irritação contraindo o músculo flexor (retirada); posso afastar o agente contraindo o músculo extensor (ofensiva); ou posso resistir a ele contraindo os dois (tensão).

Assim, verificamos que, na realidade, os dois mecanismos antagônicos nos facultam três possibilidades de reação: retirada, ofensiva ou resistência, cada qual com sua finalidade; e podemos escolher qual delas aplicar, de acordo com as circunstâncias.

A sobrevivência depende muito da utilização correta do ataque, retirada ou resistência, decididas de antemão. Para que se obtenham os melhores resultados, esses três tipos de reação devem ser perfeitamente coordenados, não somente do tempo mas também no espaço, a fim de que nossas reações sejam ajustadas às demandas sempre variáveis das situações, em várias épocas e em várias partes do corpo. Sempre que se registra uma agressão, a arte da defesa de qualquer órgão, indivíduo ou nação, reside nessa coordenação.

Os principais sistemas de coordenação do corpo são o sistema nervoso e o hormonal. Neles, temos dois antagonistas. No que concerne à luta pela sobrevivência, podemos denominá-los *fatores pró* e *antidefesa*. O primeiro conduz a mensagem de ação ou de ataque, o segundo de relaxamento ou rendição.

No que se refere ao *sistema nervoso,* isso é conhecido há muito tempo. Os músculos de ação voluntária de nossos membros são ativados por fibras nervosas antagónicas; nesse caso também estão os músculos de ação involuntária, que são ativados pelos nervos, tais como os do estômago, intestinos, vasos sanguíneos e outros órgãos internos.

E como funcionam os nervos, com tal objetivo? É interessante notar que, em última análise, eles funcionam por intermédio de hormônios. Na terminal de cada tronco nervoso, há descarga de substâncias químicas hormonais que agem sobre os tecidos e sobre os músculos como, por exemplo, para produzir contração.

As denominadas *adrenalinas* (a própria adrenalina e sua parente afim, noradrenalina) representam um dos tipos de tal hormônio nervoso.

As adrenalinas produzidas pelos nervos são idênticas aos hormônios secretados pela *medula da suprarrenal*. Até agora, tratei unicamente da outra parte deste órgão, o *córtex* ou câmara externa, pois é ali que se registram as maiores alterações durante a reação de alarme. Contudo, a parte central, ou medula da glândula, é também importante; as adrenalinas por ela secretadas têm também uma importante função a desempenhar durante o *stress*.

STRESS — A Tensão da Vida

Perguntamo-nos por que o corpo produz isoladamente esses dois tipos de substâncias, umas na glândula e outras nos nervos. Quando as adrenalinas são secretadas no corpo pelas células glandulares da medula da suprarrenal, os hormônios são necessariamente bem distribuídos, igualmente, por todas as partes do corpo; isso garante efeitos disseminados mas não permite seletividade de ação. Por outro lado, quando tais substâncias são descarregadas nos terminais nervosas, altas concentrações podem ser produzidas em determinadas áreas circunscritas do corpo, o que garante a seletividade de seus efeitos. Por outras palavras, os hormônios produzidos pela medula da suprarrenal podem produzir um efeito generalizado, uniforme, em todo o corpo, enquanto os localmente produzidos pelos nervos são mais eficientes na produção de alterações em determinados pontos, sem perturbações para o resto do corpo. Assim, depende das circunstâncias estabelecer qual dos dois tipos de reação é preferível: o generalizado ou o seletivo.

O hormônio nervoso que atua como antagonista das adrenalinas é denominado *acetilcolina*. Tanto quanto sabemos, não é produzido e secretado no sangue por uma glândula endócrina; é liberado unicamente nos terminais nervosos.

O *córtex da suprarrenal* produz uma grande quantidade de hormônios. Alguns são hormônios sexuais, muito semelhantes aos produzidos pelas glândulas sexuais. Pouco ou nada têm a ver com as pesquisas sobre *stress,* mas podem causar perturbações sexuais das mais graves. Por exemplo, a maioria das mulheres barbadas, que se exibem em parques de diversão, sofrem de um excesso de produção de hormônios masculinos, em consequência de alterações em suas suprarrenais. Meninas de três ou quatro anos podem desenvolver seios de mulher ou outras características sexuais de adultas, em consequência de uma excessiva produção de hormônios femininos por suas suprarrenais.

HANS SELYE

Menciono tais anomalias unicamente para completar o quadro; mas em nosso estudo do *stress* não trataremos propriamente destes, mas dos hormônios denominados vitais, ou mantenedores da vida, produzidos pelo córtex da suprarrenal. Quando há carência desse tipo de hormônios, não há adaptabilidade — e carência de adaptabilidade significa morte.

Inicialmente, pensou-se que o córtex da suprarrenal produzia apenas um tipo de hormônio vital; este era denominado *cortina*. Pesquisas posteriores, todavia, demonstraram que há pelo menos dois tipos de tais hormônios. Foi nessa ocasião — há cerca de 15 anos — que propusemos a designação *hormônios corticoides*, como denominação coletiva para este grupo.

O mais extraordinário efeito de um tipo de corticoide é inibir inflamações. Estas constituem uma reação de defesa dos tecidos; assim, tal tipo de hormônio pode ser classificado entre os antidefensivos, já que previne uma reação de defesa. Há diversos tipos desses hormônios. Denominamo-los então corticoides anti-inflamatórios (A-Cs). A este grupo pertencem a cortisona e o cortisol, que se tornaram muito conhecidos em virtude de seus evidentes efeitos benéficos sobre a artrite reumatoide, inflamações alérgicas, inflamações dos olhos e outras doenças inflamatórias.

O tipo contrário é, naturalmente, designado *corticoides pró-inflamatórios* (PCs). Esses são em geral menos conhecidos pelo público, pois estamos apenas começando a aprender alguma coisa sobre seu papel na clínica geral. A aldosterona e a desoxicorticosterona são dois desses hormônios pró-inflamatórios.

Para acompanhar o desenvolvimento de nossa exposição, não é necessário sobrecarregar nossa memória com todos esses nomes complexos. Lembremo-nos apenas de que têm sido descobertos muitos corticoides: alguns deles são anti-inflamatórios (AC), outros, pró-inflamatórios (PC).

Se, em função da simplicidade, os agrupamos dessa forma, devemos sempre ter em mente, todavia, que tais termos são meramente símbolos; eles não contam toda a história. Inicialmente, é apenas sob determinadas condições que os tipos de corticoides inibem ou estimulam inflamação. Em segundo lugar, eles têm muitos outros efeitos, além dos que exercem sobre inflamações. Por exemplo, os corticoides anti-inflamatórios podem aumentar a taxa de açúcar no sangue; portanto, os bioquímicos preferem denominá-los *glicocorticoides* (a partir da glicose). Além disso, um dos mais extraordinários efeitos químicos dos corticoides pró-inflamatórios é influenciar o metabolismo mineral; assim, eles são *mineralocorticoides,* por produzirem uma retenção de sódio e uma secreção de potássio.

Não deixa de ser confusa a existência de tantas denominações para um mesmo grupo de componentes, mas isso é necessário, mesmo na designação de coisas com que nos havemos na vida cotidiana. Por exemplo, a mesma região geográfica pode ser denominada *zona de trigo* ou *zona de petróleo,* dependendo do interesse que se tenha na cultura ou nas jazidas. Incidentalmente, além de agir sobre as inflamações, metabolismo mineral e taxa de açúcar, os corticoides têm muitos outros efeitos — por exemplo, na pigmentação da pele, reações emocionais e pressão arterial — assim como qualquer região geográfica têm muitas características próprias, além da produção de trigo ou petróleo.

Finalmente, deve-se levar em conta que, embora os cortieóides anti e pró-inflamatórios tenham, em determinadas condições, efeitos diametralmente opostos no que concerne a inflamações, isso não é uma constante; esses hormônios, por outro lado, não são necessariamente antagónicos, no que se refere às suas outras ações. Até certo ponto eles podem ser realmente afins, isto é, podem trabalhar em conjunto e, mutuamente, intensificar seus efeitos.

Menciono tais coisas para evitar uma distorção dos fatos que exponho, em consequência de uma interpretação super simplificada. Repito, portanto, que devemos ter em mente, sempre, que há dois tipos de corticoides, os quais se antagonizam mutuamente em vários aspectos e, mais especialmente, no que se refere às inflamações.

O desenho sintetiza os pontos ressaltados.

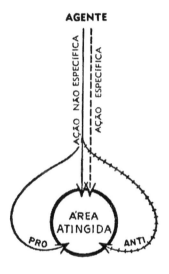

Qualquer agente que atue sobre o corpo produz efeitos duplos. Alguns deles são específicos e outros não-específicos. Neste caso não trataremos das ações específicas e, assim, nada há a dizer sobre elas. O componente não específico age de três formas:

1) diretamente ou através de qualquer tecido que seja tocado pelo agente (área atingida). Micróbios numa lasca de madeira que nos perfure a pele, por exemplo, podem destruir as células situadas nas proximidades, pelo efeito direto das toxinas das bactérias;

2) indiretamente, pela mobilização da parte anti defensiva do sistema antagonístico de defesa, materializada por uma mensagem química ordenando uma retirada ou, pelo menos, a ignorância do agressor;

3) indiretamente, pela mobilização da outra parte do mesmo sistema que é pró-defensiva, isto é, uma mensagem ordenando uma ofensiva destinada, se possível, a destruir o agressor.

É fácil verificar como um ser humano, ou mesmo parte dele — um braço, por exemplo — pode ser recuado ou oposto a um agressor. Mas como poderiam ser tais descrições aplicadas a reação de tecidos? Tentaremos demonstrar tal fato utilizando a inflamação como exemplo; mas, inicialmente, teremos de nos familiarizar com o princípio do *condicionamento,* do qual tenho tratado muito de passagem até o momento.

A IMPORTÂNCIA DOS FATORES CONDICIONANTES

Suponhamos que você receba morangos para comer; sua reação dependeria da quantidade de frutos que lhe foram dados? Não, certamente. Dependeria de muitas outras condições. Se gosta de morangos e não os come há muito tempo, receberá a oferta com entusiasmo. Se há muitas semanas sua alimentação consiste exclusivamente em morangos, sua reação será de enfado. E se você for alérgico a tais frutos, provavelmente sua reação será de doença.

As reações de nossos tecidos aos vários agentes dependem de fatores condicionantes muito similares. Geralmente, distinguimos dois tipos principais desses fatores: os internos e os externos. Os *fatores condicionantes internos* são aqueles que se tornaram parte do corpo. A hereditariedade e as experiências pregressas deixam certos traços, certas "lembranças tissulares" que influenciam nosso tipo de reação aos fatos. Por exemplo, o frio é menos danoso para um urso polar que para um peixe tropical, cuja evolução genética foi orientada em relação à vida num clima quente. Mas, em qualquer animal, a reação ao frio é grandemente influenciada pelo fato de ter esse mesmo animal vivido anteriormente numa atmosfera quente ou fria. Lembremos que o mesmo frio, que inicialmente produziu uma reação de alarme em nossos ratos e reduziu a sua resistência a um frio maior, produz, no fim, uma fase de resistência, com um aumento da capacidade de resistir ao frio. Assim, tanto os fatores genéticos herdados quanto as prévias experiências de um indivíduo, podem criar condições internas que alteram a resistência, a partir de dentro.

Por outro lado, tudo quanto age sobre nós a partir de fora pode também influenciar nossa resposta a um agente simultaneamente ativo, mesmo que ele não cause lesão permanente ao corpo. A dieta que fazemos, o clima em que vivemos, são *fatores condicionantes externos*.

Nossas considerações sobre as reações fisiológicas ao stress seriam muito incompletas e enganosas se malográssemos em esclarecer perfeitamente a importância do condicionamento. Tomemos o caso do condicionamento por substâncias ingeridas. A mesma quantidade de hormônios pró-inflamatórios (mineralocorticoides) que podem causar graves lesões aos rins e hipertensão, num rato submetido a uma dieta com alta taxa de sal, não terá absolutamente quaisquer efeitos sobre um rato alimentado com menos sal. É especialmente notável o fato de o próprio stress poder agir como um fator condicionante sobre os hormônios de adaptação produzidos durante o *stress*. Por exemplo, a mesma quantidade de cortisona que determina uma inibição marcada das inflamações, num paciente que acaba de ser submetido a grave operação cirúrgica, será relativamente ineficiente numa pessoa perfeitamente sadia.

STRESS — A Tensão da Vida

De início, julgamos que isso se devesse unicamente ao aumento da produção de corticoides pelas próprias suprarrenais do paciente. Está claro que os efeitos dos corticoides internamente formados devem ser aduzidos aos da cortisona injetada. Mas isso não é tudo. Tal condicionamento pelo *stress* (ou, como no exemplo anterior, pelo sal) ocorre mesmo em animais que sofreram ablação das suprarrenais e que, em consequência, não estão em condições de produzir corticoides. Aqui, devemos estar jogando com uma interligação direta entre os fatores condicionantes (a dieta de sal, o *stress* da cirurgia) o os corticoides.

O *stress*, aparentemente, atua de duas formas — por exemplo, para inibir a inflamação, ele intensifica a produção de corticoides anti-inflamatórios, assim como a sensibilidade dos tecidos a eles. O desenho seguinte demonstra como isso se processa:

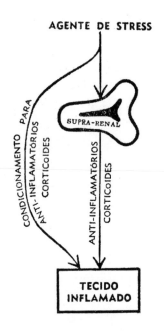

11. STRESS NUMA CASCA DE NOZ
A essência da resposta ao *stress*

A ESSÊNCIA DA RESPOSTA AO *STRESS*

O que vimos até agora já é suficiente para que tenhamos um quadro aproximadamente completo dos mecanismos fundamentais compreendidos em todos os tipos de reações ao *stress*. Eles podem ser visualizados pelo seguinte desenho:

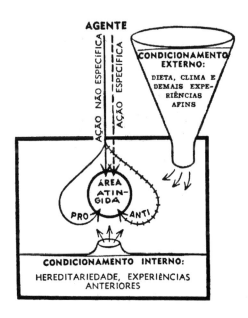

Reconhecemos novamente os elementos do desenho da pág. 133, mas agora, tendo visto o que seja o condicionamento, o diagrama pode ser muito mais explícito.

Notamos novamente que o agente produz tanto ações específicas quanto não específicas, através das quais influencia todo o corpo (aqui representado pelo retângulo inferior). Mas o quadro demonstra também que o agente não atua igualmente sobre todo o corpo; geralmente ele atinge determinadas partes, a área diretamente visada, mais intensamente que as demais.

Assim, por exemplo, se ingerirmos acidentalmente algum liquido corrosivo, todo nosso corpo sofrerá seus efeitos, até certo ponto, mas parte alguma será tão afetada quanto os tecidos dos lábios do estômago, que entrarão em contato direto com o agente. Tais tecidos representam a área diretamente atingida neste caso. Contudo, setores situados a distância serão também afetados; as suprarrenais, por exemplo, são estimuladas a produzir um excesso de corticoides pró inflamatórios ou anti-inflamatórios; há reações nervosas e emocionais assim como várias alterações bioquímicas que influenciarão o metabolismo. Como resultado final, todos os tecidos do corpo serão, afinal, afetados, em maior ou menor grau.

O desenho também nos lembra que o desenvolvimento integral da reação depende muito dos fatores condicionantes. Estes podem ser os invariáveis, que agem sobre nós internamente: nossas predisposições hereditárias e experiências prévias (condicionamento interno), assim como as variáveis, que influenciam nosso corpo concomitantemente com o agente de fora (condicionamento externo). Todos os elementos citados são parte integral da resposta durante o *stress;* todos contribuem com algo para o quadro do SAG.

Esta visão geral do mecanismo do *stress* permite-nos agora considerar mais pormenorizadamente a aplicação de nosso conceito sobre um problema especial.

12. STRESS E INFLAMAÇÃO

Formas de inflamação. A estrutura da inflamação. O objetivo da inflamação. O controle da inflamação.

FORMAS DE INFLAMAÇÃO

A inflamação tem sido definida como uma "reação local à lesão". Ela pode ocorrer em quase todas as partes do corpo e tomar as mais variadas formas; contudo, constitui sempre o mesmo tipo de reação. Quando inteiramente desenvolvida, é sempre caracterizada por rubor, inchaço, calor e dor.

Se uma partícula de pónos penetra sob a pálpebra, haverá certa dor, com o consequente rubor e inchaço das membranas em torno do ponto de irritação; os olhos ficam quentes, formam-se lágrimas, que geralmente cumprem sua finalidade de afastar a partícula lesiva. Mas enquanto perdura, constitui realmente uma inflamação das membranas externas do olho, a conjuntiva; denominamos tal irritação *conjuntivite*.

Se uma criança tem dor de garganta, esta é geralmente produzida pela proliferação de determinados micróbios em suas amígdalas, o que redunda em inchaço, rubor, calor e dor. Esta é uma inflamação das amígdalas; nós a denominamos *amigdalite*.

Um paciente pode vir a sofrer, abruptamente, de violenta dor no abdome, pelo fato de alguns micróbios terem escapado ao controle numa pequena secção do intestino, o apêndice, causando inchaço, calor, rubor e dor local; isso é *apendicite*. Se as paredes do apêndice não podem resistir durante certo tempo à ação dos micróbios, o órgão é perfurado. Então as bactérias podem passar ao ataque das finas membranas que envolvem a superfície externa dos intestinos, o peritônio. A inflamação resultante, quando não tratada, é geralmente fatal; nós a denominamos *peritonite geral*.

STRESS – A Tensão da Vida

As afecções que acabo de mencionar são, na verdade, muito diversas entre si; contudo, todas elas são exemplos do que denominamos *inflamação*. Em medicina, foi consagrado o hábito de anexar o sufixo *ite* ao órgão afetado, para indicar o tipo de inflamação que nele se desenvolveu. Poderíamos mencionar um grande número de exemplos, mas consideremos unicamente alguns, para demonstrar a variedade das condições de doença em que este processo fundamental de defesa tem um papel capital. A inflamação do fígado é *hepatite,* dos rins *nefrite,* das juntas *artrite* e dos nervos *neurite.*

Certos vírus (organismos vivos, menores ainda que as bactérias) que causam alterações inflamatórias paralisantes em determinados setores do sistema nervoso central, determinam a *poliomielite.* Micróbios maiores podem irritar a superfície interna do coração e causar *endocardite.* A ingestão de substâncias irritantes pode produzir uma inflamação do estômago, isto é, *gastrite;* e os consequências de alergia ou de raios X , sobre a pele, são *dermatite.*

Até mesmo a cicatrização do *ferimento,* quando cortamos a mão, dependerá de inflamação, assim como a cicatrização de uma *caverna tuberculosa* no pulmão. A *febre de feno,* inflamação na mucosa nasal, desenvolve-se em certas pessoas porque sua estrutura física as torna especialmente sensíveis a determinado tipo de pólens, em suspensão no ar. A inócua *picada de um mosquito,* assim como a *exposição à bomba atômica,* quase sempre fatal, provoca no corpo a mesma reação de defesa a que denominamos *inflamação.*

De tudo isso se conclui ser evidente que quase todo agente pode causar inflamação em, virtualmente, todas as partes do corpo e que as condições resultantes apresentam os aspectos mais diversos. Contudo, quando se examinam ao microscópio os órgãos afetados, as alterações celulares que neles verificamos são essencialmente as mesmas, em todos os casos.

Isso, certamente, dá o que pensar. Ninguém pode considerar a lista de afecções que acabamos de citar sem cogitar da necessidade de existência de um denominador comum, que forneça a resposta à questão. Como é possível que, a despeito da diversidade de condições, todas as inflamações, sob certa forma, sejam de um mesmo tipo? Indubitavelmente, este é um exemplo evidente da não especificidade das reações corporais. É isso que nos leva a considerar oportuno demonstrar, por um exemplo particular, como o conceito de *stress* pode ser aplicado aos problemas médicos.

Para fazê-lo, devemos inicialmente aprender mais um pouco sobre a *natureza da inflamação,* o processo que parece conferir unidade a essa diversidade de doenças.

A ESTRUTURA DA INFLAMAÇÃO

Já dissemos que «inflamação é a reação à lesão». Assim, ela deve ser ativa; não constitui um resultado meramente passivo da lesão, mas uma reação positiva contra ela. Denominando-a *reação,* implicamos também que tem um propósito; aparentemente, seu objetivo é repelir o agressor e reparar os danos que tenha causado.

Mas que é que constitui sua estrutura? Com que se parecem as inflamações? Percorrendo nossa longa — ainda que muito incompleta — lista de doenças inflamatórias, temos ressaltado que se registra rubor, calor, inchaço e dor. Este é a síndrome clássica de inflamação.

O rubor e o calor são consequência da dilatação dos vasos sanguíneos na área inflamada. O inchaço é causado, parcialmente, pelo vazamento de fluidos e células no tecido circunvizinho denso, cujas células se multiplicam rapidamente em resposta à irritação. A dor é causada pela irritação das terminações nervosas sensíveis, envolvidas e invadidas pelo processo inflamatório.

STRESS — A Tensão da Vida

Esses sinais principais são há muito conhecidos pelos médicos. Eles foram descritos claramente, pela primeira vez, no Terceiro Livro do famoso *Tratado de Medicina* que Aurelius Cornelius Celsus, o grande médico romano, escreveu poucos anos antes do nascimento de Cristo. O citado volume contém a sentença que, provavelmente, é a mais citada em toda a literatura médica: "Na verdade, os sinais de inflamação são quatro: rubor e tumor, com calor e dor". A isso, foi posteriormente acrescentado: "e interferência com funções", pois o inchaço e a dor sempre reduzem a eficiência funcional do órgão inflamado.

As características mais marcantes da inflamação podem ser sintetizadas no desenho esquemático seguinte.

Do lado esquerdo, notamos uma pequena secção de tecido normal. Há células de tecido conjuntivo, fusiformes e, entre elas, fibras que envolvem um pequeno vaso sanguíneo, bifurcado. Neste, notamos células vermelhas e brancas. Tecido conjuntivo é o material que cimenta as ligações entre todos os nossos tecidos.

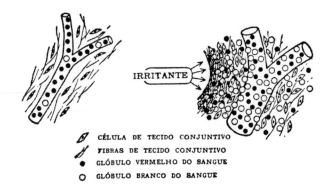

Aqui verificamos os traços que nos são expostos pelo microscópio, mas você já os viu com seus próprios olhos. Sempre que uma fricção, ou um corte, desgasta um pedacinho de pele, o material pegajoso, avermelhado, que se avista na solução de continuidade, é tecido conjuntivo.

Depois de sua exposição ao ar e em contato com as várias substâncias com que irrigamos o ferimento para pensá-lo, a superfície afetada geralmente se torna granulada e recoberta, às vezes, por uma camada de pus. Tal é a aparência, a olho desarmado, do tecido conjuntivo inflamado. Os grânulos observados são consequência da proliferação de tecido e fibras conjuntivas. A camada esbranquiçada de pus é essencialmente uma massa de células brancas que subiram à superfície — através das paredes dos vasos e do tecido conjuntivo — rumo à fonte de irritação.

À direita, temos uma vista microscópica da mesma secção inflamada. Na verdade, é a mesma região apresentada à esquerda como tecido normal, mas agora, depois de ter sofrido a ação de um irritante. Os vasos sanguíneos estão dilatados e regurgitando de glóbulos. Muitos destes, especialmente os brancos, emigram para o tecido conjuntivo junto aos vasos, dirigindo-se especialmente ao ponto irritado. As células e fibras de tecido conjuntivo tendem a constituir uma espessa e impenetrável barreira, que previne a disseminação do irritante no sangue.

Um fato importante, que não pode ser demonstrado no desenho, é o de substâncias químicas serem também secretadas pelo sangue e pelo tecido conjuntivo, em direção ao irritante; elas tendem a neutralizar seus venenos e a matar qualquer bactéria que ele possa conter.

A FINALIDADE DA INFLAMAÇÃO

A julgar por sua estrutura, a inflamação é, indubitavelmente, uma reação ativa de defesa: ela representa o ataque e não a retirada. Há nela, também, um elemento de reparação, isto é, qualquer solução de continuidade nos tecidos, causada por lesão,

STRESS – A Tensão da Vida

é preenchida e reparada pelas células e fibras de tecido conjuntivo, que proliferam rapidamente. A medida que as fibras amadurecem, têm uma tendência a contrair-se; isso facilita ainda mais a reparação do dano.

Depois de termos examinado, desta forma, a natureza da inflamação, verificamos que, evidentemente, tal reação é de utilidade para a manutenção da saúde. Frequentemente isso é verdade, ainda que nem sempre. Se o irritante é realmente perigoso — digamos, o micróbio mortal da tuberculose, que. se tiver possibilidade de invadir os vasos sanguíneos e multiplicar-se, disseminar-se-á através do corpo — a inflamação, certamente, tem sua utilidade. Ela pode conter o avanço do invasor, estabelecendo em torno dele uma forte barreira de tecido conjuntivo. Se os micróbios forem contidos dessa forma não disporão de alimento para multiplicar-se indefinidamente e afinal serão consumidos por suas próprias exsudações. Além disso, muitas das bactérias sobreviventes são mortas pelas substâncias químicas antibacterianas formadas pelo tecido inflamado, enquanto outros micróbios são cercados pelos glóbulos brancos do sangue, que os devoram literalmente.

Mas qual seria a possível utilidade de responder com inflamação a algo como um inofensivo pólen, que não se pode multiplicar nem invadir o organismo de forma alguma, e que não é lesivo ao tecido? Todavia, o fato é que certas pessoas sensíveis reagem ao pólen com a inflamação que denominamos *febre de feno*. Poder-se-ia alegar, talvez, que a natureza é sábia; talvez mesmo nessas circunstâncias a inflamação tenha um valor curativo. Afinal, quem poderia garantir que os tecidos nasais de uma pessoa sensível não seriam destruídos pelo pólen, caso não houvesse inflamação? Isso não aconteceria, e podemos prová-lo. Se uma pessoa sensível à *febre de feno* recebe grandes doses de cortisona anti-inflamatória, a repetição dos contatos com pólen não causa-

HANS SELYE

rá inflamação em seu nariz; contudo, mesmo nessas circunstâncias, a estrutura nasal não sofre qualquer lesão. Na verdade, uma pessoa assim protegida por cortisona nem saberia que havia sido exposta a contato com pólen, que normalmente produziria nela os sintomas mais evidentes. Por outras palavras, podemos afirmar que, nesse caso, inflamação não é proteção contra a doença: é a doença.

Para resumir a questão, podemos dizer que a inflamação é, indubitavelmente, uma reação à lesão. Se a lesão é grave, e especialmente se ameaça a vida pelo acesso do agente determinante ao sangue, disseminando-se pelo corpo, tal reação é valiosa para a preservação da saúde. Ela consiste, essencialmente, na ereção de uma forte barricada em torno da área invadida, demarcando claramente, em consequência, a parte afetada e a sã. Às vezes, a parte afetada deve ser sacrificada; as células destrutivas e os líquidos de inflamação penetram na área delimitada para matar o invasor, mas geralmente, no processo, matam também os tecidos da área invadida. O pus drenado de uma inflamação contém os corpos mortos dos micróbios e das células de tecido afetado. Outras consequências desagradáveis do processo são o inchaço, a dor e a interferência com as funções, resultados também inevitáveis. Este é um preço baixo pela preservação da vida. Todavia, se o invasor é inofensivo, não há razão para uma reação. Nesse caso, a inflamação de nada serve, sendo, em si, um mal.

Agora, que já estudamos a reação biológica essencialmente defensiva que se produz numa pequena área do tecido, examinada ao microscópio, façamos uma pequena pausa, para ganhar perspectiva. Se compararmos o processo da inflamação com a reação defensiva de um ser humano, ou mesmo com a de uma nação, encontraremos similitudes das mais evidentes nas linhas gerais de ação. Reconhecendo tal fato, verificamos que é necessário obter melhor conhecimento não só do mecanismo

STRESS — A Tensão da Vida

como da própria filosofia da defesa em geral, cujos domínios vão muito além dos limites da medicina.

Se um homem se aproxima de nós, armado com uma faca, evidentemente pretende matar-nos e a melhor coisa a fazer, certamente, é lutar. A luta será desagradável; é possível que sejamos feridos; podemos até mesmo ser mortos; contudo, indubitavelmente é melhor lutar, correndo todos os riscos implícitos, do que aguardar passivamente a morte certa. Mas se um rufião nos dirige palavrões, por que nos aborrecermos com isso! Seus insultos não poderão feri-lo, a menos que você reaja —- quer mentalmente, preocupando-se com o que lhe foi dito, quer fisicamente, atacando-o. Em qualquer caso, o que o ferirá será o consequente conflito interno ou externo — isto é, sua própria reação.

O mesmo acontece quando se trata de uma nação. Quando é dado o alarme, para anunciar a aproximação do inimigo, a nação ameaçada pode sustar imediatamente suas atividades pacíficas a fim de mobilizar-se para a guerra; pode colocar todos os recursos disponíveis na produção bélica e estabelecer sistemas de defesa de toda espécie — ou pode não fazer coisa alguma. O curso a ser adotado dependerá especialmente do agressor. Se este for bem armado e perigoso, será preferível lutar. Mas se o alarme for desencadeado unicamente em virtude da aproximação de pequenos bandos predatórios, uma mobilização geral das defesas será somente prejudicial à população, pela interferência desnecessária que causará em suas atividades normais.

Em todos esses exemplos de reações — quer se trate de algumas poucas células, quer de um ser humano, quer de toda uma nação — a defesa pode representar a salvação ou acarretar unicamente lesões à parte que se defende. Lutar ou não lutar depende das circunstâncias e, em geral, as células são mais judiciosas que o homem e o homem mais judicioso que as nações, ante tal alternativa. Contudo, todos os grupos biológicos, do microscópico ao geográfico, parecem padecer de uma curiosa obliteração ao defrontar-se com essa mesma alternativa. É uma escolha difícil de fazer, *de dentro,* para tecidos, homens ou nações. Tais situações são mais facilmente compreendidas por quem as considera *de fora,* quando a situação pode ser apreciada em seu vasto conjunto. Isso se aplica especialmente quando os resultados dependem bastante de um possível auxílio do exterior.

O CONTROLE DA INFLAMAÇÃO

Analisemos agora, levando em conta tais considerações, o que nos ensina o mecanismo do *stress,* durante a inflamação, a propósito de defesa inteligente. O que controla o processo inflamatório de defesa, do interior do corpo? Como poderemos pretender regulá-lo do exterior?

Deveremos ressaltar especialmente o papel desempenhado pelas glândulas endócrinas — especialmente as das suprarrenais e da pituitária — pois é com estas que estamos mais familiarizados, através das investigações que levamos a efeito. Acontece, também, que aprendemos mais sobre o papel desempenhado pelos hormônios no controle das inflamações que o desempenhado pelos nervos e outros fatores.

É fácil verificar como a pituitária pode informar as suprarrenais de uma situação de *stress* local em qualquer parte do corpo, por meio de uma descarga de ACTH no sangue; mas como terá a pituitária conhecimento da existência do *stress?* Tal questão ainda não foi completamente esclarecida.

O ACTH induz as suprarrenais a produzirem especialmente corticoides anti-inflamatórios (tais como cortisol e cortisona); assim, esses mensageiros químicos da pituitária somente podem inibir reações inflamatórias à lesão. O que acontece, quando é necessário um estímulo da inflamação? Pesquisas in-

STRESS – A Tensão da Vida

tensivas, visando à solução de tal questão, estão em progresso em inúmeros laboratórios e clínicas, em todo o mundo. Mas nosso conhecimento do problema já é suficiente para que tracemos pelo menos um diagrama preliminar do *stress* e inflamação, como parte do plano do SAG. (1)

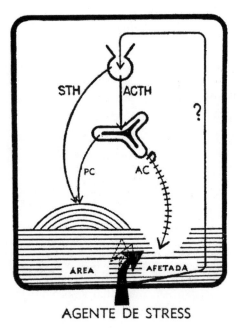

Aqui não consideraremos condicionamento interno e externo, nem as ações específicas de agentes. Estas já foram discutidas nas páginas anteriores e, portanto, já podem ser tidas por

---

(1) – Permitindo-me uma observação, antes que o leitor examine o diagrama, tomo a liberdade de ressaltar que ele foi reproduzido - sem a menor alteração - do volume de nossos *Relatórios Anuais sobre* o *Stress* referentes a 1955. Para mim, é uma razão de grande satisfação poder apresentar, nesta obra escrita especialmente para o leitor comum, todos os fatos fundamentais necessários para a compreensão dessa teoria altamente técnica.

conhecidas. O conjunto do retângulo representa o corpo. A estrutura afunilada no topo é a base do cérebro; a parte inferior arredondada é a pituitária. No meio, temos o corte em forma de Y que representa uma suprarrenal, com seu córtex claro e sua medula escura.

O agente de *stress* (uma colônia de micróbios, por exemplo) atua sobre a *área afetada* (qualquer parte do corpo) quer diretamente (seta escura) quer indiretamente, via pituitária e suprarrenal.

Para começar, certos sinais de alarme (designados por um ponto de interrogação) dirigem-se da área diretamente afetada para a pituitária. Esse primeiro mediador da resposta ao *stress* existe, indubitavelmente, mas nós desconhecemos qual seja. Talvez não seja sempre o mesmo sinal. Em certos casos, pode ser uma substância química formada no tecido diretamente afetado, em outros um impulso nervoso induzido pela dor. Frequentemente, parece que ele se dirige primeiro para o cérebro e depois, descendo por sua base, para a pituitária, comunicando a essa glândula que uma situação de *stress* existe e que, portanto, há necessidade de mais ACTH.

O subsequente aumento da produção de ACTH estimula o córtex da suprarrenal a produzir maior quantidade de corticoides anti-inflamatórios (A-Cs). As suprarrenais podem produzir também corticoides pró-inflamatórios (P-Cs); mas não sabemos o que as estimula a fazê-lo; não parece que seja ACTH.

Alterando a proporção entre os estímulos pró e anti-inflamatórios, o corpo pode regular a capacidade dos tecidos para suportar inflamação, em resposta à lesão local. Tal alteração na capacidade de reação pode ser obtida de várias formas:

1) qualquer aumento da secreção de ACTH altera necessariamente o equilíbrio a favor de uma inibição da inflamação, pois este hormônio estimula especialmente a produção de A-Cs.

2) como já observamos, ainda não sabemos o que estimula as suprarrenais a produzir um excesso de P-Cs, mas já se estabeleceu, com certeza, que a concentração destes hormônios no sangue também é flutuante e inteiramente independente da sua taxa de A-Cs. Evidentemente, a produção de ambos os tipos de corticoides pode ser regulada independentemente.

3) a fim de alterar a proporção entre estímulos pró e anti-inflamatórios no corpo, não é nem mesmo necessário que a proporção entre P-Cs e A-Cs seja alterada. Descobrimos, por exemplo, que, se ambos os tipos corticoides abundarem no sangue (denominamos tal condição de *tensão hormonal),* os A-Cs sempre são os vencedores. Isso acontece sempre, não importa quão alta seja a taxa simultânea de P-Cs.

4) contudo, outra forma de alterar o grau de inflamabilidade dos tecidos efetua-se através de uma substância da pituitária que bloqueia o ACTH. Esse composto é conhecido sob a designação de *harmônio do crescimento,* pois estimula o crescimento do conjunto do corpo. A maioria dos gigantes que se apresentam em circos são "gigantes-pituitários", cujo crescimento foi estimulado por um excesso anormal do hormôniode crescimento. O nome internacional e científico dessa substância, *hormônio somatotrófico,* deriva do grego *soma,* corpo, mais *trefein,* nutrir, e recomendei, para identificá-lo, a adoção da sigla STH (uma analogia com ACTH).

Os especialistas ainda estão divididos quanto aos possíveis efeitos do STH sobre as suprarrenais. Alguns julgam que o STH estimule a produção de corticoides pró-inflamatórios; mas isso ainda é sujeito a dúvidas. De qualquer forma, o STH pode, indubitavelmente, intensificar a atividade dos corticoides pró-inflamatórios e, portanto, provocar a inclinação do equilíbrio-hormonal para a esquerda. Isso é obtido por meio dos efeitos diretos do STH sobre os tecidos conjuntivos, como é indicado em nosso último diagrama.

A resposta local de qualquer área diretamente lesada a agentes de *stress* não específicos, o *síndrome de adaptação local* (SAL), é especialmente caracterizada por morte do tecido e reação inflamatória. É claro, pelo que acabamos de verificar, que este SAL é fortemente influenciado pelo SAG. Ele depende especialmente do equilíbrio entre os hormônios pró-inflamatórios e anti-inflamatórios secretados pelas glândulas endócrinas, em resposta aos sinais de alarme desencadeados pelo próprio agente de *stress*.

Em nosso diagrama, os resultados da inflamação mais grave são apresentados do lado esquerdo. Aqui se apresentam fortes barreiras de tecido conjuntivo inflamado. Elas desenvolvem-se sob a influência conjugada de: 1) irritação local produzida pelo agente de *stress;* 2) estímulo defensivo contra o agente de *stress* produzido por STH e corticoides pró inflamatórios. Essas barreiras previnem a disseminação do irritante através do interior do corpo. Inversamente, do lado direito do diagrama, vemos os resultados do predomínio de hormônios anti-inflamatórios. Isso se manifesta como atrofia dos elementos de tecido conjuntivo, uma prevenção de sua proliferação inflamatória e assim, essencialmente, uma abertura do caminho à invasão do agressor.

A natureza do agressor é um fator da maior importância em relação à eficiência de cada qual das respostas na manutenção da saúde.

13. SINOPSE DO CONJUNTO DO MECANISMO DE TENSÃO

Necessidade de um quadro geral. O quadro geral.

NECESSIDADE DE UM QUADRO GERAL

A inflamação é, indubitavelmente, um dos traços mais importantes da resposta a situações do *stress* localizado, durante o SAL. Mas os reguladores endócrinos das reações gerais à tensão

— por exemplo, a pituitária e as suprarrenais — também participam do controle da inflamação localizada; portanto, há uma interligação íntima entre o SAL e o SAG. Um *stress* primário local, quando bastante grave, pode produzir um SAG, e o *stress* geral influencia o SAL.

Mas que acontece quando um agente de *stress* não atua seletivamente sobre qualquer órgão em particular, para nele produzir inflamação? Que acontece, por exemplo, quando tensão nervosa (preocupação, medo, dor), irradiação total do corpo por raios X , ou uma súbita alteração na pressão atmosférica dá causa a um SAG? Nenhum desses agentes afeta o corpo através de um ponto limitado e, consequentemente, nenhum deles produz um SAL bem definido. Além disso, mesmo quando há áreas diretamente afetadas que reagem com inflamação, o que se passa com os demais órgãos internos, além da pituitária e das suprarrenais? Por outras palavras, qual será o quadro geral do SAG? A inflamação, no máximo, é uma parte limitada do quadro geral.

Todo órgão e todo componente químico do corpo, virtualmente, é envolvido na reação geral ao *stress.* Tentaremos agora apresentar um diagrama do SAG completo. Evidentemente, um levantamento ambicioso como esse será muito incompleto. Num livro deste tipo não seria possível nem mesmo descrever todas as partes do corpo humano. Além disso, a participação de todos os órgãos no SAG ainda não foi inteiramente compreendida. Contudo, temos a necessidade premente de um desses diagramas, e já. Dele necessitamos como um explorador, que deve fazer alguma ideia da região desconhecida cujo levantamento se propõe. Em medicina, como em geografia ou outro campo qualquer, devemos ter uma ideia geral, um quadro, do que é conhecido — e mesmo do que pode ser razoavelmente suspeitado — a fim de estabelecer quais as investigações posteriores que poderão produzir melhores resultados.

Para levantar um quadro desse vulto do SAG, o cientista deve começar por esquecer todos os pequenos problemas de pormenor que o preocupam no curso da rotina diária do laboratório. Somente então se divisarão os fatos fundamentais bem estabelecidos.

Quais os pontos mais importantes que, necessariamente, devem ser levados em conta no quadro geral? Os *rins,* por exemplo, devem ser incluídos, pois desempenham parte importante na manutenção da estabilidade do corpo durante o SAG. Eles regulam a composição química do sangue e dos tecidos, pela eliminação seletiva de certas substâncias químicas do corpo. Os rins também ajustam a pressão arterial — o que é essencial para a vida normal dos tecidos — pela secreção de substâncias renais de pressão (SRP) no sangue.

O mecanismo renal de *regulação da pressão arterial* é complicado e ainda não foi perfeitamente compreendido; contudo, aprendemos muita coisa importante a respeito, especialmente através das experiências com animais feitas por três ilustres cientistas: H. Goldblatt e I. Page, de Cleveland, e E. Braun-Menendez, de Buenos Aires. Aprendemos, por exemplo, que quando as artérias renais estão parcialmente fechadas os rins produzem um excesso de substâncias renais de pressão. Sabe-se também — especialmente graças a Arthur Grollman, de Dallas — que a pressão arterial também aumentará se removermos os dois rins de um animal de experiência. Aqui nos defrontamos com um curioso paradoxo: tanto a muita atividade renal, quanto a pouca, pode acarretar aumento da pressão arterial. Parece que os rins podem secretar ou destruir as substâncias que determinam a elevação da pressão arterial.

Já vimos que, em geral, PCs e ACs se antagonizam mutuamente; contudo, grandes quantidades desses hormônios podem aumentar a pressão e causar lesões renais. Os animais que

STRESS – A Tensão da Vida

recebem injeções de doses maciças de P-C passam a sofrer de uma afecção renal que também se registra espontaneamente no homem e é denominada *nefrosclerose*. Quer seja tal afecção produzida nos animais por doses maciças dos citados corticoides, quer se verifique espontaneamente no homem, a *nefrosclerose* é caracterizada por um pronunciado aumento de pressão.

Ao mesmo tempo, alterações inflamatórias bem definidas desenvolvem-se nas paredes das artérias, através de todo o corpo. Essas alterações, *arterites* ou *arteriosclerose,* pertencem ao grupo de doenças geralmente registradas entre os velhos, provavelmente como consequência dos efeitos cumulativos do *stress* e tensão de toda uma vida.

Já tivemos ocasião de tratar dos efeitos antagônicos dos P-Cs e A-Cs nas respostas dos tecidos conjuntivos, especialmente a *inflamação*. Também mencionamos as desintegrações das *células linfáticas* no timo durante o *stress,* assim como nos gânglios linfáticos e mesmo no sangue em circulação. Ao mesmo tempo, as *células eosinófilas* tendem a desaparecer de circulação.

Tudo isso se inclui, de certa forma, no quadro geral do SAG.

Mas não é tudo. O trabalho de Walter B. Cannon e colaboradores, na Universidade de Harvard, demonstrou-nos que durante graves emergências a medula da suprarrenal e certos nervos secretam um excesso de *adrenalinas*. A esse respeito o significado da *noradrenalina* torna-se evidente, especialmente em função das investigações levadas a efeito por Ulf von Euler, de Estocolmo.

Todo o conjunto do importante conceito de *transmissão neuro-humoral* dos impulsos nervosos tem sido esclarecido pelas clássicas investigações efetuadas por "sir" Henry Dale, na Inglaterra, e Otto Loewy, na Áustria. Esses foram os dois primeiros em demonstrar que tanto a noradrenalina quanto a acetilcolina são

HANS SELYE

produzidas nas terminações dos nervos, e que através desses dois hormônios nervosos, fundamentalmente antagônicos, o cérebro e os nervos exercem suas diversas ações.

A *tireoide,* glândula que se localiza à altura do início da traqueia, na garganta, é também frequentemente afetada durante o *stress;* esse órgão, por intermédio de seus hormônios especiais, que intensificam o metabolismo de todos os tecidos, pode exercer influência sobre todos os órgãos do corpo.

O *fígado* é uma espécie de laboratório químico central do organismo; ele participa da maior parte dos ajustamentos bioquímicos ao *stress.* É ele que regula a concentração de açúcar, proteínas e outras importantes substâncias do sangue que nutrem os tecidos; o fígado pode contrabalançar um excesso de hormônios corticoides, quando as adrenalinas os produzem demais, destruindo o excedente.

Os glóbulos brancos do sangue (especialmente as células linfoides e eosinófilos) regulam as *reações de imunidade serológica* e as *respostas alérgicas hipersensíveis* às várias substâncias estranhas.

Evidentemente, todos esses tecidos desempenham papel dos mais importantes durante o SAG. Uma visão geral da resposta ao *stress* deverá não apenas incluí-los mas ressaltar as diversas interligações entre eles. Isso não pode ser feito facilmente. Levemos em consideração tal fato — em nosso diagrama temos de colocar em suas corretas posições o cérebro e os nervos, a pituitária, as suprarrenais, os rins, os vasos sanguíneos, tecidos conjuntivos, tireoide, fígado e glóbulos brancos do sangue, demonstrando precisamente como estas estruturas poderão participar das reações de adaptação.

Foi isso que tentamos no diagrama sinóptico seguinte, mas apresento este "atlas do *stress*" com as maiores reservas, pois, a despeito da imensa massa de dados disponíveis, o quadro é ainda muito incompleto.

STRESS – A Tensão da Vida

Evidentemente, meu diagrama provocará nos futuros investigadores do *"stress"* o mesmo sorriso de condescendência que tenho observado tantas vezes no rosto dos meus alunos do primeiro ano de medicina, aos quais exibo as velhas figuras anatômicas preparadas por Andreas Vesalius em 1537. Esses velhos desenhos reproduzem erroneamente o fígado, atribuindo-lhe cinco lóbulos e fazendo partir dele todo o sistema venoso. E o mais grave é que não fazem qualquer menção às suprarrenais! Se ainda pretendo expor o quadro do *stress* tal como o vejo hoje, minha única desculpa reside no fato de que as perfeitas cartas anatómicas de que hoje dispomos não poderiam ter sido feitas sem suas predecessoras, incompletas e com grandes erros. O mesmo se aplica a qualquer carta. Os mapas de Jacques Cartier podem provocar nossos risos, mas ele e seus marinheiros fizeram deles bom uso durante suas explorações do Canadá. O investigador de qualquer assunto, em qualquer época da História, dependerá sempre dos desenhos contemporâneos para guiá-lo.

Preciso, pois, desculpar-me ? Precisamos de um quadro geral do *stress,* e precisamos dele agora, para nossa orientação.

Até o momento, não dispomos de quadro algum, bom ou mau; portanto, eis aqui o nosso:

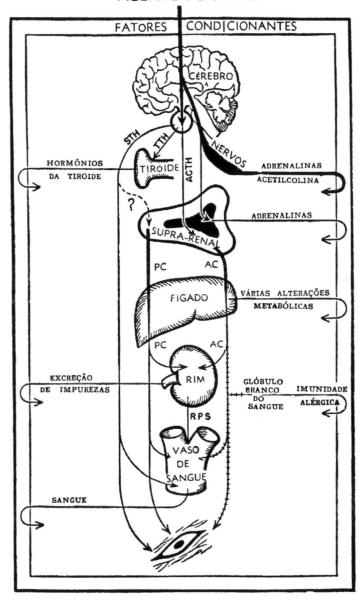

STRESS – A Tensão da Vida

O QUADRO GERAL

Neste diagrama, o campo geral representa todo o corpo. Os *fatores condicionantes* (hereditariedade, exposições anteriores, dieta, etc.) são simbolizados pela moldura dentro da qual todas as reações têm desenvolvimento. Os reguladores principais do síndrome de *stress* (cérebro, nervos, pituitária, tireoide, suprarrenais, fígado, rins, vasos sanguíneos, células conjuntivas, glóbulos brancos do sangue) são representados por símbolos especiais. As interligações entre esses reguladores principais são demonstradas da maneira usual, por setas de conexão. Mas está claro que carta anatómica alguma pode, ou deve, ser tão completa quando o corpo que reproduz. Somente através das partes deixadas deliberadamente por completar se pode dar ênfase aos pontos importantes e bem estabelecidos destacando-os de tudo que é menos importante ou mais incerto. Para obter tal resultado em nosso diagrama, muitas das setas não são dirigidas especificamente a órgãos particulares, mas são reproduzidas a partir da moldura, apontando para o corpo como conjunto. O caminho exato percorrido por elas será objeto de futuras pesquisas; até agora, sabemos apenas que eles podem influenciar a seletividade de resposta em vários pontos. É essa possibilidade de *condicionamento seletivo* que explica a razão por que todas as pessoas reagem diversamente ao *stress*, dependendo de suas características, herdadas e adquiridas.

Como este diagrama geral tenta ilustrar as condições fundamentais de todas as *situações de stress*, o agente de *stress* também não é apresentado atuando sobre qualquer ponto em especial. Indicamos meramente que, onde quer que venha a agir primeiro, eventualmente produzirá reações de *stress* generalizadas em todo o corpo. Essa generalização de resposta pode ser realizada por intermédio dos dois grandes sistemas coordenadores: o endócrino e o nervoso. A partir da base do cérebro, o sinal de alarme segue para a pituitária, quartel general das respostas hormonais; da mesma forma, por intermédio das muitas ramificações nervosas, ele influencia virtualmente todos os órgãos do corpo, sem passar, necessariamente, pelo sistema endócrino-glandular.

Atuando através dos *nervos,* os agentes do *stress* produzem *adrenalinas* e *acetilcolina,* que podem influenciar a seletividade do mecanismo do SAG em qualquer ponto. Esses dois tipos de hormônios nervosos geralmente antagonizam-se mutuamente. Numa área inflamada, por exemplo, as adrenalinas podem produzir constrição circunscrita dos vasos sanguíneos, a qual interfere na inflamação; por outro lado, a acetilcolina tem um efeito inverso. Os movimentos do intestino e muitas outras funções fisiológicas são também antagonistamente influenciadas pelos nervos, através da produção de adrenalinas e acetilcolina.

Uns poucos filamentos nervosos vão diretamente à medula da suprarrenal. Ela não é estimulada por qualquer hormônio, mas por estímulos nervosos que a levam a produzir adrenalinas. Esses hormônios da medula da suprarrenal atuam precisamente como as terminações nervosas produtoras de adrenalinas; na verdade, as adrenalinas produzidas pela glândula são quimicamente idênticas às secretadas pelos nervos. A única diferença reside em serem as últimas secretadas no sangue e, portanto, não terem ação seletiva em parte alguma, enquanto os nervos podem produzir adrenalinas em regiões de tecido limitadas, sem afetar as demais partes do corpo.

O outro curso principal leva da base do cérebro à *pituitária* e conduz ordens para a secreção de ACTH. Aqui entramos num terreno bem conhecido. Como já tivemos oportunidade de verificar, o ACTH estimula o *córtex* das *suprarrenais)* levando-o a produzir especialmente substâncias A-Cs (corticoides anti-inflamatórios). Estes, por sua vez, destroem os *glóbulos brancos* do *sangue* (células linfáticas, eosinófilos) que são necessários tanto à imunidade quanto às reações de *hipersensibilidade alérgica.* Consequentemente, tais respostas de imunidade e alergia são inibidas pelos hormônios do tipo cortisônico.

Os A-Cs também influenciam o *tecido conjuntivo* (representado ao pé do diagrama por uma única célula de tecido conjuntivo, cercada por fibras de tecido conjuntivo) na inibição de inflamações, quaisquer que sejam suas causas. (As inibições são representadas pelas setas interrompidas.)

O fígado é possivelmente a mais importante usina química do corpo. Substâncias que lhe são trazidas pelo sangue podem ser por ele armazenadas para uso posterior ou transformadas em outras substâncias, de acordo com as necessidades. Por meio de manipulações químicas, o fígado pode também anular uma grande variedade de substâncias tóxicas e até mesmo hormônios. Enquanto os corticoides passam pela circulação do fígado, por exemplo, grande parte deles é destruída ou transformada em outros tipos de corticoides. Em consequência, o fígado pode alterar a taxa de corticoides do sangue, mesmo quando as suprarrenais produzem tais hormônios a um ritmo constante.

Os A-Cs agem também sobre os *rins* e — a não ser em circunstâncias especiais (por exemplo, quando a proporção de P-Cs é elevada) — podem até mesmo produzir nele alterações histológicas. Curiosamente, no que se refere às suas ações conhecidas sobre os rins, os A-Cs e P-Cs não são antagónicos, embora em circunstâncias normais se hostilizem mutuamente. Entre as alterações renais produzidas pelos corticoides estão certas lesões arteriais inflamatórias, que tendem a exercer uma ação constritora sobre os vasos e sangue dos rins. Resulta então uma alteração, muito semelhante à que Goldblatt tem produzido mecanicamente, pela constrição artificial da principal artéria renal. A principal diferença, nesse caso, é a de os hormônios, através de suas ações químicas, estabelecerem uma constrição similar sobre muitas das pequenas artérias internas dos rins. Podemos conceber, razoavel-

HANS SELYE

mente, que tal constrição vascular, não importa como seja produzida, aumenta a secreção das *substâncias de pressão renal* (SPK). Estas, por sua vez, constringem os vasos sanguíneos de todo o corpo e portanto aumentam a resistência periférica ao pulsar do coração. É precisamente a força das pulsações contra essa maior resistência que redunda no aumento de pressão arterial. Talvez a capacidade dos rins, de anular os efeitos de substâncias de pressão, seja também inibida por certos corticoides; isto, está claro, contribuirá ainda mais para um aumento da pressão.

De qualquer forma, as alterações renais produzidas pelos corticoides — como as produzidas em consequência de uma constrição mecânica da principal artéria renal — podem produzir alterações inflamatórias, artríticas e afins com a arteriosclerose, nos vasos sanguíneos de todo o corpo. Como os A-Cs geralmente inibem a inflamação, não nos surpreendemos ao descobrir que também previnem a artrite, sob certas condições, pelo menos. Dizemos "sob certas condições" porque — como o diagrama demonstra claramente — sua capacidade de fazê-lo depende muito da proporção entre sua ação estabelecida pelos rins e a direta. Se os rins são hipersensibilizados por P-Cs, um excesso concorrente de A-Cs pode causar lesões renais e, através dessas, um aumento tão pronunciado na pressão sanguínea que a artrite, na realidade, é agravada, embora o efeito direto dos A-Cs seja o de inibi-la (seta interrompida).

Agora, passemos para o lado esquerdo do quadro. Temos razões para suspeitar *que o* STH seeretado pela pituitária pode atuar sobre o córtex das suprarrenais para estimular a produção de P-Cs (corticoides pró-inflamatórios), mas isso ainda não é certo (daí o ponto de interrogação). De qualquer forma, através de seus efeitos diretos sobre as células de tecido conjuntivo, o STH certamente facilita o estímulo de inflamações por P-Cs. Em muitos outros casos, o STH é também um aliado dos P-Cs em ani-

STRESS – A Tensão da Vida

mais perfeitos, mas não após a ablação de suas suprarrenais. Essa é uma das razões principais que nos levam a considerar a possibilidade de ação indireta de STH, que se produziria, indiretamente, através das suprarrenais. Ainda não sabemos com certeza qual possa ser o estimulador normal da produção de P-Cs. Como já observamos, estes são também denominados *mineralocorticoides,* pois, além de atuarem sobre a inflamação, também influenciam o metabolismo mineral. Provavelmente, certos minerais do sangue (sódio e potássio) podem atuar sobre as suprarrenais para regular a produção de mineralocorticoides, de acordo com as necessidades.

Finalmente, o gráfico demonstra que durante o *stress* a produção de TTH, ou *hormônio tireotrófico* também é importante. Como seu nome indica, tal substância produzida pela pituitária estimula a tireoide. Os hormônios da tireoide estão entre os aceleradores mais potentes das reações químicas do corpo: eles estimulam o conjunto do metabolismo.

Este, portanto, é o "atlas geral" mais completo da reação ao *stress* que estamos em condições de elaborar, no momento. Ele compreende os caminhos mais importantes até agora conhecidos, através dos quais nossas reações corporais são controladas durante o síndrome de adaptação geral. Agora somos tentados a inquirir: "Mas que é adaptação?"

Os acontecimentos aqui descritos são produzidos não-especificamente. Eles ocorrem quando nossos músculos devem adaptar-se ao trabalho pesado, quando nossos nervos devem ser utilizados para coordenar as atividades numa nova tarefa de extrema precisão, quando nossos tecidos conjuntivos têm de conter uma invasão de bactérias; eles ocorrem em qualquer condição que demande ajustamento. Contudo, adaptação a agentes diferentes evidentemente levanta problemas diferentes para diferentes órgãos. Qual a relação entre essas atividades distintas de adaptação e o SAG estereotipado?

14. A NATUREZA DA ADAPTAÇÃO

Que é adaptação? Adaptação é sempre uma concentração espacial de esforço. Implicações do conceito espacial de adaptação.

QUE É ADAPTAÇÃO?

O dicionário de Webster define adaptação biológica como: "modificação de um animal ou planta (ou de suas partes ou órgãos) que os ajusta mais perfeitamente à existência sob as condições de seu meio".

No prefácio de *Stress* (Acta Inc., Montreal, 1950), escrevi, de forma um tanto mais filosófica e sem tentar uma definição, que:

"A adaptabilidade é provavelmente o mais distinto característico de vida.

Mantendo a independência e a individualidade de unidades naturais, nenhuma das grandes forças da matéria inanimada é tão bem sucedida quanto aquela, alerta e adaptável, que designamos vida — e cuja perda é a morte. Na verdade, é possível que haja até um certo paralelismo entre o grau de vida e a capacidade de adaptação em todo animal — em todo homem."

Os comentários do Webster foram inspirados pelo puro intelecto, enquanto o meu, talvez, foi mais influenciado por meu apego emocional a um fenómeno que aprendi a admirar durante a longa associação de toda uma vida. Contudo, ambas as citações tentam unicamente estabelecer a que se destina a adaptação, e não em que consiste seu mecanismo.

Para aumentar nossos conhecimentos sobre a forma do processo da adaptação, compare-se a forma com que uma pessoa

STRESS – A Tensão da Vida

efetua determinada tarefa, antes e depois de estar com ela familiarizada. Verificar-se-á, inicialmente, que, de forma quase invariável, se aprende gradualmente a desempenhar nossas tarefas de forma mais perfeita à medida que o tempo decorre. O grau de adaptação obtido pode variar de caso para caso, mas há poucas coisas na vida que, com um pouco de prática, não se possam fazer melhor.

Qual a diferença mais característica entre a forma com que executamos determinada tarefa antes e depois de aprender a executá-la bem? Para mim, tal diferença reside no fato de, no começo, colocarmos, invariavelmente, um maior número de mecanismos a trabalhar no problema. Isso ocorre, virtualmente, em relação a qualquer tarefa que nos propusermos.

Se tiver de levantar um grande peso com minha mão direita, inicialmente terei de utilizar não apenas os músculos do braço, mas também os dos ombros. Poderei até mesmo ter de dobrar os joelhos, erguendo-me subitamente para dar o necessário impulso ao peso. Se o levantar várias vezes, o coração começará a pulsar com mais força, a fim de enviar mais sangue aos músculos que trabalham; minha respiração será acelerada, a fim de proporcionar ao sangue oxigênio necessário para a liberação de energia suficiente para as reações químicas que se processam nos músculos. Contudo, depois de treinamento adequado, a resposta geral será muito mais concentrada sobre o grupo de músculos que é especialmente demandado pela tarefa. Os músculos do braço direito, gradualmente, tornar-se-ão grandes e fortes, para que o trabalho possa ser efetuado adequadamente, sem sobrecarregar qualquer outra parte do corpo.

Agora, consideremos uma situação algo diferente: suponhamos que, subitamente, eu tenha de resistir a um intenso frio. Inicialmente tremerei, agitarei meus braços e correrei, pois somente uma intensa atividade muscular pode aumentar a produção interna de calor com rapidez suficiente para manter a temperatura normal do corpo, em tais condições. Mas se eu estiver exposto ao frio diariamente, durante muitos meses, minha tireoide passará a produzir, gradualmente, uma quantidade maior de hormônios estimuladores do metabolismo, para aumentar a produção interna de calor mesmo sem trabalho muscular excessivo. Ao mesmo tempo, os vasos sanguíneos superficiais aprenderão a contrair-se, para reduzir as perdas de calor à superfície. Gradualmente, aprenderei a resistir à baixa temperatura ambiente, utilizando apenas alguns poucos dos mecanismos que podem ser treinados com mais facilidade para resistir a tais condições.

O mesmo é aplicável às reações mentais. Quando nos defrontamos com um complexo problema matemático, tentamos resolvê-lo de várias maneiras. Conferimos constantemente os resultados obtidos para verificar se, usando métodos diversos, alcançamos os mesmos resultados. Esse processo pode ser muito exaustivo, mas se problemas similares surgem constantemente, sempre aprendemos, eventualmente, a utilizar a fórmula mais simples, que nos dará a resposta correta com um mínimo de esforço.

A mesma simplificação gradual, por concentração de esforços, ocorre até mesmo nas reações fundamentais de tecidos, tais como a inflamação. Quando germes irritantes penetram através da pele e chegam ao tecido conjuntivo, dão causa, inicialmente, a um inflamação aguda com considerável turgor, rubor e dor. A reação tenderá a disseminar-se e ganhar uma região adjacente proporcionalmente grande; na verdade, poderá até mesmo ser registrada uma elevação de temperatura e um envenenamento geral do sangue, caso os micróbios não possam ser devidamente confinados e ganhem o sangue. A adaptação característica, nesse caso, é o desenvolvimento de uma forte barreira de tecido conjuntivo, que limita o perigo ao mínimo, restringindo a ação dos micróbios e de seus tóxicos ao ponto de invasão.

STRESS – A Tensão da Vida

A inflamação pode também ser produzida pela função excessiva num órgão não adaptado a atividade intensa. Trabalho excessivo, por exemplo, pode causar inflamações nos músculos e em redor deles, em consequência de irritação local pelos produtos metabólicos de atividade. Esse é o caso das distensões e da dor nos músculos, que sofremos quando realizamos serviços corporais aos quais nossa musculatura não está adaptada. Em todos os pontos, a inflamação é uma espécie de mecanismo auxiliar não-específico; ela ajuda a fechar todas as portas e a limpar os subprodutos dos compartimentos do corpo que foram superativados.

Tudo isso indica que *um traço essencial da adaptação é a delimitação do stress à menor área suscetível de corresponder às necessidades de uma dada situação.*

Agora, que encontramos um traço geral, isto é, não-específico de adaptação, podemos explorar as relações entre os problemas gerais com os quais se defronta o corpo e seu tipo de reação fundamental (o SAG) durante o ajustamento em relação a qualquer coisa.

ADAPTAÇÃO É SEMPRE UMA CONCENTRAÇÃO ESPACIAL DE ESFORÇO

No desenho seguinte, a linha escura superior representa a atividade do córtex das suprarrenais, durante as três fases do SAG. Quando a reação de alarme se desenvolve, a atividade corticoide aumenta subitamente; durante a fase de resistência ela cai, subitamente, a um nível pouco acima do normal; finalmente, na fase de exaustão, levanta-se novamente até — e às vezes acima — do nível máximo alcançado durante a reação de alarme. Esses fatos podem ser demonstrados praticamente pela determinação dos corticoides no sangue, ou pelo estudo das alterações físicas que são características da intensificação da atividade do córtex das suprarrenais (como por exemplo o desaparecimento dos eosinófilos, involução dos órgãos linfáticos ou perda de peso generalizada). Todos esses sintomas são facilmente registrados somente durante a reação de alarme e a fase de exaustão.

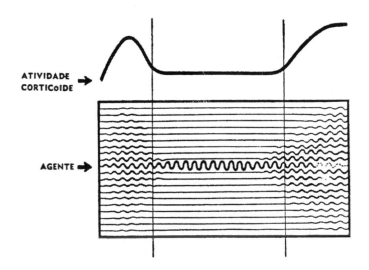

REAÇÃO DE ALARME	FASE DE RESISTÊNCIA	FASE DE EXAUSTÃO
Os mecanismos auxiliares são mobilizados para manter a vida, a fim de que a reação não se dissemine. Nenhum sistema orgânico já está especialmente capacitado a resolver o problema.	A adaptação é obtida por meio do desenvolvimento adequado dos canais específicos de defesa. A concentração espacial da reação torna a produção de corticoides desnecessária.	As reações disseminam-se novamente, em consequência da sobrecarga dos canais apropriados. A produção de corticoide aumenta, mas a vida só é mantida até a exaustão dos canais auxiliares.

Na parte inferior do diagrama, cada uma das linhas horizontais simboliza a atividade de um órgão ou tecido particular. Quando um agente atua sobre o ponto indicado pela seta, demanda o máximo de trabalho adaptativo no local, e ali tem início uma superatividade. Mas o citado ponto, sem treinamento, é incapaz de responder imediata e adequadamente; assim, a atividade dissemina-se pelas proximidades, para atender à situação. Se o agente é um micróbio, não somente as células em sua vizinhança imediata, mas também aquelas situadas a certa distância, inflamar-se-ão. Na verdade, às vezes não basta a reação local para impedir que os micróbios alcancem o sistema circulatório; então, para prevenir a catástrofe iminente, todo o corpo responderá com febre e a produção de anticorpos sorológicos contra os germes. Simultaneamente, registra-se uma reação de alarme bem caracterizada: dilatação das suprarrenais, involução linfática e todas as outras características do *stress* generalizado.

Mas, como prossegue a irritação no ponto original de ataque, as respostas adaptativas locais podem gradualmente desenvolver-se para enfrentar a situação. O desenvolvimento de tecido conectivo entre os micróbios será suficiente para paralisá-los, e a adaptação limitar-se-á à menor área necessária. Desde que somente uma pequena área de tecido é envolvida, o número de sinais de alarme emitidos pela pituitária tende a diminuir e, em consequência, a atividade das suprarrenais sofrerá uma redução de intensidade.

Contudo, se a irritação prossegue durante muito tempo, as células diretamente afetadas acabarão por ceder à fadiga, ou, se o leitor quiser, à exaustão de todas as reservas locais de *energia de adaptação*. Nessa altura, durante a fase de exaustão, a reação manifestar-se-á novamente, pois o desgaste terá levado à desintegração dos canais de defesa mais apropriados. Em consequência, a reação alastra-se novamente às áreas vizinhas. Em nosso exemplo, as barreiras inflamatórias ruem; os germes invadem o sistema; e, afinal, através do sangue, alcançam todas as partes do corpo. Então, quando muitos tecidos são envolvidos e passam a emitir sinais de alarme, a pituitária e o córtex das suprarrenais são novamente ativados. Mas, depois, de os canais auxiliares se terem exaurido, a recuperação não é mais possível e a morte sobrevêm.

Em essência, os hormônios de adaptação do sistema pituitária-suprarrenais parecem ser necessários à sobrevivência, sempre que grandes regiões de tecido são sujeitas ao *stress*. Mantendo a vida durante a reação de alarme, o corpo ganha o tempo necessário para o desenvolvimento de fenômenos específicos de adaptação, na região diretamente afetada. Durante a subsequente fase de resistência, essa região pode haver-se com a tarefa necessária sem ajuda dos hormônios de adaptação. Finalmente, eles prolongam a sobrevivência, mas somente enquanto os mecanismos auxiliares de defesa ainda funcionarem; depois disso, não há mais linhas de defesa e a morte sobrevêm inevitavelmente.

IMPLICAÇÕES DO CONCEITO ESPACIAL DE ADAPTAÇÃO

É curioso notar essa íntima interdependência entre adaptação e extensão espacial da resposta do corpo a um agente; todavia, a realização de tal relação auxilia-nos a fazer uma ideia mais clara de um quadro de quatro fatos que, de outra forma, seriam dificilmente explicáveis:

1) Há muito foi estabelecido, empiricamente, que quanto mais extensa for a lesão nos tecidos maior será o estímulo à produção de ACTH e corticoides. Esse fato está de acordo com a hipótese de que, dentro de um dado intervalo de tempo, cada célula pode emitir unicamente um número limitado de sinais de alarme; consequentemente, é mais a extensão que a gravidade da

lesão aos tecidos que estimula a produção de ACTH e corticoides.

2) Também foi demonstrado que a ablação das suprarrenais permite ao indivíduo tolerar lesões muito graves e mesmo a morte de algumas células muito melhor que as pequenas lesões, ou mesmo meras funções de muitas células. Isso explica por que, para efeito de autopreservação durante o stress, o corpo deve produzir corticoides em proporção à extensão anatómica da região envolvida.

3) A resposta-padrão à lesão dos tecidos, em qualquer parte do corpo, é a inflamação. Toda afecção ou função pouco familiar, não importa como produzida, pode causar inflamação de qualquer parte do corpo. Portanto, a inflamação constitui um tipo específico de reação, causado não especificamente, isto é, uma manifestação do stress local, não importando onde ocorra. É de significado biológico fundamental, portanto, o fato de, quando o stress se manifesta em grandes partes do corpo, tal condição provoca automaticamente uma reação geral hormonal ao stress, que tende a reduzir a inflamação excessiva. Quando somente territórios limitados são atacados, a inflamação é útil; ela impede a disseminação do agente causador (por exemplo, germes ou elementos alérgicos). Por outro lado, quando a doença se generaliza, de qualquer forma, é mais conveniente para o corpo não estabelecer barreiras inflamatórias defensivas. Isso acontece porque: 1) quanto mais a lesão se disseminar, menores seriam os resultados do estabelecimento de barreiras; 2) órgãos inflamados não funcionam bem; e 3) tecidos inflamados produzem substâncias tóxicas (enzimas, produtos da decomposição dos tecidos) que podem pôr a vida em perigo quando a reação é muito extensa. Portanto, é assaz oportuno que nosso corpo disponha de um sistema semelhante ao alarme de incêndio, que automaticamente apaga a chama da inflamação quando esta se alastra e ameaça a vida.

HANS SELYE

4) Finalmente, aprendemos (no Livro I) que o *stress* (sangria, terapias de choque, e assim por diante) pode ter valor terapêutico, especialmente sobre determinadas moléstias crônicas. Percebemos vagamente que isso acontece como se, durante a exposição crónica a certos irritantes, nossos mecanismos de adaptação "enguiçassem" e, nesse caso, o *stress* desse o empurrão que nos coloca novamente em movimento. Nosso último diagrama tenta estabelecer um quadro mais preciso do que aquele que ocorre realmente em tais casos. Aparentemente, quando o corpo utiliza especialmente um determinado sistema de órgãos para haver-se com uma situação ameaçadora, o resultado pode ser doença, quer em consequência do desenvolvimento excessivo, desproporcionado, do citado sistema, quer por sua final exaustão, consequente ao desgaste. Nesses casos é preferível ativar os possíveis canais colaterais, dando, portanto, descanso ao preferencial.

Nessa discussão sobre a natureza da adaptação — como em todas as nossas prévias considerações — tentamos destacar claramente o que é teoria de o que é fato. É importante não confundir os dois; contudo, não basta reconhecer fatos; devemos também tentar formular ideias sobre a forma pela qual o corpo trabalha em condições de saúde e de doença. Somente esse conceito teórico poderá levar-nos, logicamente, a novos fatos.

Tentei definir a essência do mecanismo de adaptação bem sucedida, e dissecá-lo. Mas, reação biológica alguma é sempre perfeita; a resposta ao *stress* não constitui exceção. Quando ela falha ao enfrentar adequadamente uma situação suscetível de produzir doença, o corpo desenvolve o que denominei *doenças de adaptação*. Consideraremos agora como estas surgem e como podem ser prevenidas.

STRESS – A Tensão da Vida

LIVRO III
AS DOENÇAS DE ADAPTAÇÃO

SUMÁRIO

Há um elemento de adaptação em toda doença; mas em algumas, os efeitos diretos do agente de doença e em outras as próprias reações defensivas de adaptação do corpo são mais proeminentes. Somente neste último caso costumamos falar de *doenças de adaptação*. Geralmente, adaptação consiste num conjunto equilibrado de defesa e submissão. Certas doenças são consequência de um excesso de hostilidade, outras de um excesso de reações físicas de submissão.

Tem sido possível simular um certo número de doenças renais e cardiovasculares em animais, ministrando-lhes doses excessivas de DOC. Isso despertou atenção para o *possível papel da produção excessiva ou insuficiente de corticoides no desenvolvimento de várias doenças* que, até então, jamais haviam sido relacionadas com hormônios.

A parte restante da secção seguinte é devotada a uma discussão crítica da inadaptação como fator de: *alta pressão arterial, doenças do coração e dos vasos sanguíneos, doenças renais, eclampsia, artrite reumática e reumatoide, doenças inflamatórias da pele e dos olhos, infecções, doenças de alergia e hipersensibilidade, doenças nervosas e mentais, perturbações sexuais, doenças digestivas, doenças metabólicas, câncer e doenças de resistência em geral.*

Discutindo tais doenças, descreverei, brevemente, o tipo de experiências de laboratório que me auxiliaram a avaliar o fator de inadaptação em cada caso. Isso permitirá o relacionamento das doenças experimentais em animais, com as correspondentes condições clínicas registradas no homem, para que o leitor possa verificar por si mesmo *como a análise de laboratório de uma moléstia pode guiar o médico em seu tratamento.*

STRESS – A Tensão da Vida

15. DOENÇAS RENAIS, CARDÍACAS E CIRCULATÓRIAS

Que é doença? As galinhas. Podem os corticoides produzir doenças renais e cardiovasculares em mamíferos? Desempenham a pituitária e as suprarrenais alguma parte nas moléstias espontâneas renais e cardiovasculares do homem? Quando sua causa desaparece, a doença também deve desaparecer. Quando se manifesta a doença, o agente suspeito deve ser demonstrável no corpo. Hipertensão metacorticoidal. Eclampsia.

QUE É DOENÇA?

Certas doenças têm causa específica: a ação direta de certos agentes especiais, produtores de doença, tais como micróbios, venenos ou lesões físicas. Muitas outras doenças não são causadas por qualquer deles, em particular; elas resultam da própria resposta do corpo a certa situação inusitada.

Em última análise, nem sempre se verifica claramente que nossas doenças sejam consequência de nossas próprias respostas. Por exemplo, se um homem é ferido na cabeça por uma pancada desfechada com um bastão de policial, sofrendo, em consequência, uma lesão cerebral permanente, parece evidente que a doença foi causada pelo bastão. Mas, pensando melhor, chega-se à conclusão de que a bastonada não foi a causa primária; ela não passa de um elo na sequência da reação em cadeia que, finalmente, levou à lesão cerebral. Pode realmente ter acontecido que o policial pedisse à vítima que circulasse, tendo ela reagido violentamente, insultando e agredindo o policial, o qual, por sua vez, lhe deu uma bastonada na cabeça. Assim, na verdade, a causa imediata da lesão sofrida pela vítima foi seu próprio comportamento, hostil e agressivo.

As partes do corpo funcionam de maneira muito similar. Já vimos, por exemplo, que se uma lasca suja de madeira penetra sob nossa pele, o tecido nas proximidades fica túrgido e inflamado. Desenvolve-se um furúnculo ou abscesso. Esta é uma resposta útil e sadia, pois os tecidos que constituem as paredes do furúnculo representam uma barricada que impede a disseminação, pelo corpo, dos micróbios ou venenos que possam ter sido nele introduzidos pela lasca. Mas, às vezes, as reações do corpo são excessivas e muito desproporcionadas à irritação fundamentalmente inócua que lhes deu causa. Assim, uma resposta excessiva, como uma inflamação, por exemplo, pode ser a causa real do que chamamos de doença. Desde que aprendemos que a inflamação, por sua vez, é regulada por hormônios de adaptação, levanta-se a questão do papel que o excesso ou a deficiência de reações hormonais poderia ter no desenvolvimento das várias doenças. A produção excessiva de hormônios pró-inflamatórios não poderia, em resposta a uma pequena irritação local, resultar na produção de uma inflamação intensiva desproporcional, que será mais uma causa de desconforto que um auxílio para o corpo? Poderia tal resposta endócrina de adaptação tornar-se tão intensa que o resultante excesso de hormônios lesasse órgãos situados em partes distantes do corpo, longe do ponto originalmente lesado, em partes que não poderiam ter sido afetadas por qualquer ação direta desses agentes externos produtores de doenças?

AS GALINHAS

Francamente, não consigo lembrar por que razão decidi, subitamente, fazer experimentos com pintainhos, quando o problema das doenças de adaptação se levantou. Era uma decisão inusitada: não dispúnhamos de galinhas no laboratório; jamais fizera com elas qualquer experiência; nada sabia sobre sua criação. O mais estranho de tudo era o fato de não dispor de qualquer razão concebível para escolher galinhas de preferência a qualquer

STRESS – A Tensão da Vida

animal existente nos laboratórios, tais como camundongos, ratos, cobaias ou coelhos. Contudo, a escolha foi certamente feliz. Aconteceu ter sido minha próxima experiência efetuada com pintainhos; ela não poderia ter sido realizada com qualquer outro animal nem mesmo com uma galinha adulta.

O problema pode ser apresentado da seguinte forma: se as suprarrenais devem produzir um excesso de corticoides para manter a vida durante o *stress*, é muito provável que o excesso de hormônios resultante possa ter, por si só, consequências perigosas. A saturação do corpo com hormônios, como se sabe, é um fator conhecido na produção de doenças. Quando a tireoide secreta uma quantidade excessiva de seus hormônios, o metabolismo é bruscamente acelerado. Quando a pituitária produz quantidades maciças de STH, o resultado é gigantismo. Quando a medula das suprarrenais descarrega um excesso de suas adrenalinas, o pulso se acelera e a pressão arterial sobe perigosamente. É muito natural, portanto, perguntar:

"Que aconteceria se as suprarrenais produzissem um excesso de corticoides?" Evidentemente, isso acontece durante o *stress*. Mas a questão não poderia ser respondida pelo simples exame de um paciente sujeito a *stress*; nele, seria impossível distinguir entre os efeitos dos corticoides e os do próprio *stress*.

Há uma curiosa moléstia denominada *síndrome adrenogenital*, que há muito tempo é atribuída a uma superatividade do córtex das suprarrenais. Essa moléstia produz um desenvolvimento excessivo e frequentemente anormal dos órgãos sexuais, mas tais alterações mórbidas são consequência da superprodução de hormônios sexuais pela suprarrenal. Corticoides característicos, tais como P-Cs e A-Cs não podem ser responsáveis por essa moléstia, porque eles não interferem com o sexo. Temos de descobrir a síndrome causado pela saturação do corpo com esses hormônios.

HANS SELYE

Se um aquecedor elétrico mantém a temperatura de um aposento, podemos compensar o frio excessivo utilizando mais corrente elétrica. Mas isso só é possível até certo ponto. Se a corrente for aumentada incessantemente, chegará o momento em que os fios se queimarão; nesse caso, todo o mecanismo de aquecimento deixará de funcionar e, significativamente, tal falha será o resultado direto da própria regulagem da temperatura. Esse tipo de falha pode ser registrado na maioria dos mecanismos de compensação. Parecia improvável que, no ajustamento ao *stress,* a secreção de corticoides constituísse exceção.

O que nos restava fazer, naturalmente, era ministrar doses maciças de corticoide a animais normais de experimentação, para verificar o que aconteceria. Mas, em 1941, quando chegamos a esse ponto em nosso trabalho, somente um corticoide, DOC (um dos hormônios P-Cs) era disponível em quantidades suficientes para tais experiências, e assim mesmo, difícil de obter e caro. Além disso, a grande maioria dos animais comuns de experimentação é singularmente resistente ao DOC. Quando se injetam esses hormônios num animal comum de laboratório, parece que não acontece nada; e está claro que, nessa altura, ninguém sabia como sensibilizar ou condicionar o corpo àquela substância. É curioso que mesmo depois de quinze anos de pesquisas, eu não tenha encontrado outro animal que seja mais sensível ao DOC (sem condicionamento especial) que os pintainhos. Assim, constituiu um acaso feliz o fato de tê-los utilizado em minhas primeiras experiências nesse campo.

Como a demonstração do papel desempenhado pelos corticoides na causa das moléstias renais abriu novas e interessantes perspectivas à pesquisa médica, poderá ser divertido saber como foi que as primeiras experiências relevantes foram na realidade postas em prática.

STRESS – A Tensão da Vida

Para começar, selecionei 24 pintainhos "leghorn" de três dias. Depois de consultar certas pessoas que tinham conhecimentos sobre a criação de galinhas, o sr. Nielsen — do qual já tratamos anteriormente — construiu uma grande caixa de madeira, que foi colocada no sótão. Equipamos a caixa com lâmpadas elétricas, pois havíamos aprendido que os pintainhos não podem manter a própria temperatura do corpo, a menos que sejam conservados em ambiente aquecido. Logo descobrimos também, para nossa grande tristeza, que eles também não comiam a ração normal dos ratos; fomos obrigados a ministrar-lhes uma ração especial, comercialmente preparada (e vendida sob o título explícito de Chick-Startina) para desenvolver pintainhos. Menciono todos esses pormenores unicamente pelo fato de ainda me intrigarem, pois não sei por que me dei a tais dificuldades quando nada havia que indicasse que os pintainhos eram o único tipo de animal no qual nossas experiências teriam êxito.

Quando percebemos que nossos pintainhos estavam sendo devidamente tratados, dividimos o lote em dois grupos: doze receberam injeções diárias de DOC, e os outros doze não foram tratados, para funcionar como testemunhas. Durante os primeiros dez dias, não pude distinguir qualquer diferença entre os pintainhos dos dois grupos. Então, todos aqueles tratados com DOC começaram a beber muito mais água que os outros, e, gradualmente, desenvolveram uma forma de hidropisia. Seus corpos incharam muito, em consequência do acúmulo de fluidos sob a pele e os pintainhos afetados passaram a respirar com dificuldade, lutando por mais ar, como certos pacientes de moléstias cardíacas.

No décimo segundo dia, matamos os pintainhos dos dois grupos, para examinar os seus órgãos internos. A dissecção revelou o fato mais que evidente de, sob a influência do hormônio,

HANS SELYE

grandes quantidades de fluido se terem acumulado nas cavidades do corpo e especialmente na bolsa que envolve o coração (pericárdio). O próprio coração estava hipertrofiado e as paredes dos vasos sanguíneos tinham-se tornado espessas e rígidas; apresentavam grande semelhança com as dos pacientes que sofrem de pressão alta.

As alterações mais pronunciadas podiam ser observadas nos rins, enfartados e com superfície irregular, pálida. Submetidos a exame histológico, eles apresentavam lesões descritas no homem há mais de cem anos. Em 1827, no Guy's Hospital, em Londres, Richard Bright descobriu alterações renais semelhantes, em pacientes que sofriam de hipertrofia do coração e hidropisia. Desde aí, tal condição é denominada pelos médicos "mal de Bright". No curso dessa doença, o coração torna-se grande e forte, provavelmente pelo fato de bombear sangue sob alta pressão, a fim de forçá-lo a circular pelas artérias estreitas e endurecidas.

Bright notou outro importante sinal, que considerava característico da doença; a presença de albumina na urina. Nos pintainhos, a urina e os excrementos são eliminados juntamente, por um mesmo canal e assim, mesmo em condições normais, tais secreções são ricas em matéria albuminosa, procedente do intestino. Contudo, no corte histológico, podia ver-se claramente que, nos espécimes tratados com DOC, a fina tubulação renal que conduz a urina no interior dos rins, se apresentava carregada de precipitados albuminosos. O mesmo não acontecia com os pintainhos que não haviam sido submetidos ao tratamento.

É difícil determinar com precisão a pressão arterial de aves, mas em vários casos conseguimos demonstrar que sob a influência do DOC ela alcança níveis muito elevados. Naqueles animais experimentais reproduzimos os seis traços principais da doença de Bright: 1) alterações estruturais características dos rins;

STRESS – A Tensão da Vida

2) hipertrofia do músculo do coração; 3) estreitamento e endurecimento das artérias; 4) pressão alta; 5) hidropisia generalizada; e 6) eliminação de albumina na urina.

Agora, antes de prosseguir, temos algo mais a dizer a respeito de doenças renais. No homem há três tipos comuns: nefrose, nefrite e nefrosclerose. Certos médicos classificam-nas como moléstias essencialmente distintas, mas isso é improvável pelo fato de haver inúmeras transições entre elas e por serem, provavelmente, estreitamente relacionadas. A nefrite – que corresponde ao mal de Bright – geralmente acaba por transformar-se em nefrosclerose, com o correr do tempo. A primeira é uma simples inflamação; a segunda é constituída por uma formação de cicatrizes em consequência da cura de inflamação renal crônica. A nefrose é considerada uma moléstia degenerativa. Mas nem sempre é possível distinguir a forma degenerativa da inflamatória, e a nefrose pode transformar-se em nefrite; em consequência, não há uma distinção marcante entre essas duas moléstias. De qualquer forma, as anomalias produzidas pelo DOC em nossos pintainhos apresentavam elementos das três moléstias renais, embora apresentassem maior semelhança com a nefrosclerose. Devo mencionar tais pormenores para evitar uma distorção de minha descrição, em consequência de simplificação excessiva; mas na verdade, o ponto mais importante da experiência residia na demonstração de que um equivalente de moléstia clínica dos rins pode ser produzida por doses maciças de hormônios corticoidais.

Publiquei essas primeiras observações sobre a produção de moléstias renais por hormônios durante o ano de 1942, no *Canadian Medical Association Journal*, concluindo com a frase: "Portanto, talvez não seja muita fantasia suspeitar do papel das suprarrenais como agente causador da hipertensão nefrosclerótica".

Tal artigo deu causa a uma grande controvérsia em literatura médica. Moléstias de hipertensão renal estão entre as mais comuns das doenças fatais ao homem; e desde que nada era conhecido sobre sua causa, todas as suas indicações, naturalmente, demandavam uma cuidadosa análise. Os médicos relutavam muito em aceitar minha tese, pois, no conjunto da endocrinologia, não havia precedente de tal doença inflamatória ou degenerativa causada por hormônios. Naquela ocasião, as obras sobre hormônios eram limitadas à discussão das doenças mais primárias das endócrinas, tais como as moléstias que se originam numa das glândulas que secreta hormônios. Em princípio, distinguimos dois tipos de tais moléstias: as causadas pela destruição de uma glândula endócrina (em consequência de câncer ou atrofia localizada, por exemplo) e aquelas que têm por causa primária o desenvolvimento excessivo de uma glândula endócrina (como, por exemplo, hipertrofia ou formação de tumor). São estes os distúrbios que causam condições endócrinas típicas tais como diabete, gigantismo, anomalias sexuais e bócio hipertiróideano. A produção de nefrosclerose por DOC parecia situar-se numa categoria diversa. Não é de admirar que a ideia de "participação suprarrenal na hipertensão nefrosclerótica" fosse acolhida com tão grande ceticismo.

PODEM OS CORTICOIDES PRODUZIR DOENÇAS RENAIS E CARDIOVASCULARES EM MAMÍFEROS?

A primeira questão que se levanta, nesse caso, é a de saber se uma doença de Bright experimental pode ser produzida somente em pintainhos ou também em mamíferos. A estrutura dos rins do homem e dos outros mamíferos é similar, mas nas aves é bastante diversa. Evidentemente, desejávamos repetir nossas

STRESS — A Tensão da Vida

experiências com animais. Nisso, malogramos. Quando injetávamos DOC em ratos, cobaias, cães ou gatos, não era registrada qualquer alteração visível nos rins, no coração ou nos vasos sanguíneos. Tivemos a impressão, durante algum tempo, de que havíamos tropeçado acidentalmente numa hipersensibilidade peculiar a corticoides, característica exclusiva dos pintainhos — uma mera curiosidade de laboratório, à qual não poderíamos atribuir a causa de moléstias humanas.

Foi nessa altura que a ideia de um "condicionamento" especial a corticoides começou a tomar forma. Poderíamos identificar o fator que tornava os pintainhos especialmente sensíveis a um excesso de corticoides? O mesmo fator não seria registrado no desenvolvimento de doenças produzidas por doses maciças de corticoide sobre o homem?

A experiência médica demonstrara há muito que pacientes com o mal de Bright não podiam suportar uma taxa alta de sal. Talvez os rins dos pintainhos tivessem alguma semelhança com o rim humano doente, apresentando uma baixa tolerância ao sal. Seria o sal de cozinha comum (cloreto de sódio) o fator que andávamos procurando? Se conseguíssemos provar que, com sal, os pintainhos poderiam ser forçados a apresentar uma sensibilidade ainda maior à ação lesiva do DOC aos rins, esse seria outro fator de importância, sugerindo relação entre as formas experimental e clínica do mal de Bright. Além disso, usando cloreto de sódio como elemento sensibilizador, talvez fosse até mesmo possível demonstrar — pelo menos, em certas condições — que os corticoides podem produzir doenças renais e cardiovasculares em mamíferos.

Com isso em mente, começamos a dar de beber aos pintainhos soluções diluídas de cloreto de sódio, colocadas no bebedouro; metade dos pintainhos, as testemunhas, não receberam

HANS SELYE

tratamento de hormônio; todos os outros receberam injeções de DOC. Verificou-se que doses surpreendentemente reduzidas de DOC podiam produzir o mal de Bright nas aves submetidas ao regime de água salgada que, por si mesma, não poderia causar qualquer mal.

Provamos que essa doença experimental, produzida por DOC assemelhava-se ao mal de Bright clínico, pelo fato de ambos serem agravados pelo aumento da taxa de sal.

Um interessante subproduto desse trabalho surgiu da observação de que, a partir de soluções mais concentradas de cloreto de sódio, os pintainhos desenvolviam uma espécie de mal de Bright, sem qualquer tratamento de hormônio. Essa doença é muito conhecida pelos fazendeiros e veterinários, como uma moléstia espontânea das aves domésticas. Ela já recebeu diversos nomes — tais como *mal de Bright das aves, doença das aves ou doença da crista azul* — mas nada se sabia de definido quanto à sua causa. Geralmente ela se manifesta em epidemias e, assim, muita gente a considera contagiosa. Nossas observações sobre o papel do sal como seu causador foram, posteriormente, confirmadas por veterinários de diversos países. Já foi perfeitamente demonstrado que o mal de Bright das aves tende a ocorrer quando a alimentação delas contém muito sódio. Isso explicaria o caráter epidêmico da moléstia, embora o sal, provavelmente, não seja o único fator que causa a moléstia. Depois de ter sido esclarecida a importância do papel do cloreto de sódio, tornou-se mais fácil evitar tais condições nas granjas de criação pela simples redução do conteúdo de sal do alimento e da água das galinhas.

Mas voltemos aos problemas de clínica médica.

CORTICOIDES PODEM PRODUZIR DOENÇAS RENAIS E CARDIOVASCULARES NOS MAMÍFEROS

STRESS – A Tensão da Vida

O que aprendemos, até este ponto, sugeria que o DOC poderia produzir doenças renais mesmo nos mamíferos, sempre que estes fossem mantidos em dieta rica em sódio. Tal hipótese demonstrou ser fundamentada. Em ratos forçados a beber uma solução de 1 por cento, em lugar de água, o DOC produziu nefrosclerose e hipertensão. Contudo, grandes doses de hormônio podiam ser injetadas por muitas semanas e mesmo assim as alterações eram das mais brandas.

Consideramos então que os pintainhos poderiam não dispor do coeficiente de segurança necessário ao ajustamento das funções renais a doses maciças de sal e corticoides. Se assim fosse, talvez pudéssemos intensificar até mesmo a sensibilidade dos mamíferos ao DOC, retirando-lhes, simplesmente, um dos rins.

Na série seguinte de experiências, removemos o rim direito de um grupo de ratos, os quais passaram a ser forçados a ingerir uma solução aquosa de 1 por cento de cloreto de sódio, recebendo injeções de DOC, simultaneamente. Nesses casos, os hormônios produziram nefroses das mais características e rapidamente fatais, assim como alterações nefroscleróticas do rim, hipertrofia do coração, endurecimento e inflamação (arterite) dos vasos sanguíneos, assim como elevação pronunciada da pressão arterial. A maioria dos ratos morreu de lesões na coronária e infartos cardíacos.

Assim, conseguimos desenvolver, com êxito, uma técnica experimental de condicionamento, que permitia a produção prática, por meio de um hormônio corticoidal, do mal de Bright numa determinada espécie de mamíferos.

Este foi um ponto decisivo na análise dessas doenças. Nos meses que se seguiram seria demonstrado que, dentro de condições adequadas (ablação de um rim e ministração de suplemento de sal) o DOC pode produzir também alterações renais e cardiovasculares em outros mamíferos tais como camundongo, cobaia, gato, cão e mesmo macaco, que é o parente mais próximo do homem entre os animais de laboratório (ver fotografia, prancha 2).

Tais observações não deixam margem a dúvidas; é perfeitamente claro que, dentro de certas condições, no mínimo, os corticoides podem produzir moléstias inflamatórias ou degenerativas mesmo nos mamíferos, classe de animais à qual pertence o homem.

OS HORMÔNIOS DA PITUITÁRIA TAMBÉM PODEM PRODUZIR DOENÇAS RENAIS E CARDIOVASCULARES

Como já tivemos ocasião de explicar, os corticoides são produzidos pelas suprarrenais, sob influência de certos hormônios da pituitária. Seria razoável, portanto, supor que, através de seu efeito sobre as suprarrenais, os extratos da pituitária funcionassem como DOC. Mas, contrariando as previsões, grandes quantidades de ACTH (o mais poderoso dos hormônios da pituitária estimulantes das suprarrenais) não produziam tal efeito. Mesmo os ratos especialmente condicionados pela ablação de um rim e dieta de sal não demonstravam qualquer alteração renal ou cardiovascular comparável às produzidas por DOC. Aparentemente, o ACTH estimula as suprarrenais a produzir grandes quantidades de A-Cs (tipo COL) mas não de P-Cs (tipo DOC).

Por outro lado, extratos de pituitária ricos em STH reproduzem (em ratos devidamente sensibilizados) uma síndrome virtualmente idêntica ao que se verifica após tratamento por DOC. É interessante observar que alguns desses extratos perdem quase toda sua eficiência, nesse ponto, após ablação das suprar-

STRESS — A Tensão da Vida

renais. Tal descoberta parecia concordar com a hipótese de que o STH atua sobre os rins e o sistema cardiovascular, estimulando sua produção ou intensificando a atividade de hormônios do tipo DOC no tecido das suprarrenais. Ainda não estamos certos de que tal explicação seja correta — até agora foi impossível demonstrar, por meios químicos, que o conteúdo de DOC do sangue aumenta após administração de STH. Seria muito difícil prová-lo conclusivamente, com as atuais técnicas químicas, mas, não importa de que forma funcione o mecanismo de STH, uma coisa é certa: o STH só pode causar lesões aos rins e ao sistema cardiovascular na presença das suprarrenais.

Para resumir o que aprendemos nesta última série de experiências, podemos declarar que: 1) a pituitária produz substâncias que podem provocar doenças renais e cardiovasculares; 2) o STH (ou qualquer outra substância que dele seja indesligável) é responsável por tais efeitos; 3) a produção de doenças renais ou cardiovasculares por preparações de STH depende da presença, no corpo, de tecidos vivos da suprarrenal.

DESEMPENHA A PITUITÁRIA ALGUM PAPEL NAS DOENÇAS EENAIS E CARDIOVASCULARES ESPONTÂNEAS DO HOMEM?

Tudo isso, todavia, não basta para provar que os corticoides (ou STH) desempenham realmente um papel na causa das moléstias humanas, similar ao que o DOC imita nos animais. Além disso, nossas experiências não estavam de acordo com a fórmula consagrada pela rotina para esse tipo de estudos; geralmente, quando se pretende estabelecer a causa de uma doença, age-se de forma muito diversa. Se suspeitamos de que determina-

HANS SELYE

do agente (micróbio, veneno ou hormônio) é a causa da moléstia, deveremos demonstrar que: 1) no momento em que a doença se manifesta, a presença do agente deve ser constatada no corpo; 2) quando o agente desaparece, a doença desaparece. Somente depois de estabelecer tais fatos é possível, em certos casos, efetuar a prova final que consiste em reproduzir a doença num animal de laboratório, através da ministração do agente causador.

Tomemos o caso da tuberculose, por exemplo. Essa moléstia, inicialmente, era vagamente atribuída a diversas causas: má alimentação, predisposição hereditária, excesso de trabalho, vida em cômodos superlotados e assim por diante. Na verdade, muitos médicos duvidavam de que a tuberculose tivesse sempre a mesma causa. Então, quando a suspeita da possível causa específica da tuberculose caiu sobre determinados germes, a pesquisa para demonstrar tal teoria foi efetuada à maneira clássica. Inicialmente, foi demonstrado que o *bacilo da tuberculose* está presente em todos os pacientes que sofrem de tuberculose; na verdade, Ele é encontrado sem dificuldade nas áreas do corpo mais gravemente afetadas. Segundo, foi demonstrado que, quando o bacilo desaparece, a doença também desaparece. Somente depois disso os bacteriologistas conseguiram reproduzir a moléstia a qualquer momento, injetando cobaias com bacilos da tuberculose. O êxito dessa última e crucial experiência passou a ser então geralmente aceito como prova irrefutável da teoria bacteriana.

Em nossos estudos sobre o mal de Bright, aconteceu iniciarmos nossos trabalhos com esse passo final; inicialmente reproduzimos um símile da doença, com DOC, nos animais, e os progressos foram efetuados ao contrário das práticas geralmente adotadas. Como agora explicamos, o próximo fato a ser demonstrado era o de que a remoção do agente causal (as suprarrenais) redundava em uma melhora. O que é geralmente a primeira in-

STRESS — A Tensão da Vida

dicação de tal relação entre causa e efeito — isto é, de que um excesso do agente suspeito (tipo DOC) está presente no corpo durante a doença — foi o último ponto a ser verificado nesse estudo. Antes de termos produzido a doença, acidentalmente, com DOC, não havia razão para que se suspeitasse de que os corticoides existissem em grande quantidade nos pacientes que sofriam de doenças similares; nem se sabia se a retirada dos hormônios do tipo DOC (pela ablação das suprarrenais) teria ou não valor terapêutico.

Está claro que depois que se provoca uma determinada doença com um certo agente, não se demonstra, além de qualquer dúvida, que a doença é causada pelo agente. Tal tipo de argumentação pode ser enganoso. É perfeitamente concebível, por exemplo, que as doenças espontâneas renais e cardiovasculares do homem nada tenham a ver com corticoides, mesmo que o DOC reproduza doenças similares em animais. Afinal, são muitas as estradas que levam ao mesmo destino: o exercício acelera a pulsação do coração, mas é claro que isso não significa que a pulsação rápida de um paciente febril, acamado, seja consequência de excesso de exercício. Tal analogia, contudo não é das mais apropriadas, pois muitos fatores podem acelerar a pulsação, enquanto as moléstias renais e cardiovasculares que produzimos com o DOC são das mais específicas.

De qualquer forma, como veremos a seguir, numerosos indícios surgiram posteriormente em apoio da nossa tese de que os hormônios corticais desempenham papel no desenvolvimento de certas doenças renais e cardiovasculares no homem. Discutindo tais dados clínicos, devemos compreender que as observações em seres humanos dificilmente podem ser efetuadas com a precisão de experimentações com animais. A preocupação primordial do médico é auxiliar o paciente; a aquisição de novos conhecimentos sobre a doença é uma consideração secundária. Isso tende a interferir com a interpretação do que se descobre. Se desejamos saber se as suprarrenais são ou não indispensáveis a determinada reação biológica em animais, nada mais temos a fazer que remover as citadas glândulas — não interferindo com qualquer outro órgão — e verificar, posteriormente, se as respostas ocorrem ou não. Está claro que isso não é possível com seres humanos. Se a reação biológica é uma doença e se estamos convictos de que a ablação das suprarrenais constituirá o melhor meio de cura, poderemos removê-las; mas o paciente também deve receber todos os demais tratamentos que possam auxiliá-lo, ainda que estes venham a obscurecer a interpretação dos resultados.

A despeito dessas limitações inerentes à pesquisa clínica, grande número de provas foi obtido em apoio do ponto de vista segundo o qual as suprarrenais participam do desenvolvimento de várias moléstias renais e cardiovasculares. Tais evidências são proporcionadas por dois tipos de técnicas: cirúrgicas e químicas. O cirurgião pode remover a fonte dos hormônios causadores de perturbações (pela ablação das suprarrenais ou da hipófise) e o químico pode demonstrar a existência de um excesso desses hormônios no sangue e na urina dos pacientes que sofrem de moléstias renais ou cardíacas.

QUANDO A CAUSA DESAPARECE, A DOENÇA DEVE TAMBÉM DESAPARECER

Para provar tal ponto de vista, era necessário remover as suprarrenais, que são a fonte do material tipo DOC. A ablação das suprarrenais é uma operação muito grave. Entre outras coisas, o paciente sem as suprarrenais deve receber pílulas ou injeções durante toda sua vida. Se sofrer uma deficiência de corticoides

STRESS – A Tensão da Vida

— ainda que por uns poucos dias — morre. Enquanto dispuser do tratamento adequado de corticoides, esse paciente poderá levar uma vida essencialmente normal e feliz; mas, como se sabe, a consciência de depender absolutamente da ministração de uma droga pode dar margem a grande perturbação. Há sempre a possibilidade de que, durante uma viagem, em determinado momento, falte a dose indispensável de corticoides; ora, para o paciente que sofreu ablação das suprarrenais isso significa simplesmente a morte. Contudo, tal situação não é muito pior que a dos diabéticos que sofrem de uma forma aguda da moléstia, e que dependem igualmente de insulina. Na verdade, levando-se a questão às suas últimas consequências todos nós requeremos, constantemente, alimento, água e ar; mas, felizmente, pouca gente é submetida a condições nas quais a satisfação dessas necessidades vitais seja perigosa ou restrita durante longos períodos.

Além disso, frequentemente não temos alternativa. Em pacientes que sofrem de hipertensão maligna aguda chega-se a um ponto no qual, em condições ordinárias, a morte sobrevêm inevitavelmente em consequência da ausência de qualquer método estabelecido de tratamento. O mesmo se aplica a certos tipos de inflamação arterial de progresso rápido. O médico que, na ausência de qualquer precedente, recomenda, à primeira vista, uma operação arriscada, nesses casos, deve ter uma grande dose de visão e coragem. Todavia, tais decisões devem ser adotadas para que a medicina possa estabelecer novos métodos de tratamento drástico para as doenças graves.

Ephraim McDowell efetuou uma momentosa decisão desse tipo em 13 de dezembro de 1809, quando se propôs remover os ovários de uma paciente, em sua residência, em Danville, Kentucky. A paciente sofria de um tumor nos ovários que pesava cerca de 8 quilos; se o tumor prosseguisse crescendo, a morte da paciente seria certa. Contudo, até aquela data, jamais fora removido um tumor daquele tamanho. Talvez a operação não pudesse ser feita. A população da cidade ficou horrorizada ao saber que o médico se propunha abrir o abdome de uma mulher viva e remover seus ovários. O povo marchou em direção à casa de McDowel, pronto para enforcá-lo, julgando que estivesse sofrendo de uma forma perigosa de loucura ou fosse criminosamente irresponsável. Contudo, finalmente, a violência popular foi evitada e, contrariando todas as expectativas, a operação foi bem-sucedida; na verdade, a paciente viveu até os oitenta anos e McDowell teve a satisfação de saber que dera início a uma técnica cirúrgica inteiramente nova.

A ideia básica de remover tumores ovarianos é prática; contudo, a sobrevivência daquela paciente deve-se especialmente à sorte. A anestesia era ainda desconhecida; nada se sabia sobre a necessidade de esterilizar os instrumentos e a técnica cirúrgica do pioneiro do Kentucky era de um primarismo de arrepiar os cabelos. Contudo, nada além da operação poderia ter salvo aquela mulher, em 1809 — e ela foi salva.

A situação era ligeiramente melhor na ocasião em que foram efetuadas as primeiras ablações totais das suprarrenais e da hipófise, no tratamento de hipertensão. Nessa ocasião, tais operações já tinham sido feitas nos casos de câncer incurável; contudo, recomendá-las para hipertensão demandava ainda considerável audácia e visão, nos casos em que o futuro do paciente não parecia tão desesperador. A Medicina, certamente, tem um débito invaliável para com os primeiros médicos e cirurgiões que ignoraram as críticas, sempre levantadas quando algo radicalmente novo é tentado. Alguns dos pioneiros dessa nova técnica de tratamento de casos de hipertensão cardiovascular foram D. M. Green, de Los Angeles, J. T. Wortham, de Little Rock, G. W. Thorn, de

STRESS – A Tensão da Vida

Boston, F. D. W. Luckens, de Filadélfia e L. de Gennes, de Paris, os quais demonstraram que certos pacientes com hipertensão progressiva e incurável poderiam ser grandemente beneficiados pela ablação das suprarrenais.

Nos *Annals of Internal Medicine,* Thorn e seus associados, da Faculdade de Medicina de Harvard, descrevem um caso particularmente impressionante, para demonstrar os resultados que podem ser obtidos pela ablação das suprarrenais quando se registra hipertensão aguda em moléstia renal. X. Ch., operário de 34 anos, sofria de hipertensão há mais de dez anos. Três meses antes de sua admissão no hospital, o paciente sofria de inchaço nas extremidades dos membros inferiores e de característico acúmulo de líquido no abdome. À noite, era frequentemente vítima de crises, durante as quais não podia respirar. Submetido a exame médico, verificou-se que sua pressão era muito elevada, seu coração hipertrofiado e que, em consequência da insuficiência cardíaca, sofria também de hidropisia. Suas dificuldades respiratórias eram consequência dos efeitos hidrópicos sobre os pulmões. As suprarrenais do paciente foram removidas e ele passou a receber cortisona. Depois da operação, a hidropisia desapareceu, a respiração tornou-se normal e a pressão arterial caiu essencialmente a um nível normal. O paciente, que estivera totalmente incapacitado, voltou a trabalhar logo depois da ablação das suprarrenais; um novo exame, efetuado depois de um ano, demonstrou que era "muito ativo e capaz no trabalho". Deste e de casos similares, o grupo de Harvard concluiu que:

"Parece, portanto, que a ablação total das suprarrenais, é justificada como tratamento experimental no homem, com o objetivo de determinar o possível papel do córtex das suprarrenais em pacientes que sofrem de moléstias graves de hipertensão vascular, inclusive aquelas com complicações renais ou cardíacas".

HANS SELYE

"Nesses pacientes, cuja pressão arterial foi reduzida após a ablação das suprarrenais, tem sido possível fazê-la voltar ao nível original de hipertensão com desoxicorticosterona (DOC)..."

Outro estudo, efetuado pelo Dr. R. F. Bowers, de Memphis, Tennessee, levou à conclusão de que mesmo a ablação parcial das suprarrenais reduz a pressão em quase todos os pacientes (20 em 21) até 22 meses depois da operação, desde que permaneça uma quantidade suficientemente reduzida de tecido suprarrenal.

Mais recentemente, o professor J. Govaerts, de Bruxelas, demonstrou que a ablação total das suprarrenais pode também restabelecer a saúde de pacientes que sofrem de um tipo de artrite juvenil deformante, que, histologicamente, se assemelha à produzida nos ratos pelo DOC.

Quase ao mesmo tempo, em Estocolmo, o professor H. Olivecrona e o Dr. E. Luft, efetuaram com êxito a ablação da hipófise de paciente que sofria de hipertensão diabética.

Dependendo do caráter e da gravidade da moléstia, a melhora registrada pode ser leve nalguns casos e extremamente pronunciada em outros; mas o trabalho desses investigadores clínicos demonstrou, de forma indubitável, que as moléstias cardiovasculares podem ser tratadas pela ablação das suprarrenais ou da pituitária.

Até que ponto tais descobertas apoiam nossa asserção de que os hormônios das suprarrenais e da pituitária desempenham papel na causa das doenças cardiovasculares?

Como já tenho dito, a avaliação de tais observações clínicas é difícil: não há dois pacientes iguais e, frequentemente, tratamentos adicionais (repouso prolongado na cama, dietas especiais, intervenções no sistema nervoso) podem ser empregados, o que tende a tornar a questão mais confusa. Por outro lado,

STRESS – A Tensão da Vida

muitas das ablações das suprarrenais têm sido efetuadas não em pacientes comuns, mas em diabéticos hipertensos, mesmo porque há duas razões para remover toda a fonte de corticoides: a inexistência de A-Sc, ou *hormônios glicocórticos* (tipo COL), pode proporcionar uma melhora nos diabéticos, e a eliminação dos P-Cs (tipo DOC) pode reduzir a hipertensão.

Todas essas medidas constituem passos práticos que podem ser dados em benefício do paciente, ainda que reduzam o valor científico do tratamento experimental. Nesse volume, seria impossível discutir tais pormenores a fundo, mas os fatos principais e bem estabelecidos podem ser resumidos, pelo menos à luz da influência dos corticoides sobre as moléstias de hipertensão.

Como o homem não pode viver sem corticoides, estes devem ser ministrados imediatamente após a ablação das suprarrenais, em todos os casos. Na medida do possível, os pacientes recebem corticoides tipo COL, recomendando-se lhes a utilizar o mínimo possível de sal, pois as experiências com animais demonstraram que a ação conjunta de DOC e sal pode produzir lesões hipertensivas cardiovasculares. Como sob tais condições se registrou uma rápida melhora em numerosos casos, isso deve ser atribuído à remoção do DOC tipo P-Cs do corpo. Tal conclusão é ainda apoiada pelo fato de os pacientes que sofrem ablação das suprarrenais, se mostrarem sujeitos, ao receberem suplementos de DOC ou de sal, a novo e perigoso aumento de pressão, com alterações nos vasos sanguíneos (facilmente observáveis pelo exame do olho).

Por outras palavras, tais pacientes reagem exatamente como os ratos das experiências; sua doença depende de um fator suprarrenal do tipo DOC. Quando as suprarrenais — fonte de tais hormônios — são removidas, a doença desaparece; as ministrações de COL são relativamente bem toleradas, mas DOC e sal rapidamente restabelecem a moléstia hipertensiva, mesmo na ausência das suprarrenais. (1)

As operações, tais como a ablação das suprarrenais e da hipófise, não são, provavelmente, a resposta final para o problema das doenças de hipertensão renais e cardiovasculares, mas indicam o caminho para um novo tratamento racional dessas doenças humanas, geralmente fatais. É de esperar que, à medida que as pesquisas progridam, aprendamos mais a respeito de métodos não cirúrgicos de anular a ação dos hormônios que provocam tais perturbações. Isso pode ser alcançado, por exemplo, por drogas que interfiram com a produção ou ativação dos hormônios da pituitária ou das suprarrenais. Experiências com esse objetivo estão sendo efetuadas em nosso Instituto; talvez, numa futura edição deste livro, eu tenha algo mais a dizer, a esse respeito. Nesse meio tempo, é animador saber que esforços destinados a curar tais perturbações não dependem mais unicamente da sorte; agora, dispomos de um modelo experimental — a síndrome produzida pelo excesso de DOC ou STH nos animais — no qual a eficiência do possível tratamento pode ser testada.

QUANDO A DOENÇA SE MANIFESTA, O SEU AGENTE SUSPEITO DEVE SER DEMONSTRÁVEL NO CORPO

---

(1) – Outra implicação de nosso trabalho consistiria na remoção das suprarrenais de pacientes que sofram de nefrose incurável. Se minhas suspeitas a propósito de uma relação de causa entre aumento de produção de aldosterona e manifestações de nefrose forem fundamentadas, a remoção da fonte de aldosterona poderia ser benéfica. Tratamento cirúrgico desse tipo, para nefrose, ainda não foi tentado, mas pode ser que apresente resultados compensadores, em casos que seriam de qualquer outra maneira incuráveis.

Quando se suspeita de que um paciente foi envenenado, para que se obtenha prova de tal suposição nada mais é necessário além de demonstrar a presença de veneno em seu corpo. Isso não se aplica às doenças produzidas por hormônios tipo DOC. O organismo normal pode conter sempre corticoides desse tipo e sua atividade pode tornar-se excessiva, ainda quando não sejam produzidos em excesso, pois fatores condicionantes podem torná-los especialmente eficientes. Por exemplo, uma perturbação no metabolismo de sal ou uma alteração na função renal podem condicionar o corpo humano ao DOC, assim como a ministração do cloreto de sódio e a remoção de um rim condicionaram nossos animais de experimentação. Para compreender tal problema, podem-se imaginar dois barris que tenham vazamentos. O fator determinante dos vazamentos pode ser um orifício de proporções idênticas em ambos; contudo, o volume do líquido perdido pode ser muito diverso se num barril ele escorrer sob a influência condicionadora de maior pressão interna.

Usando, entretanto, as técnicas mais modernas, altamente sensíveis, tem-se demonstrado com precisão um aumento real da produção de hormônios tipo DOC em diversas doenças renais e cardiovasculares do homem.

Já foi demonstrado, por exemplo, que na *nefrose* (moléstia renal acompanhada de hidropisia e lembrando os estágios iniciais da intoxicação produzida pelo DOC em animais) o conteúdo de aldosterona (hormônio altamente poderoso do tipo DOC) na urina é bem superior ao normal. É especialmente significativo que, quando a condição de tais pacientes melhora, espontaneamente ou sob influência de qualquer tratamento, a eliminação de aldosterona pela urina também é reduzida. Parece haver uma correlação entre a gravidade da nefrose e o conteúdo de aldosterona na urina. O mesmo já foi demonstrado (pelos Drs. Luetscher e

HANS SELYE

Venning) em certos tipos de *insuficiência cardíaca,* que tendem a causar hidropisia.

O professor Jerome "W. Conn, de Ann Arbor, fez uma extraordinária observação a respeito, no ano passado, lançando luz sobre a questão. Uma dona de casa de 34 anos procurou-o por vir sofrendo, nos últimos sete anos, de hipertensão, perturbações renais e fraqueza muscular. Também sofria de várias outras perturbações, similares às que podem ser produzidas nos animais por um excesso de DOC — como por exemplo, uma sede insaciável, que a compelia a beber tanta água que era forçada a levantar-se várias vezes durante a noite para urinar. Grande número de pacientes com sintomas semelhantes já havia sido examinado, mas a médico algum ocorrera a ideia de estabelecer uma relação entre suas queixas e a síndrome experimental produzida por uma dose maciça de DOC. O Dr. Conn imediatamente considerou a possibilidade de que sua paciente pudesse estar sofrendo de um tumor ou hipertrofia das suprarrenais, que em consequência seriam leva das a produzir excesso de hormônios do tipo DOC, tais como aldosterona. Exames de urina demonstraram que, realmente, a paciente eliminava proporção extraordinariamente elevada de aldosterona e, com base nessa evidência, Ele recomendou uma operação para exame das suprarrenais. Assim foi feito e o cirurgião encontrou, removendo-o imediatamente, um grande tumor no córtex da suprarrenal, tendo a paciente, em consequência recobrado a saúde.

O Dr. Conn denominou tal condição *aldosteronismo* e concluiu, dessa observação, que, "no futuro, pacientes portadores de tais manifestações clínicas e demonstradas por análise, devem ser sujeitos a cirurgia das suprarrenais". Vários casos semelhantes foram desde então observados por outros médicos e não há dúvida, atualmente, que uma produção excessiva de hormônios tipo

DOC pelas suprarrenais seja a causa de uma forma de doença de hipertensão.

Até recentemente, não dispúnhamos de método satisfatório para a demonstração de aldosterona e outros elementos do tipo DOC nos líquidos e tecidos do corpo; essa é uma das razões pelas quais, até agora, tão poucos investigadores procuraram demonstrar sua existência em pacientes que sofrem de *hipertensão* comum, especialmente do tipo maligno. Certas observações preliminares (feitas pelos Drs. Venning, Genest e Heard, de Montreal) sugerem que, nesses casos, a produção de material tipo DOC também é aumentada. Mas não me surpreenderia se, mesmo com os melhores métodos, fosse impossível demonstrar excesso significativo de hormônios em qualquer paciente hipertenso. Em primeiro lugar, determinados casos de hipertensão são consequência de perturbações que nada têm a ver com corticoides; em segundo lugar — embora isso possa parecer paradoxal — quando uma doença se manifesta, sua causa não é encontrada, necessariamente, no corpo. Isso já foi demonstrado, especialmente no que se refere à denominada hipertensão metacorticoide.

HIPERTENSÃO METACORTICOIDE

Todos os clínicos concordam em que a ablação das suprarrenais, nos casos de hipertensão, é mais eficiente nos casos em que os rins ainda não estão extremamente lesados pela moléstia. Aparentemente, uma nefrosclerose em estado avançado pode manter a pressão em nível anormalmente alto, mesmo na ausência das suprarrenais.

Este fato notável ajusta-se perfeitamente às experiências feitas em animais por dois de meus antigos alunos, o prof. Sidney Frieman, de Vancouver, e o Dr. Leal Prado, de São Paulo, assim como pelo Dr. D. M. Green, de Los Angeles. Esses três investigadores descobriram — ao mesmo tempo e atuando independentemente — que, em ratos com hipertensão, em consequência de tratamento por DOC, a pressão regredia ao normal desde que a ministração de hormônio fosse sustada a tempo; por outro lado, se o tratamento de DOC só for suspenso depois de o rim ter sofrido graves lesões, a pressão arterial continua a aumentar, mesmo após a suspensão das doses de hormônio.

Denominei tal condição *hipertensão metacorticoide* (do grego *meta,* depois) pois aqui a doença progride após uma superdosagem transitória de corticoide.

Infelizmente, quando se chega a tal fase, a doença parece irreversível; pelo menos, até agora, nossas experiências não indicaram pista alguma de um possível tratamento.

ECLAMPSIA

Uma jovem paciente, com antecedentes familiares perfeitamente saudáveis e que jamais sofreu de qualquer moléstia grave em sua vida, pode — quando espera uma criança — ser subitamente acometida de uma das mais fulminantes moléstias de hipertensão: eclampsia. Às vezes, nada há que faça prever tal complicação e a paciente sente-se perfeitamente bem durante os dois terços iniciais do período de gravidez. Então, sem qualquer indicação prévia, sua face se congestiona, ela espuma pela boca e frequentemente morde a língua. Durante tais ataques pode até morrer, mas em geral as convulsões são seguidas de períodos mais ou menos prolongados de inconsciência (coma), dos quais a paciente se recupera. Tais ataques convulsivos tendem a tornar-se mais frequentes à medida que a gravidez progride e não raro são confundidos com epilepsia.

STRESS – A Tensão da Vida

Esta súbita manifestação deu o nome à doença (do grego *ek,* fora, mais *lampein,* relâmpago). Também foi chamada *doença das teorias,* por suscitar tanta especulação. O tratado padrão do Dr. C. H. Davis, em três volumes, *Gynecology and Obstetrics,* cita quinze teorias sobre eclampsia, somente para concluir assim: "Ignoramos completamente a causa de tal doença". De qualquer forma, ela pertence ao grupo geral das toxemias da gravidez, que também inclui a pré-eclâmpsia, mais branda (sem convulsões ou coma), os vomitos da gravidez e vários tipos de doenças renais e de hipertensão.

Na realidade, a própria eclampsia é uma doença de hipertensão que afeta os rins e os vasos sanguíneos. É caracterizada por frequentes e súbitos aumentos da pressão arterial, excreção de albumina na urina e alterações mórbidas nos vasos sanguíneos, que podem levar a hemorragias cerebrais, no fígado ou em outros órgãos.

A forma de tratamento considerada mais segura é acelerar o parto pois, tão logo mãe e filho são separados, todos os sintomas e sinais desaparecem. Mas quando é impossível pôr fim à gravidez, prematuramente, não se pode fazer muito pela mãe ou pela criança. É interessante, todavia, notar o que a simples experiência tem ensinado aos médicos no tratamento dessa doença. Mesmo antes que se suspeitasse de uma possível participação dos corticoides na eclampsia, descobrira-se que a melhor coisa a fazer (além de combater as convulsões com sedativos e repouso completo) é a ministração de muito líquido ou cloreto de amônio o que estimula a eliminação da urina e especialmente de sódio. Aprendeu-se também, por outro lado, que alimentação rica em cloreto de sódio tende a agravar tal moléstia.

Os efeitos benéficos da eliminação do sódio, a ação prejudicial da presença de cloreto de sódio e o caráter das alterações mórbidas nos rins e nos vasos sanguíneos lembram particularmente as condições resultantes da síndrome de doses

HANS SELYE

maciças de DOC, que produzíramos em ratos. Devo acrescentar que até os ataques convulsivos, similares aos da eclampsia e da epilepsia, haviam sido notados frequentemente em nossos ratos tratados com doses excessivas de DOC. Tudo isso sugere inegavelmente certa relação entre eclampsia e hormônios suprarrenais. Mas necessitávamos de mais provas.

Evidências adicionais de tal relação foram trazidas à luz pelos interessantes estudos de meu antigo associado, Georges Masson, que trabalhou nesse campo em cooperação com os Drs. I. H. Page e A. C. Corcoran, na Clínica de Cleveland. Estes investigadores descobriram que, após tratamento preparatório com DOC, umas poucas injeções de um extrato renal que provoque aumento da pressão (substância pressora renal) podem produzir uma síndrome que imita a eclampsia de uma forma que é mais aproximada que a produzida apenas pelo DOC.

Observações relevantes, particularmente esclarecedoras, têm sido publicadas pelo Dr. Eussel R. de Alvarez. Descobriu ele que DOC é absolutamente contraindicado nos casos de pacientes com pré-eclâmpsia, pois ele, assim como o sódio, tende a agravar seu estado. Além disso, recentemente tem sido demonstrado, em várias clínicas, que as mulheres com eclampsia excretam grandes quantidades de aldosterona. Esta é uma das mais convincentes observações clínicas em apoio à tese de que um aumento na produção dos hormônios tipo DOC desempenha papel nessa doença. Todas essas descobertas não provam ainda, definitivamente, que as suprarrenais atuem como fator importante na produção de eclampsia, mas indicam que isso é muito provável. De qualquer forma, aprendemos até agora o bastante sobre esta "doença das teorias" para saber que papel dos corticoides merece ser investigado a fundo e sistematicamente, e que o tratamento baseado em tal conceito abre perspectivas definidas.

STRESS – A Tensão da Vida

Ainda não se sabe bem ao certo quais das *moléstias de adaptação* são consequência de uma superprodução de, ou hipersensibilidade a hormônios de adaptação. Mas tal questão é de importância secundária. O mais significativo resultado prático desse conjunto de experiências foi demonstrar que *os hormônios participam no desenvolvimento de numerosas moléstias não-endócrinas,* isto é, de doenças que não são, basicamente, causadas por perturbações que se produzem nas próprias glândulas endócrinas. Antes desses estudos, não tínhamos razão alguma para suspeitar que condições tais como nefrose ou moléstias cardiovasculares dependem do eixo pituitária-suprarrenais, e que podem ser eficientemente tratadas com base nessa dependência.

Agora, voltemos nossa atenção às doenças inflamatórias, nas quais este estudo permitiu resultados ainda mais compensadores.

16. DOENÇAS INFLAMATÓRIAS

Os problemas básicos. O teste da bolsa inflamatória. Algumas aplicações práticas deste teste. Os testes de artrite experimental. Doenças reumáticas e reumatoides no homem. Doenças inflamatórias da pele e dos olhos. Doenças infecciosas. Doenças alérgicas e de hipersensibilidade.

OS PROBLEMAS BÁSICOS

Em nossa dissecção do *stress* dedicamos todo um capítulo à inflamação, pois esse é o aspecto mais marcante do SAL, a resposta local de adaptação do tecido à lesão. Já vimos que a principal finalidade da inflamação é estabelecer uma forte barreira de tecido conjuntivo ativado em torno da área invadida, ou pelo menos lesada, por um agente produtor de doença, e em consequência, *demarcando claramente a zona sã da doente.*

Se o *invasor é perigoso* e ameaça a vida, em virtude da possibilidade de o agente disseminar-se, pelo sangue, através de todo o corpo, a reação nesse caso — e somente nesse caso — é útil.

Pode ser que a parte afetada tenha de ser sacrificada, pois quando as células destrutivas e os fluidos de inflamação cercam e isolam uma determinada área, para matar o invasor, matam também, frequentemente, o tecido invadido. Já vimos que o pus que se filtra de um abscesso contém geralmente os corpos dos micróbios mortos, assim como as próprias células de tecidos do corpo. Além disso, a inflamação causa turgor, dor e interferência com as funções das partes afetadas. Nada disso tem importância, todavia, quando tal reação é nosso único meio de manter a saúde ou mesmo a vida — daí ser a inflamação, essencialmente, uma útil resposta de adaptação à lesão.

Mas, *se o invasor é inofensivo,* não há finalidade alguma em tal reação. Um inofensivo pólen, por exemplo, não causa qualquer lesão direta aos tecidos, nem invadirá o corpo em conjunto. Se a Ele reagirmos com inflamação alérgica, isso *é* unicamente um sinal de hipersensibilidade mórbida. Nesse caso, a doença que experimentamos é na realidade a própria inflamação. Assim, não estamos sofrendo lesões, mas infringindo-nos lesões. Nesse caso, a reação de nossos tecidos é muito similar à das reações mentais (preocupação, ódio) provocadas por insultos e ofensas, que não ajudam em nada e apenas nos ferem. A preocupação e mesmo o ódio são respostas mentais de utilidade somente quando temos de desenvolver qualquer ação enérgica em defesa própria. O problema reside em frequentemente não termos suficiente autocontrole sobre nossos mecanismos de defesa, usando-os de mais ou de menos.

Os *principais problemas* apresentados pelas doenças inflamatórias são: inicialmente, determinar como pode a inflamação

STRESS – A Tensão da Vida

ser influenciada (por hormônios, entre outras coisas) e depois estabelecer quando ela deve ser desenvolvida e quando deve terminar. Já tivemos oportunidade de ver que o corpo pode produzir hormônios pró-inflamatórios e anti-inflamatórios, com os quais influencia as inflamações; o médico, evidentemente, poderá utilizar tais substâncias para tratamento sempre que a própria resposta do corpo seja imperfeita. Mas isso só é possível depois de termos aprendido como atuam esses hormônios e qual o tipo de tratamento exatamente indicado ou contraindicado.

Nenhum médico consciente assumiria prazerosamente o risco de verificar tais fatos ao acaso, efetuando suas observações em pacientes. É por isso que a medicina experimental deve valer--se de *símiles de doenças humanas que possam servir como modelos experimentais,* obtendo conhecimentos elementares através de animais.

Normalmente, a resposta inflamatória é irregular e altamente imprevisível; ela não se ajusta perfeitamente à pesquisa experimental, exata. Pode-se produzir inflamação em animais com o simples ato de colocar determinado material irritante sob as pálpebras, esfregando-o sobre a pele ou injetando-o nos tecidos internos. Mas os resultados são muito imprevisíveis, pois muito do material é perdido nas pálpebras ou na pele do animal e, caso seja injetado em tecidos internos, distribui-se de forma muito irregular, o que faz com que a resposta nunca possa ser predita. De tudo quanto dissemos a propósito de inflamação, é claro que necessitávamos realmente de seu modelo experimental nos animais, modelo esse que pudesse ser produzido facilmente e que apresentasse os seguintes característicos: 1) não permitir a perda do agente irritante, pois de outra forma seria impossível estabelecer a relação quantitativa entre irritante e resposta; 2) ter tamanho e forma previsíveis, para poder ser medido com precisão;

HANS SELYE

3) os dois principais componentes da inflamação — a barreira celular e o fluido inflamatório — não se apresentarem ligados (como as partes sólidas e fluidas de uma esponja molhada), para que cada qual possa ser medido separadamente, já que cada um deles tem funções diferentes; 4) constituir a barreira uma bolsa de espessura igual, para que seu valor funcional como barreira possa ser medido — por exemplo, pela injeção de micróbios ou substâncias químicas corrosivas em sua cavidade e determinação do ponto em que as suas paredes podem suportar tal reação sem serem perfuradas.

Este é um grande número de atributos, não há dúvida, e passei muitos anos tentando conceber sem êxito um teste dessa ordem. Sempre julguei que certo tipo de substâncias pudesse produzir os efeitos desejados, tais como, por exemplo, uma conta de vidro ou uma pequena esfera de metal que inseridas no tecido conjuntivo, forçá-lo-iam a tomar uma forma esférica regular. Mas o corpo estranho a ser introduzido deveria ser frágil e elástico, desaparecendo depois de certo tempo, a fim de deixar uma cavidade para o acúmulo de fluidos. Todos os modelos que experimentei eram muito duros e provocaram perfurações na pele, quando o rato utilizado na experiência fazia pressão contra ela; além disso permanecia sem solução o problema de remover o corpo estranho depois de ter sido constituída a barreira. No fundo, a ideia de utilizar esse tipo de método parecia mais teórica que prática, até que, felizmente, um acidente fortuito indicou o caminho certo.

O TESTE DA BOLSA INFLAMATÓRIA

Nos casos de pacientes tuberculosos, é frequente o recurso de injetar ar (ou qualquer outro gás), na cavidade torácica, a fim de esvaziar o pulmão afetado e permitir que repouse até sua cicatrização. Por outro lado, como qualquer tipo de *stress* é especialmente prejudicial aos pacientes tuberculosos, eu estava interessado em descobrir, exatamente, até que ponto essa injeção de ar o causaria. Para determiná-lo, injetei ar na cavidade torácica de ratos, com a intenção de, posteriormente, medir a resposta de suas suprarrenais, como indicador de *stress*.

Aconteceu que, enquanto me ocupava disso, vários médicos brasileiros, que visitavam o nosso Instituto, foram introduzidos no laboratório por um dos meus assistentes. Quando me voltei para cumprimentá-los, minha agulha escapou da cavidade torácica do rato em que eu estava injetando e todo o ar foi comprimido sob sua pele; ali, formou uma bolsa de tecido conjuntivo, perfeitamente regular, com a forma aproximada de um ovo. Por que eu não *usara ar como molde,* para forçar o tecido conjuntivo a constituir uma bolsa de tamanho e forma previsíveis? O ar é muito elástico e não precisa ser removido para permitir acúmulo de fluido na bolsa. Passei a produzir, deliberadamente, tais bolsas de ar e injetei uma substância irritante (geralmente óleo crotônico) na cavidade para transformar as paredes de tecido conjuntivo numa barreira inflamatória.

Tal método revelou-se dos mais práticos. Assim que as paredes da bolsa se transformavam em tecido conjuntivo inflamado, a cavidade enchia-se de fluido inflamatório. Depois de sacrificado o rato, esse fluido podia ser medido com precisão, por intermédio de sua simples aspiração numa seringa graduada, e as barreiras de tecido conjuntivo podiam ser dissecadas e pesadas separadamente. Na verdade, se o pelo do rato é raspado, o progresso da inflamação pode ser acompanhado diariamente, pela iluminação da bolsa, por transparência, com uma lanterna elétrica, o que permite que se meça a altura do nível do fluido. Mesmo os testes de função, para delimitar precisamente a utilidade da barreira, podem ser efetuados com a maior facilidade, nessas condições, pela injeção de micróbios ou de substâncias químicas corrosivas na cavidade da bolsa e pela determinação da concentração que pode ser utilizada sem provocar perfuração.

Para saber como isso é feito, seria interessante acompanhar o processo no desenvolvimento de determinados problemas básicos que, no tratamento das doenças inflamatórias, podem ser analisados por este simples teste.

ALGUMAS APLICAÇÕES PRÁTICAS DO TESTE DA BOLSA INFLAMATÓRIA

Como atuam os harmônios anti-inflamatórios? Logo após a introdução do ACTH e da cortisona na prática médica, certos clínicos ficaram intrigados por influenciarem essas substâncias um número tão grande de doenças diversas. Alguns médicos tentaram explicar tal fato argumentando que os hormônios anti-inflamatórios atuam como uma "capa de asbesto" que protege diversas células do "fogo da doença", impedindo, de certa forma, que os agentes produtores de doença penetrem nas células.

A validade de tal assunção pode ser facilmente verificada pelo teste da bolsa inflamatória, pois ele nos permite explorar o problema sob condições de reprodução estritas, no que pode ser denominado *tubo de ensaio vivo* de tecido conjuntivo. Colocando-se, por exemplo, um irritante químico, tal como óleo erotônico, no tecido subcutâneo conjuntivo da bolsa inflamatória, podemos explorar seus efeitos sobre as paredes de tecido conjuntivo, assim como sobre a estrutura adjacente, tal como a pele que recobre a bolsa. Dessa forma é facilmente demonstrável que, num rato normal, uma determinada quantidade de óleo erotônico transforma os tecidos que compõem as paredes da bolsa numa

STRESS — A Tensão da Vida

barreira inflamatória que protege a pele adjacente. Num rato tratado com COL, por outro lado, a mesma quantidade de óleo erotônico causa pouca ou nenhuma inflamação; consequentemente, o irritante dissemina-se e destrói a pele adjacente. Longe de atuar como uma capa de asbesto, o GOL, na realidade, previne a formação de um escudo protetor (isto é, a barreira inflamatória) e, portanto, agrava a situação.

Concluiu-se que, de maneira geral, o GOL e os hormônios anti-inflamatórios similares têm ação não específica, pois inibem a reação inflamatória de defesa imediata a vários agentes. Isso pode ser vantajoso quando o irritante é inofensivo e não suscetível de causar grande prejuízo, e pode ser prejudicial quando o irritante é grave e mata o tecido circundante, se tem possibilidade de disseminar-se.

Como atuam os hormônios pró-inflamatórios? Testes similares efetuados com DOG e STH demonstram que tais substâncias, na verdade, aumentam a barreira inflamatória e intensificam a produção de fluidos; na verdade, se forem ministrados juntamente com hormônios anti-inflamatórios, neutralizam os efeitos destes. Desta maneira é possível, dentro de certos limites, utilizar hormônios pró-inflamatórios e anti-inflamatórios que se hostilizam, valendo-se do fluido inflamatório e da formação de tecido conjuntivo como indicadores de atividade.

Evidentemente, sempre que esclarecemos o funcionamento de determinado mecanismo através da atuação de um agente biológico, outras questões são levantadas. Agora, poderíamos perguntar: "Através de que reações químicas esses hormônios regulam a inflamação?" Um extenso trabalho de investigação está em curso com esse objetivo. Muito possivelmente, os hormônios influenciam certas reações enzimáticas nas células de tecido conjuntivo. Provavelmente podem atuar sobre as doenças de outra forma. Os hormônios, por exemplo, têm um efeito importante sobre a atividade nervosa e podem influenciar certas reações de imunidade a micróbios e outros agentes produtores de doenças. Contudo, é de grande valor prático saber que um dos mecanismos fundamentais pelos quais esses hormônios apresentam resistência aos produtores de doença consiste na regulagem do desenvolvimento das barreiras inflamatórias.

Como pode o stress geral às vezes curar e às vezes agravar uma condição mórbida local? Diversas terapias de choque e outros tratamentos não específicos têm demonstrado claramente que o *stress* geral pode curar certas doenças; contudo, sabemos também que, frequentemente, uma tendência latente à doença é transformada numa doença manifesta por excesso de *stress* e tensão. Não poderíamos empregar o teste da bolsa inflamatória como um simples modelo com o qual analisar esse aparente paradoxo?

Tomei dois grupos de ratos, nos quais se produziram bolsas inflamatórias sob condições exatamente idênticas, com a única diferença de que num dos grupos injetei um irritante fraco (óleo crotônico diluído) e no outro um forte irritante (óleo crotônico mais concentrado) nas bolsas de ar. Logo depois, os dois grupos de animais foram expostos ao mesmo agente de *stress,* sob forma de experiências de frustração. Sem entrar nos detalhes técnicos, avancemos desde já que em tais tipos de testes os animais são mecanicamente imobilizados, para que não possam caminhar à vontade; isso os incita a debater-se, e a tornar-se raivosos. Os ratos desejam fazer o que bem entendem, como os seres humanos, e não gostam de ser impedidos de fazer o que desejam. Pensei que esse tipo de frustração e luta fosse o que mais se aproximaria das condições comuns de *stress* nos seres humanos e fiquei a interrogar-me sobre a influência local que teriam os irritantes sobre os tecidos.

STRESS — A Tensão da Vida

Os resultados foram dos mais ilustrativos, sendo demonstrados nos desenhos seguintes.

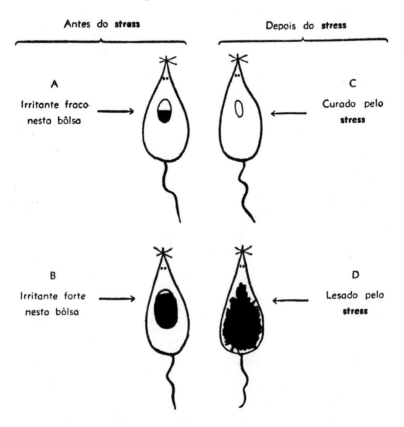

Nos ratos que receberam o irritante fraco, registrou-se pequena inflamação e o *stress* geral, na verdade, curou a doença local pela inibição da resposta do tecido. O irritante não era suficientemente forte para destruir a pele circundante e assim não haveria problema, caso se disseminasse. Aqui, a inflamação era a própria doença e, por sua inibição, o rato era curado.

Nos animais tratados com um irritante mais forte, produziu-se uma barreira inflamatória muito maior, assim como maior formação de fluido; contudo, os tecidos circundantes permaneceram sãos, pois a barreira inflamatória impedia o forte óleo crotônico de disseminar-se pelas proximidades. Sob a influência do *stress* geral, todavia, todos os tecidos adjacentes foram infiltrados e destruídos pela concentração utilizada, que se disseminou. Esta foi a experiência crucial que demonstrou que o *stress* tanto pode curar quanto agravar uma doença, dependendo do fato de a resposta inflamatória a um irritante local ser necessária ou supérflua.

Devo acrescentar que não pode haver qualquer dúvida sobre o papel dos hormônios das suprarrenais nesse tipo de efeito geral do *stress*. Repetimos a experiência com ratos cujas suprarrenais haviam sido previamente removidas e descobrimos que, neles, o stress geral não tinha efeito sobre o curso da inflamação, quer fosse produzida pelo irritante fraco, quer pelo forte.

Não é necessário insistir na importância de tais observações como guia para tratamento clínico. Sem tal tipo de informação, seríamos tentados a tratar qualquer doença inflamatória com hormônios do tipo anti-inflamatório. O resultado seria desastroso em certas doenças — tais como a tuberculose e a apendicite — nas quais a disseminação deve ser evitada a qualquer preço. Contudo, depois de compreendermos o mecanismo através do qual esses hormônios atuam, até mesmo essas doenças tiveram o seu tratamento facilitado. É possível, por exemplo, em muitos casos, eliminar fortes irritantes microbianos com um tratamento adequado de antibióticos; depois disso, a remoção da barreira inflamatória deixa de ser perigosa e na realidade facilita a redução do doloroso tecido inflamatório, que a essa altura perdeu sua utilidade.

Haverá um período crítico para o tratamento da inflamação por hormônios? Já verificamos que a inflamação é um característico do SAL, que se desenvolve em três fases, precisamente como o

SAG. Por outras palavras, as estruturas microscópicas e a função da inflamação variam, ainda mesmo quando o tecido é continuamente exposto a um irritante idêntico. Parecia da mais alta importância determinar o momento em que a inflamação é mais sensível à ação de hormônios.

Utilizando novamente a técnica da bolsa inflamatória, descobri que o tratamento por COL é ineficiente se aplicado no dia em que o irritante é introduzido na bolsa. É também muito difícil influenciar com esse hormônio uma bolsa já desenvolvida. Mas se o COL for ministrado alguns dias depois da aplicação do irritante, a inflamação pode ser suprimida com grande facilidade. Em outras palavras, há um período crítico, durante o qual o tecido inflamado é especialmente sensível a esse hormônio. Resultados quase idênticos foram obtidos com animais expostos a um agente geral de *stress;* aparentemente, o COL secretado pelas próprias suprarrenais do rato durante o *stress* também funciona melhor durante a fase crítica.

Poderá haver carência e excesso de COL em partes diversas do mesmo indivíduo, ao mesmo tempo? Os hormônios produzidos pelas glândulas endócrinas são descarregados na circulação e, por conseguinte, todas as partes do corpo recebem sangue com a mesma concentração hormonal. Os impulsos nervosos podem ser dirigidos, seletivamente, a esta ou àquela região, mas os hormônios são distribuídos equitativamente. A primeira vista, parece realmente impossível que, na mesma pessoa, uma região possa receber muito pouco e outra um excesso do mesmo hormônio. A endocrinologia clássica tem reconhecido apenas as doenças causadas por um excesso ou uma deficiência de hormônios, mas jamais fora levantada a possibilidade de uma mesma pessoa sofrer de excesso hormonal em determinada parte do corpo e de carência em outra.

A questão parecia de importância fundamental e as experiências com os irritantes fortes e fracos, que acabamos de mencionar, levaram-me a suspeitar de que esse fator aparentemente ridículo poderia ser merecedor de uma cuidadosa investigação. Lembramo-nos de que o tratamento com COL tinha um valor curativo nos ratos portadores de bolsa inflamatória produzida por irritante fraco, mas que seus efeitos sobre os animais expostos a irritante forte eram danosos. Que aconteceria se, no mesmo animal, expuséssemos uma região a um irritante fraco e outra a um forte? Este era o tipo do problema que poderíamos testar facilmente com a experiência da bolsa inflamatória. Tudo quanto tínhamos a fazer era preparar duas bolsas no mesmo rato e colocar numa um irritante fraco e na outra um irritante forte. O resultado de tal experiência é demonstrado nos desenhos que apresentamos a seguir.

Em ambos os ratos apresentados, o irritante fraco foi colocado na bolsa do pescoço e o irritante forte na bolsa das costas. O animal da esquerda não recebeu qualquer tratamento hormonal; o da direita recebeu injeções subcutâneas de COL. Evidentemente, depois de passar para o sangue através do tecido subcutâneo, o COL deve ter sido igualmente distribuído por todas as partes do corpo. Contudo, sob as condições especiais dc tal experiência, o volume de COL ministrado era muito reduzido para a bolsa do pescoço (não impediu a inflamação) e excessivo para a bolsa das costas (causou uma destruição de tecidos mais grave que a inflamação).

O irritante fraco ainda produziu, na bolsa do pescoço, alguma inflamação (embora menor) essencialmente inútil. Caso tivéssemos ministrado maior volume de COL, teríamos inibido todos os sintomas de doença, porque (como no caso do rato na parte superior do desenho anterior) aqui a inflamação era virtualmente a própria doença, e sua inibição, de qualquer forma, não

STRESS – A Tensão da Vida

acarretaria qualquer lesão de gravidade. Por outro lado, a bolsa das costas continha um forte irritante, que normalmente provoca grande inflamação, sendo que esta tinha a utilidade de proteger os tecidos circunvizinhos. Mesmo a quantidade moderada de COL ministrada nesse caso foi suficiente para permitir que o irritante forte se infiltrasse e destruísse a pele das proximidades. Isso levou à formação de uma extensa lesão superficial, o que, para o animal, era mais grave que a inflamação não tratada.

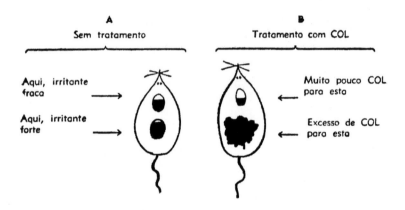

A importante lição revelada por esta experiência é a de que não se pode cogitar de quantidade apropriada de COL para determinado animal ou pessoa. Uma determinada quantidade só é apropriada para um determinado grau do *stress* local. Para manter os tecidos em estado saudável, estável (homeostase) a quantidade de hormônio do *stress* deve ser ajustada à intensidade do *stress*. É perfeitamente possível ter excesso e carência locais de hormônios no mesmo indivíduo, desde que a irritação *(stress local)* seja desigual nas diversas partes.

Isso também tem considerável aplicação prática pois, no homem, regiões diversas são frequentemente — na verdade, geralmente — expostas a *stress* de intensidade vária. Estamos agora estudando várias técnicas que nos permitirão concentrar a atividade do COL em várias partes do corpo, à vontade. Em partes acessíveis, isto é fácil — basta aplicar COL no local desejado. Ainda não descobrimos uma forma de dirigir seletivamente as moléculas de COL aos vários órgãos internos, à vontade, mas já podemos intensificar a sensibilidade local dos tecidos através do fenômeno do condicionamento. Certas drogas vasoconstritoras, por exemplo, sensibilizam regiões limitadas do corpo ao efeito anti-inflamatório do COL.

Haverá mesmo isso que se chama de infecção focal? De acordo com velhas inscrições egípcias — que datam de 650 AC e que foram encontradas nas ruínas de Nínive — o grande rei Annaper--Essa sofria de uma terrível doença, que se manifestava por fortes dores de cabeça e nas juntas. Não havia qualquer tratamento, naquela época, que surtisse efeito. Assim, a conselho de seu médico, Arad Nassa, o real paciente ordenou a extração de seus dentes e todas as suas dores desapareceram como por milagre.

Durante o século XVII, o cirurgião francês Jean Louis Petit declarou, em seu famoso *Tratado de Doenças Cirúrgicas,* que as cáries dentais podem produzir toda sorte de perturbações no corpo e que estas podem ser tratadas pela extração dos dentes infeccionados. A medida que o tempo decorreu, muitos outros médicos notaram que as infecções na boca e na garganta podem produzir afecções em órgãos distantes e, portanto, a descoberta de tal fato nada tem de novo. Contudo, o médico norte-americano Frank Billings teve o grande mérito de, no seu artigo clássico "Infecções Crónicas Focais e sua Relação Etiológica com Artrite e Nefrite" (1912), formular o problema pela primeira vez com a precisão necessária para despertar sobre ele a atenção de todos os médicos do mundo. O prof. Russel L. Cecil, em sua obra-padrão

STRESS – A Tensão da Vida

Textbook of Medicine (W. B. Saunders Co., 1943) definiu a infecção focal como "uma infecção localizada que, provavelmente, produz sintomas em outras partes do corpo, sem que se registre a presença demonstrável de bactérias no sangue".

De certa forma, é ainda um mistério o mecanismo das infecções focais, mas, indubitavelmente, muito depende da estrutura da barreira inflamatória que cerca os pontos infectados por micróbios. É sabido, por exemplo, que a criança que sofre de frequentes infecções na garganta é predisposta à febre reumática. Isso não depende somente da ação dos micróbios nas amígdalas infectadas pois, quando os mesmos germes são introduzidos em qualquer outra parte do corpo raramente causam febre reumática. Talvez a estrutura da barreira inflamatória em torno dos germes seja tal que permita a um pequeno número deles (ou pequenas quantidades de suas toxinas) passar para o sangue, em determinado momento. Isso explicaria a inexistência de bactérias vivas no sangue, assim como a modificação do curso da doença, pela disseminação dos efeitos da infecção. Há muitas outras teorias, mas não perderemos tempo com elas, pois nenhuma foi solidamente fundamentada.

Há cerca de vinte anos, estava em moda atribuir quase todas as perturbações de origem desconhecida a uma infecção focal. Mas, citando novamente o livro de Cecil: "Muitos médicos conscienciosos... que inicialmente aceitaram com entusiasmo a teoria da infecção focal, registrando com interesse e certa emoção seu rápido desenvolvimento em vários campos da Medicina, estão agora inclinados a considerar que o momento seria oportuno para um reexame da citada teoria. Muitos estudiosos põem em dúvida sua validade e alguns estão determinados a pô-la definitivamente de lado. Isso se registra especialmente na Europa, onde a teoria da infecção focal nunca foi bem acolhida. Mesmo nos

Estados Unidos, contudo, é grande o número de médicos que começam a levantar dúvidas em relação à teoria que fora aceita como fato estabelecido".

O leitor pode estranhar a persistência de tal incerteza em relação a uma condição que teria sido conhecida desde os tempos da antiguidade egípcia. O problema reside em ser o desenvolvimento da infecção local largamente imprevisível. Às vezes, uma infecção localizada é seguida por afecção reumática do coração ou artrite, noutras por nefrite ou qualquer outra afecção em órgãos situados a distância do ponto de infecção. Às vezes, a remoção cirúrgica do foco de infecção (como os dentes ou as amígdalas, por exemplo) resultam na cura; às vezes isso não ocorre. Assim sendo, é difícil provar uma relação de causa entre as infecções localizadas e manifestações registradas em outras partes do corpo.

Para provar definitivamente a existência e estudar o mecanismo da síndrome de infecção focal, temos, inicialmente, de reproduzir regularmente suas condições em animais de experiências. Isso nunca foi feito. Tal processo foi tentado muitas vezes — praticamente, desde a descoberta das bactérias — mas os resultados dos experimentos com animais têm sido sempre tão inconsistentes e imprevisíveis quanto os efeitos das infecções de garganta sobre o coração e dos dentes infectados sobre as articulações, nos seres humanos.

A bolsa inflamatória oferece-nos um teste que nos permite regular, até certo ponto, a estrutura da barreira entre tecidos infectados e sãos. Pela aplicação de tipos diversos de irritantes, com ou sem micróbios, podemos determinar várias formas de estrutura da bolsa. Poder-se-ia, deliberadamente, estabelecer uma parede que resultasse na produção consistente da síndrome focal em animais de experimentação?

STRESS – A Tensão da Vida

Provamos que isso é possível. Utilizando certas combinações de micróbios e ratos, conseguimos, finalmente, produzir uma síndrome, caracterizado, entre outras coisas, por uma inflamação das válvulas do coração (endocardite), muito similar à que se registra nas crianças que sofrem de febre reumática. Em certas circunstâncias, tais efeitos foram seguidos de inflamação dos rins (nefrite) e estímulo excessivo dos órgãos que formam o sangue. Depois de termos aprendido como produzir tal síndrome regularmente, pudemos prosseguir na dissecção experimental de seu mecanismo, utilizando, essencialmente, a mesma técnica-padrão que demonstrara ser de grande utilidade na análise do SAG (remoção dos órgãos endócrinos, injeções de hormônios e assim por diante). Verificou-se, por exemplo, que os hormônios pró-inflamatórios e anti-inflamatórios podem modificar o conjunto da síndrome focal e que um excesso de sal na dieta, depois da ablação de um rim, agrava seletivamente a nefrite no rim remanescente. Tal trabalho está ainda em curso, e seria prematuro discuti-lo em pormenores. Todavia, já se evidenciou que nos defrontamos com um tipo de doença de adaptação (que, neste caso, é consequência de um ajustamento inadequado do corpo aos germes invasores); agora, dispondo de um modelo experimental da doença em animais, podemos submetê-la a uma análise científica sistemática.

OS TESTES EXPERIMENTAIS DE ARTRITE

A bolsa inflamatória demonstrou ser muito útil no estudo da inflamação em geral; contudo, é claro que o caráter da inflamação depende muito do próprio órgão na qual se desenvolve. Inflamações crônicas das juntas (artrite) constituem uma das doenças mais comuns entre as que têm efeitos deformantes e de desgaste sobre o homem. Ainda não dispomos de um sistema adequado para reproduzir tais condições em animais, para estudo

HANS SELYE

do mecanismo e das combinações de hormônios ou drogas que possam ser usadas no tratamento.

Tentando organizar tal teste, notei que se injetarmos uma gota de solução irritante (formol, óleo crotônico) na pele da sola da pata traseira de um rato, desenvolve-se ali uma *artrite local experimental* (em linguagem técnica: *artrite de irritação tópica)*. Inicialmente é registrado um turgor agudo no local da injeção e, gradualmente, verifica-se a formação de artrite crônica das inúmeras e pequeninas juntas da pata, especialmente as do tornozelo. Tal artrite, consequência do *stress* local, constituirá uma doença invalidante, permanente, para o rato, pois as juntas ficam duras, em consequência de um forte tecido conjuntivo, sendo assim, em consequência, impedidas de movimentar-se. Por outro lado, se o rato desenvolve uma reação de alarme pela ministração, a tempo, de um agente do *stress* ou hormônio anti-inflamatório (por exemplo, ACTH, cortisona ou COL), que lhe seja aplicado durante a fase crítica de desenvolvimento, a artrite pode ser completamente suprimida; aqui, novamente, os hormônios pró-inflamatórios (STH, DOC) têm um efeito oposto, agravante.

Este teste provou ser útil, entre outras coisas, na avaliação sistemática de novos derivados hormonais e outras drogas anti-inflamatórias, especialmente agora, quando tantos laboratórios de universidades e farmacêuticos se dedicam à produção das citadas substâncias. As novas drogas, contudo, podem ser inúteis e mesmo perigosas; assim, evidentemente, devemos dispor de um sistema de provas que nos permita selecionar as melhores sem ter de prová-las inicialmente em seres humanos.

Uma das desvantagens de nosso teste é que a artrite produzida pela injeção local de irritantes nas juntas dificilmente pode ser comparada àquela que se registra em seres humanos. Em consequência, foi logrado um grande progresso nesse campo quando o Dr. Gaëtan Jasmin — enquanto trabalhava em sua tese

STRESS – A Tensão da Vida

de doutoramento em nosso Instituto, em 1955 — descobriu um tipo mais natural de *artrite experimental múltipla*. Dois de meus antigos estudantes, os Drs. A. Horava e A. Robert, haviam observado que um fluido inflamatório característico era produzido por determinados tumores experimentais, que se desenvolvem nas bolsas inflamatórias dos ratos. O Dr. Jasmin descobriu que uma única injeção de um centímetro cúbico de tal fluido no sangue de um rato produz, dentro de alguns dias, inflamação pronunciada nas suas juntas, especialmente nos tornozelos, pulsos, cotovelos e joelhos, assim como em muitas das pequenas juntas situadas entre as vértebras da coluna dorsal. É impossível afirmar que essa doença experimental esteja estreitamente relacionada com o reumatismo ou a artrite reumática do homem, mas não há dúvida que apresentam pontos de grande similitude. É muito útil, portanto, saber que essa tendência artrítica generalizada, induzida no rato, também depende do funcionamento do mecanismo de defesa pituitária-suprarrenal. Os fatos principais revelados pela descoberta são estes:

1) em ratos intactos — que podem responder ao *stress* com uma produção de hormônios anti-inflamatórios — é necessária uma quantidade proporcionalmente grande de fluido de tumores para produzir a artrite;

2) em ratos que sofreram ablação das suprarrenais e que são mantidos exclusivamente sob tratamento de DOC pró-inflamatório, pequenas quantidades de fluido são suficientes para produzir alterações artríticas muito pronunciadas e generalizadas;

3) em ratos que sofreram ablação das suprarrenais e que são mantidos exclusivamente sob tratamento de COL anti-inflamatório, até mesmo as grandes quantidades de fluido produzem pouca ou nenhuma artrite;

HANS SELYE

4) em ratos que sofreram ablação das suprarrenais e que são mantidos sob tratamento simultâneo de COL e DOC, o efeito anti-inflamatório do primeiro é neutralizado pelo do segundo hormônio.

Em conclusão, parece que, nos ratos intactos, a injeção de fluido de tumores produz o stress suficiente para ativar o sistema pituitária-suprarrenais e o resultante aumento de volume de secreção de hormônios anti-inflamatórios, que desempenham um importante papel na prevenção da produção de artrite. Na ausência das suprarrenais, tal resposta defensiva é, evidentemente, impossível. Nesse caso, o desenvolvimento da artrite depende muito do tipo de hormônio injetado. O DOC sensibiliza, o COL insensibiliza. Tais descobertas confirmam a teoria segundo a qual certos agentes externos de produção de doença induzem ou não a artrite, dependendo das defesas hormonais do corpo; e que, quando os organismos de autodefesa são inadequados, temos a possibilidade de adaptá-los por meio de um tratamento hormonal corretor.

Aqui temos novamente uma tríade típica de produção de doença, na qual esta depende de: 1) fluido do tumor (que atua sobre as juntas como agente do stress seletivo); 2) a quantidade de hormônio anti-inflamatório; e 3) a quantidade de hormônio pró-inflamatório no sangue.

Mais recentemente, meu associado, Dr. Pierre Bois, e eu conseguimos demonstrar que certos fluidos supostamente inflatórios (como por exemplo, o líquido que se forma na bolsa inflamatória depois de tratamento local com soluções não-estéreis) têm também a propriedade de produzir artrite nas juntas dos tornozelos, pulsos, cotovelos, joelhos e da coluna vertebral, quando injetados na cavidade abdominal de um rato. Isso levanta interessantes questões concernentes à relação entre inflamação

STRESS – A Tensão da Vida

local numa parte do corpo e reações de inflamações generalizadas em diversas juntas. As implicações desta observação quanto ao problema da infecção focal estão agora sendo estudadas.

As fotografias *(pranchas 4 e 5)* ilustram o que acabamos de dizer e facilitarão ao leitor uma impressão de primeira mão sobre a forma pela qual esses modelos experimentais de doença se apresentam ao investigador no laboratório.

DOENÇAS REUMÁTICAS E REUMATOIDES DO HOMEM

Não é necessário ter conhecimentos médicos especializados para perceber que os fatos expostos nos trechos precedentes sobre o papel dos hormônios nas doenças inflamatórias são aplicáveis a problemas clínicos. A febre reumática e a artrite reumatoide, por exemplo, são moléstias inflamatórias características; sua essência é a inflamação nas juntas, nas válvulas do coração e noutros tecidos. Essas moléstias não são idênticas às condições experimentais que induzimos nos ratos — nenhuma das moléstias espontâneas do homem é idêntica à sua contrapartida artificial nos animais — mas são, certamente, intimamente relacionadas e provavelmente governadas pelas mesmas leis gerais. A causa básica da febre reumática e da artrite reumatoide (o fator que corresponderia ao óleo crotônico, ao formol ou ao fluido de tumores, em nossas experiências) ainda não foi definitivamente identificado; mas suas manifestações, assim como as de suas contrapartidas experimentais, dependem especialmente dos hormônios produzidos pelo paciente.

Talvez isso tenha sido mais claramente demonstrado pelo professor Philip S. Hench e seus associados na Clínica Mayo, em 1949, quando o ACTH e a cortisona passaram a existir em quantidades suficientes para serem testados em pacientes. Os citados investigadores descobriram que as inflamações reumáticas e similares podem ser em grande parte suprimidas por hormônios anti-inflamatórios. Suas observações abriram o caminho para a utilização prática desse tipo de tratamento.

O ponto a que tais moléstias inflamatórias dependem de uma mobilização insuficiente do sistema de alarma do corpo é particularmente bem ilustrado por observações como as efetuadas pelos Drs. Willhelm Brühl e Hans-Jürgen Jahan, no Hospital Cívico de Korbach, Alemanha. Esses médicos desejavam pôr em prática o conceito da terapia do *stress* em pacientes que sofriam de artrite reumatoide grave e que não respondiam ao tratamento que lhes era ministrado com as drogas anti-inflamatórias comuns. Eles desejavam saber se o efeito combinado dos hormônios anti-inflamatórios naturalmente produzidos e a ação condicionadora do *stress* surtiriam efeito. A fim de produzir *stress,* lançaram mão de um processo modificado de choque por insulina, que demonstrou ser muito eficiente em casos dados por incuráveis. Descrevem eles, por exemplo, o caso de uma paciente de 44 anos, acamada e convertida em inválida por uma intensa artrite reumatoide crônica, nas juntas das mãos, pés e joelhos. Depois de uma série de choques de insulina, ela conseguiu andar pela primeira vez, em três anos. Os médicos alemães atribuíram o êxito do processo à produção de uma reação de alarma, com uma descarga de ACTH e corticoides anti-inflamatórios pelas glândulas endócrinas da própria paciente. Muitas observações similares têm sido divulgadas por outros médicos, que utilizaram tipos diferentes de agentes de *stress*.

Tudo isto demonstra claramente que as moléstias reumáticas são realmente doenças de adaptação características, pois quando as defesas do corpo são adequadas, a doença é suprimi-

STRESS – A Tensão da Vida

da sem qualquer intervenção do médico. Aqui, o produtor de doença básico (qualquer que seja) não é em si dos mais malignos. Quando a barreira inflamatória erguida contra ele é removida por hormônios — sejam eles secretados pelas glândulas ou ministrados pelo médico — o agente causal (germe, tóxico) das moléstias reumatoides não produz grande destruição de tecidos. Essas doenças são essencialmente consequências de reações adaptativas inadequadas contra lesões relativamente inócuas. Elas são resultantes de inadaptação.

DOENÇAS INFLAMATÓRIAS DA PELE E DOS OLHOS

Podemos tratar conjuntamente de doenças da pele e dos olhos pois, de maneira geral, elas funcionam de forma muito semelhante em relação ao *stress* e aos hormônios de adaptação.

A grande maioria das doenças da pele e dos olhos é constituída, essencialmente, por inflamações e muitas delas são causadas por agentes que não são especialmente prejudiciais ao corpo, a não ser que este reaja a eles com respostas inflamatórias de violência inadequada. Aqui estamos tratando outra vez, pelo menos aparentemente, de inadaptações e reações desproporcionais a lesões cutâneas ou oculares. Há muito, foi demonstrado que, durante períodos de intenso *stress* geral, as doenças predominantemente inflamatórias, da pele e dos olhos, tendem a melhorar. Várias terapias não específicas, consequentemente, têm sido aperfeiçoadas para combater tais condições e, mais recentemente, melhoras mais substanciais têm sido alcançadas pelo uso de hormônios anti-inflamatórios de adaptação (ACTH, cortisona, COL).

Está claro que os excessos de quaisquer hormônios têm efeitos colaterais prejudiciais e, nesse caso, os hormônios de adaptação não constituem exceção. Um paciente que recebe doses maciças de cortisona, por exemplo, tende a apresentar grande susceptibilidade a infecções e sua pressão poderá subir muito, podendo também vir a sofrer de insónia, perturbações gastrintestinais e assim por diante. Na verdade, às vezes é impossível ministrar a quantidade suficiente de cortisona para curar uma doença inflamatória sem automaticamente produzir efeitos colaterais prejudiciais, consequentes da ministração de doses maciças. Mas em moléstias cutâneas ou oculares, cortisona ou COL podem ser aplicadas no local, através de linimentos ou colírios e assim uma grande concentração pode ser obtida na área afetada sem que muito das citadas substâncias passe para o sangue. Em outras palavras, esse é o tipo de tratamento que pode ser aplicado sem os riscos inerentes à superdosagem.

DOENÇAS INFECCIOSAS

Já vimos que vários germes, especialmente os da tuberculose, podem instalar-se no corpo mais facilmente se as reações de defesa inflamatórias ou imunizantes são prejudicadas pela ação de hormônios anti-inflamatórios. É importante levar em conta tal fato ao ministrar ACTH, cortisona ou COL no tratamento de doenças reumáticas, cutâneas ou oculares pois é possível que, em consequência, um nódulo de tuberculose pulmonar, até então latente, comece a alastrar-se perigosamente em virtude da redução das barreiras inflamatórias. Este, evidentemente, é um preço excessivamente elevado a pagar pela melhora de uma condição relativamente benigna das juntas, pele ou olhos, caso os hormônios abram caminho para o alastramento da tuberculose ou para outras infecções de natureza grave. Quando tal risco é constatado, o tratamento hormonal deve ser imediatamente suspenso ou, pelo menos, contrabalançado por antibióticos que combatam os germes.

STRESS – A Tensão da Vida

A alta importância do equilíbrio entre os hormônios pró inflamatórios e anti-inflamatórios, mesmo na tuberculose, foi claramente demonstrado nas experiências efetuadas em nosso Instituto pelo Dr. Paul Lemonde. O rato geralmente é resistente ao tipo humano de tuberculose, mas torna-se muito predisposto a ela quando recebe doses maciças de cortisona. O Dr. Lemonde descobriu que essa sensibilidade artificialmente induzida é por sua vez anulada se, juntamente com a cortisona, o rato receber injeções de doses maciças de STH, pró-inflamatório. Por outras palavras, a resistência natural do rato à tuberculose pode ser anulada pelo hormônio anti-inflamatório e restabelecida por um pró--inflamatório.

Dificilmente seria possível apresentar prova mais conclusiva da importância do papel desempenhado pelos hormônios de adaptação na determinação dessa predisposição à doença. É sabido, há muito tempo, que o *stress* e a tensão predispõem à tuberculose. Daí se aconselhar os pacientes que sofrem dessa moléstia a efetuar longas curas de repouso, a fim de recobrarem a resistência contra os bacilos de tuberculose. A análise do mecanismo do *stress* facilita nossa compreensão do processo. Aparentemente, os hormônios anti-inflamatórios, que são produzidos em excesso durante o *stress,* removem as barreiras de proteção em torno do foco dos bacilos de tuberculose, permitindo assim o seu alastramento.

O Dr. B. Carstensen e seus colaboradores, na Suécia, têm relatado os resultados especialmente encorajadores obtidos com um certo tipo de STH no tratamento de certos pacientes tuberculosos. Infelizmente, a maior parte das preparações de STH atualmente disponíveis são ainda insuficientemente puras para tratamento clínico regular. Contudo, quando se dispuser de STH mais purificado, será interessante verificar se uma resistência à tuberculose — tal como a que pode ser obtida em animais — pode

HANS SELYE

ou não ser induzida nos pacientes. Está claro que j á se dispõe do DOC mas, infelizmente (por várias razões ainda obscuras), Ele não funciona como substituto do STH nas experiências efetuadas com animais; por outro lado, também não têm demonstrado utilidade no tratamento da tuberculose em seres humanos.

Nesta passagem, tratei especialmente da tuberculose pelo fato de nosso próprio trabalho de pesquisa estar eminentemente relacionado com essa moléstia. Mas tudo quanto dissemos sobre o papel do *stress* e dos hormônios de adaptação aplica-se fundamentalmente aos outros tipos de infecção. Todos os tipos de infecção são combatidos pelo corpo com uma resposta inflamatória que tende a delimitá-los. Portanto, os hormônios que regulam a inflamação são, evidentemente, importantes na determinação do curso das várias infecções. Mesmo os *saprofitos* (micróbios que vivem em nossos pulmões, sistema gastrintestinal e em nossa pele, sem causar-lhes qualquer mal) podem converter-se em perigosos produtores de doença quando nossas defesas normais contra Eles são reduzidas por hormônios anti-inflamatórios. Tenho verificado, por exemplo, que em ratos tratados com grandes quantidades de ACTH, cortisona ou COL, esses *saprofitos* podem disseminar-se pelo sangue, causando uma considerável destruição de tecidos e provocando, afinal, a morte. O S TH impede tudo isto.

Essas descobertas confirmam o papel dos hormônios na determinação do micróbio que atua como produtor de doença. Com poucas exceções, não há germe que seja incondicionalmente perigoso para o homem; sua capacidade de produzir doença depende da resistência do corpo.

DOENÇAS ALÉRGICAS E DE HIPERSENSIBILIDADE

Imediatamente após a descoberta do SAG, dediquei muito tempo a uma pesquisa especial, tentando determinar até que

STRESS – A Tensão da Vida

ponto diversos tratamentos médicos são produtores do stress. Entre outras coisas, em 1937, injetei em ratos várias drogas e registrei o stress resultante pela hipertrofia das suprarrenais e outros sintomas do SAG. No curso desse trabalho, um grupo de ratos recebeu injeções de clara de ovo, para verificação do stress causado por tal tipo de proteína. Para minha grande surpresa, a clara de ovo não atuou unicamente como agente de stress, mas também produziu uma estranha e característica síndrome. Logo após terem recebido as injeções, os ratos pareciam estar passando bem, mas, logo depois, começaram a fungar e sentar-se, para esfregar o focinho com as patas dianteiras. Alguns minutos depois, seus focinhos e lábios apresentavam intenso turgor e rubor, dando aos animais uma aparência peculiar. Um nosso amigo estava, naquela época, sofrendo de febre de feno, e a semelhança.... Bem, de qualquer forma, aquela parecia ser uma nova doença experimental, consequente de uma hipersensibilidade inata do rato à clara de ovo.

Prosseguindo, injetei clara de ovo em outros animais (cobaias, coelhos, cachorros) mas eles não responderam da mesma forma. Aparentemente, tal como certas pessoas que são susceptíveis ou não de reagir com febre de feno a certos pólens, o rato é sensível à clara de ovo, enquanto as outras espécies não são. Isso parecia oferecer uma interessante possibilidade para estudo do que denominamos *reações alérgicas* e de *hipersensibilidade anafilática*. Deve-se levar em conta o fato de clara de ovo não ser especialmente prejudicial para o rato, pois não há resposta local, ainda quando tal substância seja nele injetada. Na verdade, quando a substância é distribuída por todas as partes do corpo, através do sangue, causa turgor e inflamações somente em determinadas partes hipersensíveis, tais como o focinho e demais tecidos circunvizinhos. Geralmente as patas e as orelhas também apresentam certa inflamação, mas o resto do corpo permanece inafetado pela clara de ovo.

Mesmo há vinte anos, quando ainda não se dispunha de cortisona e COL, era facilmente demonstrado que tal reação inflamatória também dependia dos hormônios das suprarrenais. Para verificar de que forma a ausência dos corticoides afetava os ratos, foi suficiente remover as suprarrenais dos animais.

O resultado foi dos mais espetaculares. Os ratos privados daquelas glândulas apresentaram uma reação muito mais intensa, tornando-se azuladas as partes inflamadas em consequência do ingurgitamento de sangue venoso e dentro de algumas poucas horas todos os animais morreram.

Isso não prova que os hormônios anti-inflamatórios produzidos pelos próprios animais possam combater tal reação de hipersensibilidade. Para consegui-lo, provocamos então reações características de alarme em outros animais, utilizando diversos agentes do *stress* — invariavelmente os ratos que apresentavam suprarrenais grandes e ativadas toleravam perfeitamente bem a clara de ovo, sem qualquer resposta de hipersensibilidade. Este tipo de efeito anti-inflamatório é fundamentalmente o mesmo do choque insulínico em pacientes com artrite reumatoide; é consequência do aumento de secreções de hormônios do tipo ACTH e COL pelas glândulas endócrinas.

Está claro que, agora que dispomos de preparações muito mais poderosas e purificadas de ACTH e outros corticoides anti-inflamatórios, é mais fácil ministrá-los que expor o paciente ao *stress* e forçar suas próprias glândulas endócrinas a produzir os hormônios de adaptação necessários. Na verdade, é geralmente sabido que, em diversas doenças consequentes da hipersensibilidade, o tratamento com hormônios anti-inflamatórios revela--se da maior eficiência. Isso acontece, por exemplo, em relação a muitos casos de febre de feno e asma, assim como em certos tipos de dermatite e conjuntivite, consequentes, respectivamente, de irritação alérgica da pele e dos olhos.

STRESS – A Tensão da Vida

Incidentalmente, tal teste — assim como o teste experimental da artrite e o da bolsa inflamatória — tornou-se uma técnica padronizada da preparação de drogas anti-inflamatórias eficazes. Ele é usado especialmente no teste de remédios que podem ser úteis no tratamento de reações agudas de hipersensibilidade. A extraordinária sensibilidade do teste aos hormônios anti-inflamatórios é ilustrada pelas fotografias (prancha 6).

Neste capítulo tratei dos efeitos do *stress* e dos hormônios de adaptação nas doenças inflamatórias. A inflamação é a menos específica das respostas locais ao *stress* da lesão de tecidos, e é compreensível que os hormônios do *stress* sejam encontrados entre suas mais espetaculares aplicações, neste tipo de doença. Mas, está claro, tais hormônios têm também muitos outros efeitos, e nosso relato seria incompleto se deixássemos de considerar o papel do *stress* em condições diversas, tais como as perturbações mentais e sexuais, doenças digestivas, metabólicas, câncer e resistência em geral.

17. OUTRAS DOENÇAS

Doenças nervosas e mentais. Perturbações sexuais. Doenças digestivas. Doenças do metabolismo. Câncer. Doenças de resistência em geral.

DOENÇAS NERVOSAS E MENTAIS

É geralmente sabido que o *desajustamento desempenha um papel importante nas doenças nervosas e mentais*. Expressões tais como "Este trabalho causa-me dor de cabeça" ou "deixa-me louco" não são destituídas de real significado. Muitos tipos de dor de cabeça intensa ou colapso mental são na verdade causados por trabalhos aos quais não estamos bem adaptados. A hereditariedade pode, certamente, predispor a certos tipos de doença mental, mas há transições imperceptíveis entre a personalidade normal, a ligeiramente alterada e a francamente insana. Em pessoas com uma determinada estrutura hereditária é frequentemente o *stress* do ajustamento à vida, sob circunstâncias difíceis, que causa a transição de normal para ligeiramente alterado ou de ligeiramente alterado para francamente insano. Inversamente pode ser também que o súbito *stress* (terapia de choque) auxilie uma pessoa a superar o comportamento anormal.

Não sou competente para discutir tal questão sob o ponto de vista psiquiátrico, mas como endocrinologista e estudante do *stress* tenho-me interessado em explorar a *possibilidade de existência ou não de uma relação entre reações mentais anormais e as características objetivamente calculáveis do SAG.* Novamente — como em tantas outras investigações descritas neste livro — minha atenção foi despertada para esta possibilidade por um experimento malogrado.

Em 1941, eu estava estudando os efeitos de vários hormônios das suprarrenais e dos ovários sobre os órgãos sexuais. Com essa finalidade injetei DOC e progesterona (um hormônio dos ovários quimicamente afim com o DOC) cm ratos. Estas injeções foram dadas sob a pele dos animais, na maneira do costume, e depois de umas poucas semanas de tratamento, os órgãos sexuais foram removidos para exame microscópico. Eventualmente, confiei esse trabalho a uma técnica que acabara de ser admitida no laboratório; para minha, grande surpresa, todavia, ela anunciou, no dia seguinte, que todos os animais estavam mortos. Como havia anteriormente aplicado exatamente as mesmas doses de hormônios em animais, sem quaisquer dificuldades, julguei que ela tivesse cometido algum engano na preparação de suas soluções e limitei-me a recomendar-lhe que trabalhasse com mais atenção

STRESS – A Tensão da Vida

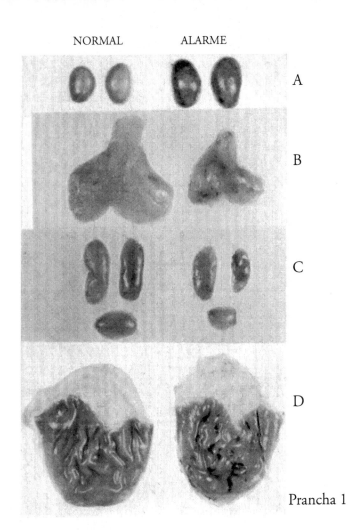

Prancha 1

A TRÍADE TÍPICA DA REAÇÃO DE ALARME. **A.** *Suprarrenais.* **B.** *Timo.* **C.** *Um grupo de três gânglios linfáticos.* **D.** *Superfície interna, do estômago. Os órgãos à esquerda são de um rato normal, os da direita, de um rato exposto ao stress de frustração psicológica, causado pela imobiliação forçada. Note-se a visível dilatação e o escurecimento das suprarrenais (consequentes da congestão e descarga de grânulos de secreção gordurosa), a intensa atrofia do timo e grânulos linfáticos, assim como as numerosas úlceras sangrantes no estômago do rato alarmado (de H. Selye, "A História da Síndrome de Adaptação", cortesia de Acta, Inc. Montreal).*

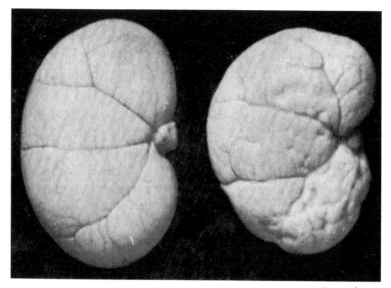

Prancha 2

NEFROSCLEROSE PRODUZIDA POR DOC EM UM GATO. Compare-se a superfície lisa, marcada apenas pelos vasos sanguíneos normais, no rim do gato não tratado (à esquerda) com a superfície granulosa e atrofiada do rim do animal tratado com DOC. (De H. Selye, "Manual de Endocrinologia", cortesia de Acta, Inc. de Montreal.)

Prancha 3

BOLSA INFLAMATÓRIA DISSECADA. Esta é uma bolsa produzida pela injeção de ar e óleo crotônico sob a pele ele um rato. Esta bolsa foi dissecada e, após a remoção do fluído, aberta para demonstrar tanto a superfície interna qnanto a externa,. Note-se a grande regularidade da espessura de suas paredes (De H. Selye, cortesia do "Journal of American Medical Association,".)

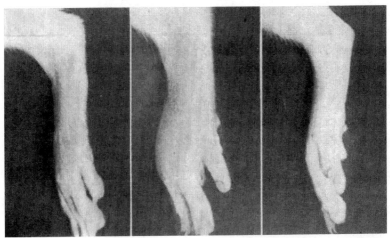

Prancha 4
INIBIÇÃO DE ARTRITE EXPERIMENTAL LOCAL PELA REAÇÃO DE ALARME NO RATO. **A.** *Pata de controle, de animal não tratado. Nos outros dois animais, injetou-se formol diretamente nas patas, para produzir irritação.* **B.** *Desenvolvimento completo da, inflamação e inchaço, num animal não tratado.* **C.** *Inibição quase completa, da artrite pelo efeito do stress (frio). Outros agentes do stress e hormônios anti-inflamatórios causam inibição similar (De H. Seiye, cortesia do "British Medical Journal").*

Prancha 5
ARTRITE EXPERIMENTAL MÚLTIPLA. À esqnerda: rato tratado normal não-tratado. À direita: rato que recebeu uma única injeção de líquido inflamatório. Notar a artrite bilateral nas juntas dos pulsos. Este animal também apresentava lesões similares nas juntas dos joelhos e tornozelos (De H. Selye e P. Bois, não publicado).

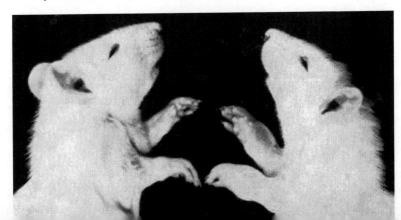

A   B

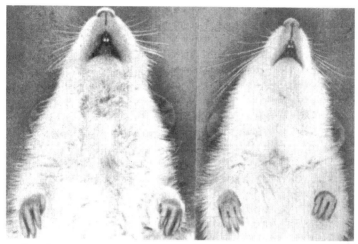

Prancha 6
EFEITO DE ACTH SOBRE INFLAMAÇÃO DE TIPO HIPERSENSI-BILIDADE NO RATO. Os dois animais receberam a mesma dose de clara de ovo. **A.** *Rato que não recebeu tratamento, demonstrando inchaço pronunciado e congestão do focinho e das patas.* **B.** *Animal tratado com ACTH. Note-se a completa ausência do tipo de inflamação de hipersensibilidade (De H. Selye, cortesia do "Journal of the Canadian Medical Association").*

Prancha 7
DERRAME CAUSADO POR DOSE EXCESSIVA DE DOC EM UM RATO. À esquerda, cérebro normal de rato não tratado. À direita, cérebro inchado e congestionado de rato tratado com DOC. Note-se a grande hemorragia na massa cerebral (área escura) (De H. Selye, cortesia do "The Journal of Clinical Endocrinology").

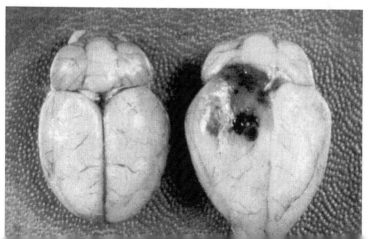

da próxima vez. Mas no dia seguinte todos os seus ratos estavam mortos, como os primeiros. Não podia imaginar o que tivesse corrido mal e assim pedi-lhe que injetasse em minha presença o grupo de ratos seguintes. Aconteceu que, não estando familiarizada com nossa técnica, ela injetava os hormônios na cavidade peritoneal dos ratos. Pensei que isso não fizesse grande diferença, mas enquanto discutíamos a questão, todos os ratos começaram a dar demonstração de grande excitação e a correr no interior da gaiola, como se estivessem embriagados. Daí a pouco começaram a dormir, como se estivessem sido anestesiados e, afinal, todos morreram.

Isso era muito estranho e repeti a experiência várias vezes, usando doses menores de hormônios. Sempre havia uma fase inicial de excitação, seguida por anestesia completa; mas quando reduzia as doses de hormônios, os animais voltavam a si dentro de algumas horas, em condições perfeitamente normais.

Nós nos defrontávamos com uma verdadeira anestesia hormonal, induzido o sono pelas substâncias naturalmente produzidas pelas glândulas endócrinas. Não havia mais dúvida de que os citados hormônios podiam afetar a consciência ou de que, no mínimo, dentro de nossas condições experimentais, podiam agir de forma muito similar a um excesso de álcool, éter e certos narcóticos, que tendem a causar excitação seguida de depressão. Poderiam os corticoides secretados sob influência do *stress* influenciar a atividade mental? Poderia o delírio da febre ser relacionado com a atividade dos corticoides suprarrenais? Poderíamos ministrar tais hormônios ao homem, sob a forma de pílulas soporíferas, para o tratamento de perturbações mentais ou talvez até mesmo para a indução de anestesia cirúrgica? Uma infinidade de questões foi levantada por essa observação ocasional e centenas de artigos médicos têm desde então tratado de experiências destinadas a resolvê-las. Cá estão alguns dos fatos mais notáveis que desde então têm sido ilustrados:

1) *Várias espécies, inclusive o homem, podem ser anestesiadas com hormônios.* Meus associados e eu descobrimos que a anestesia hormonal pode ser produzida não somente no rato, mas em todas as espécies de animais (peixes, pássaros e mamíferos, inclusive o macaco) que usamos a partir dessa ocasião em nossas experiências. Na verdade, em 1954, um grupo de pesquisadores do Departamento de Obstetrícia e Ginecologia da Universidade Estadual de Ohio, em Columbus (os Drs. W. Merryman, E. Boiman, L. Barnes e I. Eotchild) demonstram que, nas mulheres, o sono pode ser induzido de forma muito regular pela ministração de progesterona. Logo depois, no *Journal of the American Medical Association,* foi publicado um artigo no qual um grupo de médicos da Califórnia (P. J. Murphy, N. P. Guadagni e F. DeBon) relatava as observações que haviam efetuado sobre pessoas facilmente anestesiadas para intervenções cirúrgicas com uma substância afim ao DOC (conhecida como *hydroxyodine).* As vantagens dessa substância sobre outros anestésicos têm sido cuidadosamente verificadas em animais de experimentação pelos Drs. G. D.

Laubach, S. Y. P'an e H. W. Rudel. Ainda não se sabe qual é a quantidade exata de derivados de hormônios que devem ser usadas para a anestesia comum em cirurgia, mas seus efeitos sobre o sistema nervoso central e a consciência, que havíamos registrado em animais, também são certamente evidentes no homem.

2) *Hormônios de adaptação também podem combater convulsões.* Em ratos nos quais tenho produzido convulsões semelhantes às da epilepsia com certos estimulantes (Metrazol, pictrotoxina), o DOC e hormônios relacionados atuam como tranquilizadores. O Dr. D. M. "Woodbury e seus associados na

STRESS – A Tensão da Vida

Universidade de Utah descobriram que se tais convulsões são produzidas por meio de corrente elétrica, sua intensidade pode ser reduzida pelo DOC e aumentada pelo COL. Esta foi a primeira indicação de que há um verdadeiro antagonismo entre os hormônios anti e pró-inflamatórios, no que se refere a manifestações nervosas.

3) Sob *certas condições, um excesso de DOC pode produzir lesões cerebrais tais como as que se registram em pessoas idosas.* Já debatemos as lesões vasculares produzidas nos ratos em consequência das doses maciças do DOC. Quando as artérias cerebrais são envolvidas, os animais podem sofrer uma ou mesmo várias congestões cerebrais, que afinal destroem grandes secções do cérebro e causam perturbações nervosas generalizada (prancha 7). É interessante notar que esses ratos se tornam extremamente irritáveis e agressivos, alteração muito característica de certas perturbações mentais senis, entre pessoas cujo cérebro tenha sofrido lesões desse tipo.

Estas descobertas demonstraram conclusivamente que há uma relação evidente entre perturbações mentais e hormônios de adaptação. A importância de tal fato aumentou ainda mais quando o ACTH e a cortisona foram introduzidos na clínica médica.

4) *Hormônios de adaptação podem causar alterações mentais no homem.* Muitos dos pacientes tratados com ACTH ou COL reagem inicialmente com uma sensação de grande bem-estar e leveza, com excitação e insônia; isso é às vezes seguido por uma depressão tal que pode chegar até a produzir tendências suicidas. Em pessoas hereditariamente predispostas, a consequência pode ser profunda perturbação mental, embora, felizmente, esses casos sejam raros e os sintomas sempre desapareçam com a suspensão do tratamento hormonal.

Numa recente conferência de pesquisadores organizada pela Fundação CIBA em Londres, o Prof. Peter Forsham, de S.

HANS SELYE

Francisco, tratou dos efeitos do ACTH e da cortisona sobre "percepção intensificada" e a "dissociação do ego e do id". Relatou ele, entre outras coisas, uma observação que ilustra os efeitos dos hormônios de adaptação sobre a mente, de forma tão eloquente que gostaria de citá-lo integralmente:

"A dissociação do ego e do id tem muitas formas. Examinei uma dona de casa americana que sofria de dermatomiose (inflamação da pele e dos músculos) e que aprendera a tocar piano em pequenina, e continuara a fazê-lo para entretenimento dos filhos, sem ir mais longe. Ao começar a receber grandes doses de ACTH tornou-se capaz, subitamente, de executar as mais difíceis peças de Beethoven e Chopin — e as crianças da vizinha reuniam-se em seu jardim para ouvi-la tocar. Aqui havia uma dissociação do ego e do id que produzia bons resultados. Mas ela também demonstrou tendências ligeiramente psicóticas e, em consequência, suas doses de ACTH começaram a ser reduzidas, sendo que a cada 10 unidades de ACTH que deixava de tomar, desaparecia uma sonata. Tudo acabou novamente nos temas musicais infantis".

Muitos problemas ainda restam por ser resolvidos, nesse campo. Certos subprodutos de adrenalina podem causar alucinações. Uma excessiva secreção de adrenalina, durante o *stress,* não poderia desempenhar, por exemplo, algum papel nas alterações mentais registradas nos pacientes que deliram em consequência de temperatura alta ou queimaduras?

5) *Os hormônios de adaptação talvez possam vir a ser utilizados como agentes tranquilizadores para doentes mentais.* Em alcoólatras crônicos registram-se às vezes delírios caracterizados por terrificantes alucinações, grande excitação e tremor. Tal estado é denominado *delirium tremens.* Observações básicas, efetuadas pelo grande cirurgião francês H. Laborit, sugerem que hydroxy-

dione, anestésico derivado do DOC, tem grande efeito benéfico sobre tal condição. Haverá uma relação de causalidade entre hormônios de adaptação e certas condições de delírio em pessoas mentalmente perturbadas?

6) *Hormônios tipo DOC podem causar ataques de paralisia periódica.* Há uma rara doença hereditária que se transmite em algumas famílias e tende a produzir súbitos ataques de paralisia. Ela é denominada *paralisia periódica familiar* e — além do fato de ser hereditária a predisposição a ela — nada se conhecia sobre sua causa. É interessante notar que ataques muito semelhantes de paralisia ocorrem em pacientes em que um tumor nas suprarrenais produz excesso de aldosterona tipo DOC. É muito provável que hormônios tipo DOC tenham algo que ver com tal condição. Há muitos anos certos pesquisadores (D. Kuhlmann, C. Eagan, J. W. Ferre Bee, D. "W. Atehley e R. F. Loeb), na Universidade Cornell, em Nova Iorque, registraram ataques de paralisia muito similares em cães tratados com DOC. Posteriormente, o Dr. C. E. Hall e eu (fazendo observações similares em macacos), descobrimos que, em animais tratados com DOC, os ataques podem ser precipitados e curados à vontade, pela mera ministração, na dieta, de cloreto de sódio ou por sua retirada. Em macacos, a paralisia era frequentemente acompanhada por ataques ou convulsões intensas, semelhantes aos da epilepsia. Evidentemente, defrontávamo-nos novamente com perturbações nervosas produzidas pelo DOC, e novamente tais perturbações eram agravadas pelo cloreto de sódio, da mesma forma que esses hormônios produzem alterações no sistema renal e cardiovascular. Haverá aqui uma relação de causa e efeito?

O grande número de pontos de interrogação neste capítulo demonstra eloquentemente quão pouco conhecemos e quanto ainda devemos aprender, nesse domínio. Mas o leitor de um livro sobre o *stress* não poderia deixar de interessar-se, no mínimo, por ter uma noção do que os cientistas pensam a respeito da utilidade do conceito do *stress*, como um guia para o estudo da intrigante e misteriosa fronteira entre a mente e o corpo.

PERTURBAÇÕES SEXUAIS

O fato de os animais sobre os quais foi produzido um intenso e prolongado *stress*, por quaisquer meios, sofrerem de perturbações sexuais foi uma das primeiras observações do SAG. Durante o *stress* as *glândulas sexuais* ingurgitam-se e tornam-se menos ativas em relação à dilatação e aumento de atividades das suprarrenais. As glândulas sexuais são estimuladas por hormônios gonadotróficos da pituitária, assim como as suprarrenais são ativadas pelo hormônio adrenocorticotrófico (ACTH). Parece provável, portanto, que, durante o *stress*, quando a pituitária tem de produzir grande quantidade de ACTH para manter a vida, ela reduza, consequentemente, a produção de outros hormônios que são menos urgentes sem condições de emergência. Essa alteração de ênfase foi denominada *diversão na produção hormonal da pituitária*. Nossa explicação parece ser bem fundamentada, uma vez que as outras funções que dependem da pituitária são igualmente reduzidas durante o *stress*. Assim, por exemplo, durante *stress* intenso, os animais pequenos deixam de crescer e as fêmeas que estão amamentando deixam de produzir leite. Deve-se lembrar que o STH, hormônio da pituitária que regula o crescimento e a secreção do leite, é também governado por um hormônio da pituitária.

Estudos clínicos têm confirmado que pessoas sujeitas a *stress* reagem de forma muito similar à dos animais de experimentação nesse terreno. Na mulher, o *ciclo mensal torna-se irregular* ou é suspenso, e durante a amamentação a *secreção de leite pode tornar-se insuficiente* para a criança. No homem, tanto o *impulso sexual quanto a formação de espermatozoides são reduzidos.*

Tudo isso chama nossa atenção para a natureza finita da adaptabilidade do homem, ou energia de adaptação. Em ocasiões de perigo iminente, em face de *stress* agudo, o corpo deve lançar mão de todas as suas reservas, unicamente para manter-se vivo; enquanto isso acontece as necessidades menos prementes da reprodução são consequentemente negligenciadas.

Em 1931, o Dr. R. T. Frank descreveu a *síndrome pré-menstrual,* condição que tende a se desenvolver na mulher às vésperas de suas regras mensais. Ela é caracterizada, entre outras coisas, por tensão nervosa e desejo de buscar alívio em ações tolas, dificilmente controladas. Muitas pacientes do Dr. Frank também sofriam de dores de cabeça e inchaço no rosto, mãos e pés, com um aumento definido de peso em consequência da retenção de água. Outros sinais da síndrome são: dor nas costas e nos seios, pequenas hemorragias na pele, uma impressão de irritação no nariz, asma e (muito raramente) sintomas semelhantes aos da epilepsia. Todos esses sintomas desaparecem subitamente quando tem início o ciclo mensal, mas retornam à aproximação do período seguinte.

Tal síndrome, que por tanto tempo foi negligenciada, é na verdade muito comum. Um estudo estatístico feito pelos Drs. W. Bickers e M. Woods revelou que, numa indústria americana que empregava 1.500 mulheres, trinta e seis por cento apresentavam-se para tratamento na fase pré-menstrual; e o Dr. S. L. Israel calcula que sintomas dessa espécie são registrados em 40 por cento das mulheres que, sob todos os outros aspectos, são sadias. Tal perturbação merece a maior atenção, pois também é frequentemente acompanhada por inúmeras alterações ou perturbações mentais, tais como: períodos de fome anormal, instabilidade emocional geral, e ocasionalmente, uma intensificação mórbida do impulso sexual.

É especialmente digno de nota o fato de que, de acordo com cuidadosos estudos estatísticos, entre 79 por cento (J. H. Morton e colaboradores), 84 por cento (W. R. Cooke) de todos os crimes violentos cometidos por mulheres, ocorreram durante ou na semana anterior às regras.

A despeito da frequência e gravidade desta condição, até recentemente muito pouco havia sido feito para minorá-la. "Isso é consequência especial da atitude das pacientes — dizem os Drs. K. Green e K. Dalton, de Londres, Inglaterra — pois a síndrome é por elas aceita "como parte necessária da condição de mulher, e assim, atravessam uma semana de desconforto todos os meses geralmente sem queixar-se a seus médicos, mas não, necessariamente, sem perturbar a tranquilidade dos seus lares."

Haverá alguma relação entre tensão pré-menstrual e o *stress?* A grande tendência a reter água, a predisposição a diversas reações alérgicas e de hipersensibilidade, a ocorrência ocasional de ataques convulsivos, perturbações vasculares e as dores semelhantes às produzidas pelo reumatismo lembram muito, está claro, a síndrome de intoxicação pelo DOC. Devo acrescentar que os nossos macacos, que recebiam doses maciças de DOC, também sofriam, provavelmente, de fortes dores de cabeça, que precederiam as convulsões. Seu comportamento é que me levou a pensar assim, pois os macacos geralmente procuravam abrigo num dos cantos da gaiola, segurando a cabeça com as mãos; sua expressão era de dor intensa e suas atitudes sugeriam claramente uma forte enxaqueca. A autopsia dos animais que morreram nessas condições revelou uma intensa congestão e inchaço cerebral.

É também interessante notar que, entre todas as drogas com as quais tenho tentado combater a síndrome DOC em ani-

STRESS — A Tensão da Vida

mais, o cloreto de amónio parece ser o mais eficiente — provavelmente porque esse sal elimina o sódio e, portanto, atua como dieta livre de sal. Ele elimina do DOC, que é um mineralocorticoide, o sódio, substância mineral através da qual este hormônio, aparentemente, funciona. Dessa forma facilita a descongestão e a desidratação dos tecidos afetados, inclusive o cérebro. Nota-se, de passagem, que nas mulheres com o síndrome pré-menstrual, o cloreto de amônio (ministrado em doses de 0,5 a 1,05 gramas, três vezes ao dia, durante a quinzena precedente ao período) é também muito eficiente, especialmente se as pacientes, concomitantemente, reduzirem ao mínimo possível o sal da alimentação. Além disso, certos hormônios sexuais, que alteram o metabolismo mineral e cuja influência sobre a síndrome de DOC em animais é conhecida, afetam a síndrome pré-menstrual das mulheres essencialmente da mesma forma. Todas essas considerações levaram o jornal especializado do Paquistão, *Medicus,* a declarar num editorial que "a síndrome, em nossa opinião, deve ser designada como *"stress* pré-menstrual", pois representa uma variante da síndrome de adaptação geral".

Contudo, seja como for, há similitudes extraordinárias entre as manifestações da dosagem experimental do DOC em animais, aldosteronismo, eclampsia e tensão pré-menstrual nas mulheres. Seria compensador, portanto, explorar mais a fundo o papel desempenhado pelos hormônios de adaptação nessa perturbação comum e importante, a fim de aperfeiçoarmos nossos métodos para tratá-la.

DOENÇAS DIGESTIVAS

O sistema gastrintestinal é especialmente sensível ao *stress* geral. A perda de apetite é um dos primeiros sintomas da grande "síndrome de estar apenas doente", e pode ser seguida por vômitos, diarreia e constipação. Sinais de *irritação e perturbação dos órgãos digestivos* podem ocorrer em qualquer tipo do *stress* emocional. Isso é bem conhecido, não somente pelos soldados que passaram por tal experiência durante a guerra, na tensa expectativa da batalha, mas também pelos estudantes que ficam a dar passadas nervosas em frente à porta de minha sala, esperando — com tensão muito menos justificada, posso assegurar, mas em nada menor — por sua vez de comparecer ao exame oral.

É também geralmente sabido que as *úlceras gástricas e duodenais* são registradas com maior frequência em pessoas que são desajustadas em seu trabalho e que sofrem de tensão e frustração constantes. Essas úlceras pépticas (isto é, digestivas) crônicas possivelmente não são semelhantes às sangrentas lesões registradas nas paredes do estômago e do duodeno durante as reações de alarma em nossos ratos. Contudo, esse mesmo tipo de ulceração grave tem seu equivalente no homem. Pessoas que receberam graves queimaduras frequentemente desenvolvem úlceras sangrentas um dia ou dois depois do acidente, especialmente no duodeno. Tal condição já era conhecida na Medicina muito antes da descoberta do SAG, como *úlcera de Curling;* contudo, sempre foi um mistério a causa e o processo da influência de uma queimadura cutânea sobre as paredes do intestino. Durante a Segunda Guerra Mundial, verdadeiras epidemias de "úlceras de alarme aéreo» foram registradas entre a população das cidades pesadamente bombardeadas da Inglaterra. Imediatamente após um intenso bombardeio, inusitado número de pessoas apresentava-se aos hospitais, com úlceras sangrentas gástricas ou duodenais, que se haviam desenvolvido virtualmente de um dia para o outro. Muitas das pessoas afetadas não haviam sofrido qualquer ferimento durante o ataque, mas, evidentemente, respondiam ao grande *stress* da extrema excitação emocional.

Com tais precedentes, não causou espécie o fato de, por ocasião da introdução do ACTH e da cortisona na clínica médi-

STRESS — A Tensão da Vida

ca, os pacientes que receberam grandes doses desses hormônios do *stress* — no tratamento de uma doença inflamatória, digamos — terem agravado as suas úlceras gastrintestinais já existentes, as quais, em certos casos, chegaram a perfurar. Na verdade, qualquer tendência latente a desenvolver tal tipo de úlceras pode converter-se numa doença manifesta.

Isso despertou meu interesse em relação ao mecanismo através do qual as paredes do estômago se defendem, para não se auto digerirem. A carne é digerida no estômago; o que impede o suco gástrico de digerir as próprias paredes do órgão? Este problema preocupou muitas gerações de fisiologistas, mas nenhuma solução aceitável foi encontrada. O grande fisiologista russo Ivã Pavlov (já mencionado em relação com sua obra clássica sobre os reflexos condicionados) julgava que talvez uma forma de anti enzima seja formada nas paredes, para anular a ação das enzimas digestivas do estômago. Outro ponto de vista é o de que qualquer tecido vivo e são é imune aos ataques do suco gástrico. Isso, ao que se pensava, explicaria como o fundo da úlcera gástrica — que é desprovida do revestimento que, supostamente, contém anti enzima - permanece resistente à digestão gástrica.

Fiquei a imaginar se não haveria uma possibilidade de utilizar novamente, nesse caso, o teste da bolsa inflamatória, que talvez nos levasse à compreensão do problema. Não há dúvida de que pode parecer estranho que uma bolsa inflamatória, produzida nas costas de um rato, forneça dados que esclareçam os efeitos da inflamação sobre digestão gástrica — mas o leitor que julgue por si.

Inicialmente, selecionei um grupo de ratos e produzi em suas costas as bolsas de ar — da maneira comum, sem introduzir lhes qualquer irritante. Injetei nas bolsas unicamente 5 cm³ de suco gástrico fresco. O tecido adjacente à pele foi digerido em poucas horas. Isso provou que o tecido normal vivo também pode ser atacado pelo suco gástrico.

A seguir, produzi bolsas de ar similares, injetando-lhes depois ácido crotônico, para transformar suas paredes numa barreira inflamatória, antes de introduzir novas doses de suco gástrico. Desta vez, não ocorreu qualquer digestão de tecido. Isso provou que o tecido inflamatório, em si, é uma barreira adequada de proteção contra a digestão gástrica. Evidentemente, uma barreira inflamatória, tal como a que forma sempre a base das úlceras gástricas, é em si própria uma proteção adequada contra digestão, em condições normais.

A seguir, repeti exatamente a mesma experiência (introduzindo o suco gástrico numa bolsa inflamatória, cujas paredes haviam sido transformadas numa barreira inflamatória por tratamento anterior de óleo crotônico), mas expondo os animais ao teste de frustração, por meio da imobilização forçada. Então tivemos a oportunidade de observar o fenômeno singular de uma úlcera péptica perfurada nas costas de um rato. Durante o *stress* — provavelmente em consequência da secreção de hormônios anti-inflamatórios — a barreira torna-se tão frágil que o suco gástrico a digere facilmente. Aparentemente, no homem, as úlceras gástricas que, normalmente, estão sob controle perfeito, são perfuradas durante o *stress,* em virtude de um excesso de estímulo anti-inflamatório, que quebra a resistência da barreira.

Finalmente, para demonstrar perfeitamente esta teoria, repeti a última experiência mencionada com ratos desprovidos de suprarrenais. As condições registradas foram exatamente as mesmas (uma bolsa irritada, provida de uma barreira inflamatória adequada, foi exposta ao *stress* da frustração pela imobilização), mas esses animais não tinham suprarrenais com que pudessem reagir, intensificando a secreção de hormônios anti-inflamatórios.

STRESS — A Tensão da Vida

Nesse caso, a bolsa permaneceu praticamente inalterada à ação dos sucos digestivos, mesmo durante o *stress*. Isso era uma prova definida da participação das suprarrenais nesse tipo de eliminação de tecidos.

Tem sido claramente demonstrado, por vários médicos, que o mesmo mecanismo é, essencialmente, envolvido na produção de úlceras pépticas no homem. Descobertas particularmente ilustrativas foram relatadas pelo Prof. Harold G. Wolff, conhecido neurologista da Universidade de Cornell, em Nova Iorque. Num paciente com fístula gástrica (uma abertura artificial através da qual o estômago pode ser diretamente examinado) Ele observou que, "durante um período de prolongado conflito emocional, envolvendo hostilidade e ressentimento por parte do paciente", as paredes do estômago tornaram-se ingurgitadas de sangue e, eventualmente, começaram a sangrar através da erosão que se registrava em sua superfície.

Os nervos do estômago também desempenham, provavelmente, papel importante na formação deste tipo de úlcera

A — Tecido normal é digerido pelo suco gástrico

B — Tecido inflamado da bolsa normalmente resiste à digestão pelo suco gástrico

C — O **stress** de frustração por imobilização forçada causa úlcera péptica perfurada na bolsa. Escapa o líquido inflamatório durante o *stress;* contudo, o papel dos hormônios de adaptação no processo está atualmente bem estabelecido. O Dr. Seymour J. Gray, do hospital Peter Bent Brigahm, em Boston, forneceu as evidências que possivelmente são mais conclusivas a respeito. Demonstrou que pacientes sob *stress,* ou tratados com hormônios anti-inflamatórios, secretam uma quantidade considerável de hormônios digestivos pépticos na sua urina. Isso indicaria que o *stress,* através dos hormônios de adaptação intermediários, não somente reduz a resistência da barreira inflamatória, mas ainda intensifica a influência agressiva dos sucos digestivos, pois os hormônios do *stress* aumentam a produção de enzimas pépticas.

Está claro que há muitas outras doenças digestivas que podem ser influenciadas pelo *stress* e pelos hormônios de adaptação. Não seria oportuno tratar de todas elas nesta obra, mas ao menos uma deve ser mencionada: a *colite ulcerativa.* Esta — como sua denominação indica — é uma moléstia inflamatória do colo (parte do intestino grosso). É caracterizada por ulcerações intestinais sangrantes e, em casos fatais, todo o colo é invariavelmente afetado. O intestino é desprovido de seu revestimento e a morte pode resultar de perfuração ou qualquer outra complicação. Ainda não foi possível determinar a causa de tal condição, mas os médicos sempre suspeitaram que a tensão emocional desempenhe importante papel em seu desenvolvimento. Significativamente, tal doença é acompanhada por sintomas de reumatismo crônico e, como este, responde frequentemente muito bem ao tratamento com hormônios anti-inflamatórios.

DOENÇAS METABÓLICAS

Muitas das denominadas doenças metabólicas são também especialmente doenças de adaptação. Já vimos que a *perda de*

STRESS – A Tensão da Vida

peso é uma das consequências menos específicas do *stress* crônico. É consequente, parcialmente, à perda de apetite, mas também a um excesso de hormônios anti-inflamatórios, que tende a facilitar uma espécie de "autocombustão". Em ocasiões de grande *stress*, muita energia calórica é demandada e desde que o volume de alimentação é geralmente reduzido, a preservação do corpo depende essencialmente da queima de seus próprios tecidos, a fim de suprir as calorias necessárias à resistência. Contudo, se tal condição for registrada durante um grande lapso de tempo, sobrevirá a emaciação patológica.

Inversamente, a obesidade *excessiva* pode ser também uma manifestação do *stress*, especialmente no que se refere a pessoas que sofreram certos tipos de experiências de frustração mental. Uma pessoa insatisfeita com seu trabalho, ou com suas relações com terceiros, pode ser levada a buscar uma compensação em qualquer coisa que constitua um derivativo. Isso é apenas um dos aspectos do princípio geral de *"diversão"*, que será posteriormente analisado (capítulo 23). Algumas pessoas são impelidas a comer como outras o são a beber. Muita gente come por falta de algo melhor que fazer; além disso, um estômago cheio funciona como amortecedor, drenando o sangue de um cérebro perturbado e desajustado.

Está claro que determinadas pessoas têm tal predisposição hereditária à obesidade que se tornarão obesas ainda que comam muito pouco. Outros tornam-se obesos em virtude de doenças orgânicas que se verificam em determinados centros cerebrais de adaptação (hipotálamo) que também regula a atividade da pituitária. Contudo, a grande maioria das pessoas gordas come demais em virtude de reações de adaptação desajustadas. Através desse tipo de resposta elas ferem-se a si próprias, da mesma forma que uma desajustada reação adaptativa hormonal a lesão de tecidos pode predispor às moléstias inflamatórias.

HANS SELYE

É importante saber que a obesidade pode ser evitada com um pouco de autoanálise, que pode auxiliar o paciente a deixar de comer em excesso. Posteriormente, explicaremos como fazê-lo (capítulo 23). Aqui desejamos apenas notar que isso é possível e de grande auxílio, pois a obesidade, além de deformante, aumenta grandemente a suscetibilidade à aquisição de doenças de adaptação, especialmente hipertensão e diabete.

A predisposição ao diabete é também hereditária, mas depende grandemente da forma com que o corpo reage, sob *stress,* à possibilidade de um diabete latente desenvolver-se e transformar-se em doença manifesta. Um dos traços característicos do diabete é o aumento da taxa de açúcar do sangue, demonstrado pela presença dessa substância na urina. Ministra-se insulina aos diabéticos porque os hormônios pancreáticos reduzem o açúcar do sangue e também facilitam sua utilização como combustível para os tecidos. Isso não significa que o diabete seja forçosamente uma consequência de insuficiência de produção de insulina. Frequentemente, é causado por produção excessiva de hormônios de adaptação, tais como ACTH, STH ou COL, que tendem a aumentar a taxa de açúcar do sangue. Na verdade, tem sido possível tratar pacientes diabéticos especialmente resistentes à insulina pela remoção da glândula pituitária ou das suprarrenais. Já mencionamos o importante trabalho de Olivecrona e Luft, que removeram a pituitária de pacientes diabéticos hipertensos e obtiveram melhoras, tanto da hipertensão quanto do diabete.

O *hipertireoidismo* é outra doença frequentemente causada pelo *stress.* Aqui, as glândulas tireoides dilatam-se (papo), sendo levadas a uma excessiva atividade pelo hormônio estimulante da pituitária. Às vezes, tal condição é registrada após uma experiência mental particularmente chocante; mas no homem, tal relação entre hipertireoidismo e *stress* nem sempre é evidente,

STRESS — A Tensão da Vida

pois — talvez em consequência de diferenças na constituição hereditária — somente certas pessoas respondem dessa forma.

Todo o problema foi muito bem esclarecido quando o Dr. J. Kracht, de Borstel, Alemanha, descobriu um tipo especial de coelhos selvagens que desenvolvem regularmente hipertireoidismo, após terem sido amedrontados pelos latidos de um cão, por exemplo. Aqui — provavelmente em consequência de determinada predisposição hereditária — o SAG é regularmente alterado, pois a pituitária tende a produzir excessiva quantidade de hormônios estimulantes da tireoide e, ao mesmo tempo, não secreta ACTH suficiente. Em consequência, a tireoide dilata-se e os olhos tornam-se protuberantes, como no caso de certos pacientes hipertireoidianos, vítimas do mal de Graves ou de bócio exoftálmico.

Há também uma interessante relação entre o *stress* e as doenças do fígado. Foi demonstrado pelo Dr. Paul Lemonde, neste Instituto, que, durante a reação de alarma, os testes comuns de função hepática revelam pronunciada insuficiência. Tal descoberta foi de interesse particular para a pesquisa do *stress,* pois geralmente os corticoides são metabolizados e destruídos no fígado. Já tínhamos observado tal fenômeno durante as pesquisas sobre anestesia hormonal já referidas. Até essa ocasião, nada de definido se conhecia em relação à forma pela qual os corticoides são eliminados pelo corpo, mas como o fígado tem sido sempre considerado "o laboratório químico central do corpo", seria razoável suspeitar que esse órgão pudesse desempenhar importante papel no metabolismo dos corticoides. Para prová-lo, injetei a mesma quantidade de DOC em ratos normais e animais dos quais removi, cirurgicamente, três quartas partes do fígado. Verificou-se que uma quantidade de DOC que produzia pouca ou nenhuma anestesia num rato normal causava sono longo e profundo nos animais que tinham apenas um quarto de fígado. A anestesia comum (éter, por exemplo) não tem efeito mais acentuado sobre os ratos aos quais foi retirada parte do fígado. Fomos levados a concluir, então, que os hormônios tipo DOC são normalmente destruídos no fígado, pois eles são encontrados no sangue durante mais tempo, quando a função hepática é artificialmente reduzida.

Essas descobertas foram confirmadas por várias técnicas em outros animais, mas deve-se especialmente às pesquisas bioquímicas efetuadas pelo Prof. L. T. Samuels, de Salt Lake City, a apreciação do importante papel desempenhado pelo fígado na destruição de excesso de corticoides em pessoas sadias e doentes. Ele provou, por exemplo, que em certas moléstias hepáticas (tais como cirrose, ou formação mórbida de cicatrizes no fígado) o metabolismo dos corticoides é frequentemente alterado, podendo-se encontrar excessos no sangue e na urina.

É igualmente óbvio que, durante a reação de alarma, se a função hepática é reduzida, a perda de corticoides deve ser sustada. Este é um mecanismo de condicionamento através do qual o corpo pode aumentar a atividade dos corticoides durante o *stress.* Reduzindo o ritmo normal da destruição desses hormônios, uma determinada quantidade secretada pelas suprarrenais pode durar mais tempo e produzir maiores benefícios.

Para ilustrar as complexas relações entre doenças metabólicas e inflamatórias, permitam-me que mencione apenas uma das maiores perturbações do metabolismo, a *gota,* na qual a inflamação e o desajustamento parecem desempenhar importante papel. Este é um outro exemplo de moléstia na qual se acham envolvidos a predisposição hereditária e o *stress,* A gota é essencialmente uma perturbação do metabolismo do ácido úrico, que acarreta a formação de cristais nas juntas e em torno delas. Tende a ocorrer em famílias e podem-se registrar ataques extremamente dolorosos, especialmente após o *stress,* nas juntas do dedo grande

STRESS — A Tensão da Vida

do pé. Os depósitos de ácido úrico agem como irritantes locais e a dor é consequente da inflamação excessiva que produzem.

Aqui, novamente, o tratamento com corticoides anti-inflamatórios tem-se demonstrado da maior utilidade. Ainda não foi perfeitamente esclarecida a razão pela qual os ataques de gota tendem a ocorrer imediatamente após (e não durante) o *stress*, mas é muito possível que um desajustamento das reações hormonais de defesa seja, ao menos parcialmente, responsável por tal condição.

CÂNCER

Sabemos muito pouco a respeito da possível relação entre o *stress* e câncer. É por isso que resumirei como se segue o que conseguimos descobrir a respeito:

Muitos tipos de câncer desenvolvem-se em locais de lesões crônicas de tecidos. A exposição prolongada da pele aos raios do sol e do calor pode levar à formação de câncer nos pontos irritados, um inveterado fumador de cachimbo pode desenvolver câncer no ponto do lábio que entra em contato com o tubo do cachimbo. Os interessantes estudos estatísticos feitos pelo Dr. F. Gagnon, de Quebec, tem demonstrado que o câncer na entrada do útero é virtualmente inexistente entre as freiras enclausuradas, embora seja muito comum em mulheres casadas, especialmente depois de partos sucessivos.

É possível produzir câncer, experimentalmente, pela irritação crônica causada pelo óleo crotônico na bolsa inflamatória.

Estas, assim como muitas outras observações pessoais, levaram o Dr. J. Ernest Ayre, do Instituto de Câncer de Miami, Flórida, a concluir, em seu editorial em *Obstetrics and Gynecology* (junho, 1955) que a produção do câncer é uma consequência anormal da síndrome de adaptação local à lesão de tecidos.

Por outro lado, o *stress geral tende a suprimir o desenvolvimento do câncer.* Os progressos registrados nos vários tipos de câncer clínico e experimental frequentemente são retardados durante o *stress* causado por infecções, intoxicações e várias drogas, que causam grandes lesões não específicas.

Também tem sido possível *inibir o desenvolvimento de certos tipos de câncer tratando-os com grandes doses de hormônios anti-inflamatórios.* Uma das ações principais de tais substâncias é reduzir a resposta à lesão local. Ora, se o câncer realmente constitui uma resposta mórbida à lesão de tecidos, é compreensível que os hormônios que induzem os tecidos a ignorar a lesão devam interferir na produção de câncer.

O ACTH e o GOL têm-se revelado especialmente eficientes na redução do processo do câncer linfático e das *leucemias,* algumas das quais são essencialmente cânceres dos glóbulos brancos do sangue. É interessante notar que durante a reação de alarme e depois do tratamento com hormônios anti-inflamatórios o crescimento de tecidos linfáticos e de certas células brancas do sangue (linfócitos, eosinófilos) é intensamente inibido.

Há muitas outras observações que sugerem uma relação, no mínimo, entre certos tipos de câncer e as suprarrenais. As importantes observações feitas pelo Prof. Charles Huggins, de Chicago, têm tornado claro que a remoção das suprarrenais pode reduzir substancialmente o crescimento de certos tipos de câncer, especialmente os que se registram nos órgãos sexuais masculinos e femininos. Isso sugeriria que certos fatores das suprarrenais realmente estimulam a formação de câncer.

Contudo, deve-se compreender claramente que todas essas observações isoladas indicam meramente certa relação entre o *stress,* os hormônios de adaptação e o câncer; tais descobertas são

STRESS – A Tensão da Vida

suficientemente sugestivas para justificar pesquisas ulteriores sob esse novo ponto de vista, não bastando, contudo, para formulação de qualquer teoria coerente.

DOENÇAS DE RESISTÊNCIA EM GERAL

Quando dizemos resistência geral referimo-nos à capacidade de permanecer são — ou pelo menos vivo — durante o *stress* intenso causado por vários agentes não-específicos. O menos específico dos colapsos de resistência é a condição a que denominamos *choque*. Uma pessoa que tenha sido gravemente queimada, ferida, envenenada, ou que tenha sofrido qualquer outro tipo de lesões graves, pode desenvolver uma síndrome no qual a pressão arterial sobe tanto que o pulso mal pode ser sentido, a temperatura cai abaixo do normal e o paciente pode tornar-se inconsciente. Isso frequentemente leva à morte, sem que qualquer órgão vital tenha sofrido lesão específica. Tal fato é o que caracteriza o choque como uma condição de *stress* eminentemente não específica. Em consequência, a autopsia efetuada nesses casos revela a tríade característica da reação de alarme: dilatação das suprarrenais, atrofia timolinfática e erosões sangrantes ao longo do aparelho gastrintestinal. Não pode haver dúvida de que se trate de uma doença de adaptação; ela é resultado de um colapso das defesas do corpo em geral, e não de uma ação específica de qualquer produtor de doença em particular.

O tratamento por corticoides tem-se mostrado benéfico em certos casos; mas nem sempre ele é eficiente, pois a carência de corticoides não é a causa comum do colapso e do choque resultante. Provavelmente, durante o *stress* agudo, o sistema pituitário-suprarrenais funciona muito bem, na maioria das pessoas; só ocasionalmente (nos casos de queimaduras graves e infecções, por exemplo), é ele inibido por estímulo excessivo, extenuante, e é essencialmente em tais casos que a terapia pelos corticoides se tem revelado mais eficiente.

Um tipo especial do que atualmente denominamos *doença de adaptação,* foi descrito por Thomas Addison em seu famoso tratado *Dos Efeitos Locais e Constitucionais das Doenças da Cápsula Suprarrenal,* há quase cem anos (em 1855). Addison trabalhou no Guy's Hospital de Londres, assim como Richard Bright, descobridor do mal de Bright, um quarto de século depois (Ver capítulo 12).

O mal de Addison é consequente a uma destruição das suprarrenais e uma de suas mais notáveis consequências é a quebra quase total de resistência. Os que sofrem do mal de Addison não são hipersensíveis a fatores particulares, mas virtualmente a qualquer alteração em seu redor. Qualquer infecção, intoxicação, exposição ao frio, tensão nervosa ou fadiga podem produzir em tais pessoas *um* estado de choque, do qual elas geralmente morrem, a menos que recebam tratamento adequado de corticoides. Hoje em dia, as pessoas cujas suprarrenais foram removidas (para tratamento do câncer ou de hipertensão, por exemplo), passam a depender absoluta e continuamente do tratamento com corticoides, pois a sua carência produz nelas, artificialmente, os efeitos do mal de Addison. Nesta doença, o timo e outros órgãos linfáticos tendem a tornar-se hipertrofiados. Tanto nos seres humanos quanto nos animais, é a carência do corticoide que previne atrofia de tecidos linfáticos durante o *stress*. Ainda não sabemos, contudo, se a resistência ao *stress* declina em consequência dessa ausência de resposta dos órgãos linfáticos.

Uma condição relacionada com esta, mas que ainda permanece muito misteriosa, é conhecida como estado *timo linfático*. Este geralmente ocorre em rapazes e moças aparentemente sadios.

Esses jovens podem nunca ter demonstrado qualquer indicação de doença até que, subitamente, um ligeiro *stress* (uma queda em água fria, por exemplo), lhes provoca a morte instantânea, sem qualquer indicação. Mesmo a autopsia não revela qualquer perturbação evidente, demonstrando apenas que o córtex das suprarrenais e os tecidos timo linfáticos são superdesenvolvidos. Assim, há razões para suspeitar que a baixa resistência desses jovens ao *stress* seja consequência de certa deficiência no córtex das suprarrenais, mas isso não foi provado.

O *envelhecimento* — especialmente o envelhecimento prematuro — é, num certo sentido, consequência do constante e, por fim, extenuante *stress* da vida. Mas desde que já tratamos do envelhecimento em várias outras secções desta obra, referimo-nos a Ele unicamente para efeito de ilustração. Nos últimos três capítulos, tenho tentado dar uma ideia de como chegamos ao conceito das "doenças de adaptação". Para fazê-lo, tive de relacionar minhas próprias experiências em animais com observações clínicas, concernentes ao papel do *stress* e dos hormônios de adaptação na produção e no tratamento da doença. As observações aqui registradas não são suscetíveis de converter-se em objeto de polemica. São fatos que podem ser facilmente verificados. Mas este não é um manual de medicina, e não tentei de forma alguma dar uma lista completa de todas as doenças influenciadas pelo *stress* e pelos hormônios de adaptação. Consequentemente, minha seleção de dados pode ser criticada. Discuti apenas as doenças que, em minha opinião, representam um evidente desajustamento das reações de adaptação, citando unicamente as evidências que me convenceram disto. Mas os conceitos do *stress* e dos hormônios de adaptação estão justamente começando a demonstrar sua influência sobre os progressos da medicina contemporânea. Não deve causar espécie, portanto, o fato de muitos médicos — entre os quais alguns muito competentes — não concordarem com determinados aspectos de minha teoria. Minha exposição careceria de imparcialidade, que deve sempre nortear a pesquisa médica, se eu também não levasse em conta os pontos-de-vista dos que discordam. Fazê-lo implica necessariamente uma discussão de opiniões pessoais em conflito — e a fria precisão do conhecimento termina onde começa a opinião.

Alguns de meus amigos reemendaram-me que não mencionasse opiniões dissidentes neste livro, pois as controvérsias entre cientistas iriam apenas confundir o leitor comum e dificilmente seriam de interesse para ele. Discordo radicalmente desse ponto de vista. Qualquer pessoa suficientemente interessada na pesquisa médica em geral — ou no *stress* em particular, — para ler este livro, ao que me parece desejaria formar suas próprias ideias a propósito das questões levantadas. De qualquer forma, o leitor aprenderia mais sobre os pontos nos quais residem dúvidas se as opiniões da oposição não fossem censuradas. Está claro que apenas certos especialistas podem apreciar integralmente os pormenores, mas não são eles os que realmente contam. O leitor consciencioso é muito capaz de julgar por si as principais questões, ainda quando não seja um cientista profissional. Portanto, os problemas básicos devem ser claramente expostos, pelo menos até onde o permitam as limitações da linguagem não-técnica. Na verdade, não pouparei esforços para descrever todas as causas principais de divergência de uma forma compreensiva, pois em minha opinião, ninguém pode abarcar realmente a essência da pesquisa sem tentar compreender as razões de dissenção entre os cientistas.

STRESS — A Tensão da Vida

18. "QUANDO CIENTISTAS DISCORDAM"

Do debate científico: bom e mau. Debates sobre o conceito de *stress*

DO DEBATE CIENTÍFICO

Por volta do fim de sua vida, W. B. Cannon — o grande fisiologista norte-americano, cujo trabalho tenho mencionado repetidas vezes – escreveu uma obra semibiográfica sobre suas pesquisas. Ele sabia, por amarga experiência pessoal, o que significa ser alvo de constantes e violentos ataques, desfechados por outros cientistas; por essa razão, provavelmente, é que desejava revelar ao público alguma coisa sobre o elemento humano na pesquisa. Em *The Way of an Investigator* (W. W. Norton & Company, 1945), ele nos lembra que afinal a ciência é produto de pessoas, cientistas. Os cientistas, como todos os homens, não têm apenas capacidade intelectual e técnica, mas também emoções; podem ser felizes ou infelizes, exaltados ou humilhados, como qualquer pessoa. Alguns cientistas reservam suas próprias emoções e motivos; outros consideram-nos parte inerente de suas atividades de pesquisa, que não podem ser suprimidas se um experimento há de ser perfeitamente exposto para benefício dos futuros investigadores.

Cannon devotou todo um capítulo de seu livro ao debate em torno de seu trabalho. Denominou-o "Quando os cientistas discordam". É um capítulo especialmente instrutivo e inspirador, principalmente para aqueles que conheceram o autor pessoalmente; e eu não pude resistir à tentação de utilizar o mesmo título para os pensamentos que lhes apresentarei agora. Não somente o trabalho de Cannon, mas todo o seu sistema de vida, constituiu para mim um grande motivo de inspiração, e estou certo — onde quer que ele esteja agora — de que não faria objeção ao fato de lhe ter tomado o título, por empréstimo, para o uso que pretendo dar-lhe aqui.

Cannon consolou-se dos rudes ataques sofridos com a lembrança de que os pensadores originais têm sido sempre vítimas de críticas ferozes, que partem até mesmo de colegas altamente competentes. Ele lembra, por exemplo, o que aconteceu a um dos seus distintos predecessores entre os professores de fisiologia de Harvard. Quando Oliver Wendell Holmes (o mais velho) era ainda um jovem médico, apresentou evidências segundo as quais a febre puerperal "é tão contagiosa que frequentemente é transmitida de uma paciente a outra, por médicos e enfermeiras". Meigs, um médico proeminente, de Filadélfia, onde era conhecido como especialista em obstetrícia, comentou com desprezo essa tola sugestão de "um principiante", declarando ainda que não ficara impressionado com as opiniões "daquele cavalheiro extremamente jovem". Em lugar de entrar no mérito das evidências, Meigs preferiu declarar judiciosamente: "Prefiro atribuir as causas da febre puerperal ao acaso ou à Providência, os quais posso conceber, em lugar de a um contágio do qual não posso formar qualquer ideia clara." Isso deve ter parecido muito sensato e próprio na ocasião; mas a verdade é que o jovem Holmes estava certo e Meigs errado. Ignaz Philipp Semmelweis, o obstetra húngaro que posteriormente provou a natureza contagiosa dessa doença, salvou um número incontável de vidas de parturientes prescrevendo antissepsia nas salas de operação. Contudo, mesmo esse grande benfeitor da humanidade foi violentamente atacado e ridicularizado por seus colegas, a tal ponto que eventualmente veio a sofrer de uma perturbação mental.

Discutindo tais problemas, Cannon não se refere a si próprio, mas os sentimentos íntimos do tão criticado "Pai da Homeostase" são revelados ao leitor, quando Ele declara brandamente: "Quaisquer acusações ou restrições feitas em relação à capacidade, habilidade ou boa-fé do homem cujo trabalho está sendo criticado, inspirarão, certamente, ressentimento".

Cannon foi meu primeiro crítico. Lembro-me ainda, claramente, de sua reação quando — logo depois de ter completado minhas experiências iniciais sobre o stress — conversei com ele a respeito delas. Discutimos o stress em duas ocasiões: da primeira vez rapidamente, quando visitei seu laboratório em Boston, e novamente uns poucos anos depois, em condições mais confortáveis, no Clube da Faculdade da Universidade McGill, logo depois de ter ele feito uma notável conferência aos estudantes. Senti-me muito frustrado por não ter sido capaz de convencer o Velho Grande Homem do importante papel desempenhado pela pituitária e pelo córtex suprarrenal em minha síndrome de stress. Ele deu-me razões excelentes, pelas quais julgava que tais glândulas em nada poderiam facilitar a resistência e a adaptação em geral, e mesmo razões pelas quais, em sua opinião, era pouco provável que pudesse existir uma síndrome de adaptação geral. Mas, não havia traço algum de agressividade em suas críticas, nem qualquer segunda intenção, que poderiam ter obliterado minha visão a ponto de recusar-me a ouvi-lo. Seus comentários tiveram por efeito unicamente despertar minha atenção para as limitações no papel desempenhado pelo eixo pituitária-suprarrenais, durante o *stress*. Eles me auxiliaram, entre outras coisas, por inspirar as experiências que estabeleceram que certas manifestações do *stress* podem ser produzidas ainda mesmo na ausência desse sistema glandular.

Está claro que mesmo o mais objetivo cientista é falível. Um dos maiores físicos de todos os tempos, Michael Faraday, disse: "Tenho plena liberdade para admitir que possa estar completamente enganado — quem poderia estar sempre com a razão, no que se refere à ciência física, que é essencialmente progressiva e corretiva?" Isso, está claro, aplica-se melhor ainda a ciências muito menos precisas, tais como a Medicina. Um debate analítico desapaixonado facilita a descoberta e a correção de erros; mas a crítica deve permanecer sempre objetiva. Ela deve ser feita no tom amistoso utilizado pelos colegas no mesmo campo de conhecimento, os quais desejam meramente aperfeiçoar seus conhecimentos por meio da consulta mútua construtiva. Acima de tudo, o debate não deve, dentro do limite estabelecido por nossa condição humana, ser dirigido por considerações de prestígio pessoal. A questão não é *"Quem* está certo", mas *"O que* está certo?" Um velho provérbio hebreu sustenta que "a inveja dos estudiosos aumenta a sabedoria"? *Newsweek,* 15 de agosto de 1955), Mesmo os debates inspirados por ciúmes podem estimular as pesquisas. Todavia, neste caso é menos eficiente e certamente menos agradável que a cooperação.

Os grandes progressos têm sido alcançados somente por intermédio de ideias que são muito diversas das geralmente aceitas em sua época. Infelizmente, não é apenas literalmente verdadeiro o provérbio que declara que aqueles que levantam suas cabeças acima das massas são os mais sujeitos aos ataques dos críticos. «A nova verdade — diz Jacques Barzun — invariavelmente é apresentada como loucura, e loucura proporcional à sua grandeza. Seria idiotice recapitular as histórias de Copérnico, Galileu e Pasteur e esquecer que da próxima vez o inovador parecerá agir de forma tão errônea e perversa quanto pareceu a desses homens." (*Teacher in America,* Doubleday Anchor Book, 1955).

Muito poucas das ideias fundamentalmente novas conseguem ultrapassar a fase de heresia. Entre as descobertas realmente notáveis, somente as que têm imediatas aplicações práticas e importantes são relativamente imunes à violenta crítica, desde o

STRESS – A Tensão da Vida

início. Isso é ilustrado pelas descobertas de que a penicilina (Fleming, Florey e Chain), a estreptomicina (Waksman), e as sulfonamidas (Domagk) têm forte ação bacteriana, de que os antistamínieos podem suprimir alergias (Halpern), ou de que o ACTH e a cortisona são úteis no combate à artrite (Heneh e Kendall). Embora todas essas drogas representem realmente grandes contribuições ao conhecimento, estimularam apenas debates de menor importância, especialmente sobre as limitações de sua utilidade e sobre seus efeitos colaterais lesivos.

Por outro lado, um novo conceito biológico, tal como a teoria da evolução de Darwin, provocará quase certamente o que Huxley denomina "uma dança de guerra pública".

Quando Pasteur anunciou que as doenças infecciosas são produzidas por germes, quando Clemens F. Pirquet e Charles R. Richard descobriram a alergia, a literatura especializada apresentou grande número de observações mordazes e hostis, por meio das quais aqueles que não têm a originalidade da criação — ou nem mesmo a compreensão — dos novos conceitos em medicina, tentaram obter uma compensação pela demonstração de sua ironia.

Na biografia, que escreveu, de Freud, Ernest Jones lembra que o psiquiatra Walther Spielmeyer denunciou o uso da psicanálise, inicialmente, como "masturbação mental". Na verdade, por volta de 1910, a mera menção das teorias de Freud foi o bastante para levar o Prof. Wilhelm Weygandt — que nessa ocasião presidia um congresso médico em Hamburgo — a esmurrar a mesa e berrar: "Isso não é questão a ser discutida numa reunião científica; é um caso de polícia" *(The Life and Work of Sigmund, Freud,* Basic Books, 1955).

Até mesmo os grandes médicos podem, especialmente quando envelhecem, tornar-se inteiramente cegos aos novos

HANS SELYE

conceitos. Um exemplo muito citado de tal fato foi a rejeição infundada, pelo grande patologista Rudolf Virchow, da teoria do jovem Robert Koch de que os pequenos bastonetes que ele avistava no microscópio eram a causa da tuberculose.

Está claro que as descobertas menos controvertidas, o estabelecimento de fatos imediatamente aplicáveis na medicina prática, podem ser feitos empiricamente, isto é, através de observações e experiência, mais ou menos por sorte, sem a necessidade de qualquer teoria. Mas isso é raro e algo com que não se pode contar. Tais descobertas são como ganhar uma fortuna em corridas de cavalos; não importa quão elevado seja o prêmio obtido, o empreendimento termina naquele mesmo momento, e não oferece perspectiva alguma de êxito futuro no mesmo domínio. "A História da Ciência demonstra, fora de qualquer dúvida, que os progressos realmente revolucionários e significativos provêm não do empirismo, mas das novas teorias" (James B. Conant, *Modern Science and Modem Man*, Doubleday Anehor Book, 1952). Alguns cientistas fazem descobertas importantes, imediatamente aplicáveis, utilizando a técnica dos ensaios e erros, tal como os velhos inventores costumavam trabalhar. Isso se torna cada vez menos prático em medicina moderna, pois mesmo quando o próprio descobridor não tem de formular uma teoria para chegar a um resultado, ele — é quase invariavelmente — guiado por conceitos conhecidos, previamente formulados por terceiros.

Assim, as teorias são indispensáveis. Elas estimulam a controvérsia, mas isso é bom, por ressaltar os pontos fracos em nossos conceitos, demonstrando onde é necessário efetuar pesquisas anteriores. Mesmo uma teoria que não se ajusta perfeitamente aos fatos, é valiosa, desde que se ajuste a eles melhor que qualquer outro conceito. Para citar Conant novamente: "Podemos registrar como um dos principais ensinamentos a serem retirados da

STRESS – A Tensão da Vida

história da ciência, o fato de uma teoria ser superada unicamente por uma teoria melhor e nunca, meramente, por fatos contraditórios" *(On Understanding Science,* Mentor Book, New American Library, 1953).

Não é verdade "que as exceções confirmem a regra," mas por outro lado elas não a invalidam, necessariamente. Às vezes, fatos que inicialmente parecem absolutamente incompatíveis, com uma dada teoria, encontram gradualmente seu lugar natural quando maior número de fatos vem à luz. Em outros casos, a teoria é suficientemente plástica para ser facilmente ajustável, explicando novas observações aparentemente paradoxais e incongruentes. Como já me aventurei a dizer, "a melhor teoria é aquela que necessita de um mínimo de assunções para unir um número máximo de fatos, pois esta é a que mais tendência tem para possuir o predicado de assimilar novos fatos a partir do desconhecido, sem danos à sua própria estrutura" *(Second Annual Report on Stress,* Acta Inc., 1952).

Há uma grande diferença entre uma teoria estéril e uma teoria errónea. Uma teoria estéril não leva por si só à verificação experimental. Elas podem ser produzidas facilmente e em grande número, para explicar virtualmente qualquer coisa, sendo, contudo, absolutamente inúteis; não podem de forma alguma facilitar a compreensão; levam apenas à fútil discussão. A teoria errônea, por outro lado, ainda que errada, pode ser de grande utilidade, pois se for bem concebida pode facilitar a formulação de experiências que preencherão necessariamente importantes lacunas em nosso conhecimento.

Durante o século passado, o grande neurologista francês Pierre Marie descobriu que em certos tipos de gigantes (chamados *acromegálicos),* a pituitária é completamente substituída pelo câncer. Imediatamente ele formulou a teoria de que a pituitária produz certos hormônios inibidores do crescimento, pois a destruição dessa glândula acarreta gigantismo. Tal teoria era não somente errónea, mas também o contrário do que acontece na realidade. Na verdade, a pituitária produz STH, que como já dissemos é um hormônio de crescimento. Ora, os tipos de câncer que Marie verificou, substituíam a pituitária, mas não inibiam a sua atividade; pelo contrário, eles consistiam exclusivamente em células anormais da pituitária que produziam o excesso de STH. A interpretação de Marie não poderia estar mais distante da verdade. Contudo, ainda que errada, sua teoria foi altamente inspiradora, sendo a primeira que chamou a atenção para o fato de uma relação insuspeita, ainda que muito real, entre a pequena glândula que se situa sob o cérebro e o crescimento de nossos tecidos em geral. A interpretação errónea foi posteriormente ajustada pelo próprio Marie em relação aos fatos verificados. Para fazê--lo, ele teve realmente de contrariar a sua primeira formulação; contudo, deve-se lembrar que foi a teoria originalmente errônea — e não a modificação corrigida — que funcionou como ponto de partida para a pesquisa da atividade endócrina da pituitária. Foi esta linha de pesquisa que, quando aplicada por eminentes investigadores como H. M. Evans, P. Smith, B. A. Houssay, J. B. Collip, C. H. Li e A. E. Wilhelm, levou eventualmente ao isolamento de STH, altamente purificado, de glândulas de animais.

A ciência não pode ser totalmente compreendida sem cientistas compreensivos. A maneira pela qual um homem vê uma coisa, depende tanto do homem quanto da coisa. Os motivos e consequências dos debates científicos, são da mais alta importância para o investigador criador — e portanto, para a sua investigação. Essa é a razão por que discutirei tais pontos, pormenorizadamente, nesta secção. Além disso, as mesmas considerações aplicam-se também aos debates sobre fatos e teorias na vida

STRESS – A Tensão da Vida

diária; nesse sentido, interessam a todo mundo, diretamente. De qualquer forma, sem essa introdução eu não poderia ter reunido a energia e a coragem para apresentar a secção seguinte.

DEBATES SOBRE O CONCEITO D E *STRESS*

O conceito de *stress é* atualmente um dos mais debatidos problemas da medicina. Não podemos citar aqui tudo quanto tem sido publicado sobre suas virtudes e limitações; mas podemos apresentar as principais questões levantadas. Tratemos inicialmente dos principais argumentos que têm sido levantados contra a aceitação deste conceito no passado; depois voltaremos aos lapsos ainda existentes na teoria e que representam, portanto, perspectivas abertas às futuras investigações.

Que há de novo neste conceito? Inicialmente diversos investigadores chegaram mesmo a negar a própria existência do SAG; outros consideravam que essa sigla funcionava meramente como denominação para algo que já havia sido provado há muito tempo. As duas objeções não podiam ser igualmente válidas. E desde que a primeira não tem hoje adeptos de importância, consideremos apenas a segunda.

Este não é o lugar oportuno para discutir todas as reações biológicas que, numa ou noutra ocasião, têm sido consideradas idênticas ao SAG. Quase toda nação e todas as especialidades da Medicina têm apresentado pelo menos uma — a denominada *síndrome de irritação,* descrita pelo bacteriologista francês Reilly; a *reorientação vegetativa* do clínico alemão Hoff; a defesa através dos *reflexos condicionados,* tão habilmente explorada pelo eminente fisiologista russo Pavlov; a teoria da *neurose defensiva* do psiquiatra austríaco Freud; o conceito hipocrático do *pónos,* que dirigiu o pensamento médico na Grécia da antiguidade; e a *reação de emergência* de Cannon. Esses são apenas alguns dos poucos exemplos representativos. Poderíamos acrescentar uma lista quase infindável de observações disseminadas, feitas com tão grande frequência e por um número tão grande de pessoas que não podem ser atribuídas a qualquer autor em particular. Sabe--se, por exemplo, há muito tempo, que os animais que sofrem de infecções diftéricas geralmente apresentam grandes *suprarrenais,* que esta ou aquela droga pode produzir *úlceras gástricas,* que nas crianças o timo pode sofrer uma *involução acidental,* sob a influência de determinados agentes. Há também, nesse caso, todas as *terapias de choque* e as *terapias não específicas* de que tratamos no Livro I. Mas o SAG, a síndrome de *stress,* não pode ser facilmente identificado por qualquer destas observações individuais, pois estas diferem radicalmente umas das outras.

Muitas dessas descobertas anteriores são da maior importância em si próprias e, em retrospecto, é fácil dizer agora que todas são de certa forma relacionadas com o SAG. Depois de tudo quanto dissemos sobre a ubiquidade dos *stress,* é claro que ser humano algum poderá deixar de ter notado algumas de suas manifestações individuais. O valor principal do conceito do SAG reside precisamente em proporcionar uma *base comum que unifica todas as observações citadas, até então aparentemente não relacionadas.*

Está claro, poder-se-ia dizer, que o primeiro homem das cavernas que avistou um relâmpago observou, na realidade, o que posteriormente foi denominado *eletricidade.* A primeira mulher provocou estalos em seus cabelos, ao penteá-los vigorosamente, também sabia como gerar eletricidade a vontade. Contudo, estas, como todas as outras observações feitas na antiguidade sobre os fenómenos elétricos, permaneceram como intrigantes mistérios isolados, pois não puderam ser sujeitos a estudo científico quan-

STRESS – A Tensão da Vida

titativo até que Galvani começou a definir o conceito básico que lhes deu unidade.

De qualquer forma, a data de nascimento do SAG, é inconsequente em comparação ao valor do conceito, tal como o compreendemos hoje. Assim, voltemos nossa atenção aos debates sobre o seu valor.

Serão aplicáveis ao homem as observações experimentais em animais? Algumas reações dos animais simplesmente não ocorrem no homem. O que sabemos sobre a respiração dos peixes, não é facilmente aplicável aos problemas da fisiologia humana; os peixes retiram o seu oxigênio da água através de suas guelras, e o homem respira o ar por intermédio dos pulmões. Esse exemplo talvez seja um tanto extremo, mas até mesmo certas reações químicas dos mamíferos inferiores são muito diferentes das do homem. Por exemplo, é impossível estudar os efeitos da deficiência da vitamina C no rato. Os tecidos desse animal podem produzir a vitamina C, mas um ser humano depende da ingestão de tal substância em sua dieta, pelo fato de o corpo não poder produzi-la. Cada espécie tem suas peculiaridades. Contudo, o conjunto da *medicina experimental é baseado no fato de que a maioria das reações biológicas fundamentais são essencialmente as mesmas, no homem e nos outros mamíferos.*

Tomemos, em primeiro lugar, as *manifestações do stress.* As alterações nas suprarrenais, causadas por vários agentes do *stress,* são muito similares no homem e nos animais comuns de laboratório. O mesmo se aplica às outras manifestações do *stress,* tais como, por exemplo, o característico desaparecimento dos eosinófilos do sangue, a involução dos tecidos linfáticos, o crescente aumento da quantidade dos corticoides eliminados pela urina e a inibição de inflamações. Todas essas alterações ocorrem tanto em animais de laboratório quanto no homem, durante o *stress* agudo.

HANS SELYE

Tomemos agora as ações dos hormônios de adaptação. Em todas as espécies, inclusive a humana, a remoção das suprarrenais reduz grandemente a resistência ao *stress,* sendo que o tratamento com corticoides pode restabelecê-la ao nível normal. Os hormônios anti-inflamatórios produzidos pelas suprarrenais (tais como a cortisona), inibem a inflamação e os corticoides pró-inflamatórios (tais como o DOC) e as adrenalinas aumentam a pressão arterial. Tudo isso é provadamente aplicável tanto ao homem quanto aos animais de laboratório.

Finalmente, desde que se verificou o mecanismo das *doenças de adaptação* em animais de laboratório, foi levantada a questão de ser Ele ou não essencialmente o mesmo no homem. Será realmente possível provar, por exemplo, que uma secreção inadequada da pituitária ou dos hormônios das suprarrenais pode transformar-se num fator decisivo no desenvolvimento de diversas doenças cujas causas são até hoje não identificadas? Pode-se combater qualquer doença espontânea do homem, utilizando tal conceito como diretriz? Creio que tudo isso foi respondido da maneira mais eloquente pelo trabalho dos clínicos que nos demonstraram como tratar doenças aparentemente tão isoladas, de origem duvidosa, com ACTH, corticoides, remoção da hipófisc ou das suprarrenais, ou dietas de sal.

Considerando todas essas descobertas, não há base, atualmente, para o temor de que os resultados de experiência com animais, no campo da pesquisa do *stress,* não tenham aplicação sobre os problemas clínicos.

Haverá realmente aumento na produção de corticoides durante o stress? Depois de tudo quanto foi dito, poder-se-á pensar que dificilmente haveria lugar para qualquer dúvida a respeito. Mas, na verdade, o fato é que até mesmo em 1954, alguns investigadores competentes ainda duvidavam da existência de um

STRESS – A Tensão da Vida

aumento substancial da secreção de corticoides, durante a reação de alarme.

Isso acontece porque, se um paciente recebe grandes doses de cortisona, suas suprarrenais involuem, pois quanto maior seja a concentração de corticoides no sangue, menor será a produção de ACTH pela pituitária. Aqui, evidentemente, existe uma espécie de *mecanismo de compensação,* através do qual os corticoides reduzem automaticamente a secreção do ACTH, que normalmente estimula as suprarrenais a produzirem corticoides. Tal sistema é muito importante para manutenção de uma concentração estável de corticoides no sangue, sob condições basais.

Ainda há poucos anos se afirmava que, em virtude da existência desse mecanismo, seria impossível um aumento real do número de corticoides no sangue durante o *stress*. Esse mecanismo de compensação preveniria automaticamente tal aumento, como o termostato de um sistema de ar condicionado assegura a manutenção de uma temperatura estável, ainda que ela ascenda no exterior.

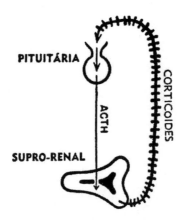

O ACTH estimula a secreção
de corticoides das suprarrenais;

os corticoides inibem a secreção
de ACTH da pituitária.

Há alguns anos, o conhecido fisiologista norte-americano Dwight J. Ingle, descobriu esse auto mecanismo de compensação, através do qual as suprarrenais protegem-se normalmente contra o excesso de estímulo. Desde essa ocasião, não foi levantada qualquer dúvida quanto à existência de tal mecanismo. Contudo, descobri, para minha própria surpresa, em 1940, que *durante o stress esse mecanismo de compensação é substancialmente ultrapassado.* Verificou-se que os sinais de alarme (descarregados, por várias células de nossos tecidos, durante o *stress),* podem estimular a secreção de ACTH, mesmo quando a concentração de corticoides no sangue já alcançou os níveis máximos. Isso, incidentalmente, é muito oportuno, pois, para a manutenção da vida durante o *stress,* é necessária uma concentração muito mais elevada de corticoides no sangue. Se o mecanismo de compensação fosse perfeito, jamais poderíamos sobreviver a uma experiência de *stress* agudo. Além disso, há sinais evidentes de excesso de corticoides durante o *stress.* Registra-se, por exemplo, uma inibição inflamatória, uma tendência para a disseminação de infecções, uma involução dos órgãos linfáticos e assim por diante.

Para contornar tal dificuldade, os que ainda relutam em aceitar meu conceito, levantaram uma outra possibilidade. Dizem que, a despeito dos fatos expostos, a secreção dos corticoides pode não ser realmente intensificada; talvez esses hormônios percam meramente uma parte de seu efeito durante o *stress.* Está claro que a atividade dos citados hormônios pode ser aumentada por uma dada alteração metabólica — os denominados *fatores condicionantes* — que sensibilizam nossos tecidos em relação aos corticoides. Esse condicionamento indubitavelmente ocorre du-

STRESS — A Tensão da Vida

rante o *stress*, mas não pode explicar tudo. O aumento das suprarrenais e o aumento quimicamente demonstrável da proporção de corticoides no sangue constituem prova suficiente de que, durante o *stress*, há também uma verdadeira intensificação de atividade adrenocortical.

A teoria unitária da função adrenocortical. Embora há mais de vinte anos (F. Hartman, E. C. Kendall, T. Reichstein), se tenham preparado frações com atividade mineralocorticoide, a maioria dos especialistas acreditava, até 1952, que as suprarrenais não secretassem, na realidade, tais compostos. Julgava-se, de acordo com a "teoria unitária» da função adrenocortical, que somente os hormônios do tipo glicocorticoide, mantenedor da vida, eram enviados ao sangue. Os demais corticoides cuja presença foi constatada nas suprarrenais eram tidos por simples precursores de hormônios, conservados em reserva nas glândulas, mas não enviados à circulação.

Tal teoria prejudicou grandemente os progressos nesse terreno, por estabelecer que seriam fúteis as pesquisas em torno da existência de qualquer novo tipo de corticoide no sangue. Contudo, infelizmente, gozou de grande popularidade, sendo, como era apoiada em dois argumentos supostamente ponderáveis: 1) somente a atividade dos glicocorticoides era demonstrável no sangue, com a técnica da época; 2) após a ablação das suprarrenais os sintomas de insuficiência adrenal eram supostamente completados pelo COL (um glicocorticoide); o organismo, ao que parecia, não demandava mais nada.

Se essas conclusões fossem corretas, teriam invalidado minha teoria de que as doenças podem ser consequência de uma excessiva atividade de mineralocorticoides. *À luz da teoria unitária, os mineralocorticoides DOC eram considerados compostos totalmente artificiais* e, consequentemente, meus experimentos com tal substância careciam, alegadamente, de qualquer relação com problemas clínicos. As lesões renais e vasculares, por exemplo, que eu produzira com DOC em animais eram atribuídas a um tipo de alergia, em relação a esse "composto não natural", ou a alguma infecção cujo agente eu poderia ter incidentalmente introduzido com o DOC.

Posteriormente, trabalhando com meus colaboradores, reproduzi as mesmas alterações renais e cardiovasculares, tratando animais com extratos da pituitária (ricos em STH), com uma droga aparentada ao DOC (denominada MAD), ou mesmo com agentes de *stress* (como o frio). Significativamente, todos esses agentes produziam também sintomas histológicos do estímulo das suprarrenais. Os adversários de meu ponto de vista imediatamente passaram a alegar que o efeito do DOC não é específico e nada tem a ver com suas propriedades mineralocorticoides. Evidentemente, muitos agentes atuam como o DOC, mas com a importante diferença de que apenas o DOC pode produzir doença ainda mesmo depois da remoção das suprarrenais, pela cirurgia. Tal composto — ao contrário dos demais agentes, tais como extratos da pituitária, MAD, frio — evidentemente não agem através das suprarrenais.

Concluímos que, *sob a influência de diversos tratamentos, certos mineralocorticoides do tipo DOC podem ser produzidos pelas suprarrenais* do rato normal; os animais que sofreram ablação das suprarrenais são poupados à doença unicamente pela remoção da fonte desses hormônios lesivos. Nenhuma explicação alternativa pôde ser apresentada por pessoa alguma, mas muitos médicos consideravam que ainda não era possível aceitar minha interpretação por ser ela contrária à "teoria unitária".

Menciono todos esses fatos unicamente para ilustrar os muitos tipos de objeção que podem e devem ser levantados antes que uma determinada teoria seja aceitável. Na realidade, nesse meio tempo a teoria unitária perdeu totalmente seu fundamento. Inicialmente, graças ao aperfeiçoamento das técnicas, um mineralocorticoide característico, a *aldosterona,* foi registrado tanto nos tecidos das suprarrenais como no sangue que deixou essas glândulas (S. A. Simpson, J. F. Tait, T. Reichstein). Posteriormente, tornou-se claro, com o correr do tempo, que pacientes cujas suprarrenais haviam sido removidas, passavam melhor quando, além da cortisona, recebiam também pequenas doses de DOC ou aldosterona.

Atualmente, está claro, pessoa alguma pode duvidar que os *mineralocorticoides sejam hormônios naturais* das suprarrenais, mas foi necessário muito trabalho, por parte de numerosos cientistas, para demonstrá-lo. Esses investigadores persistiram em suas pesquisas a despeito dos efeitos desencorajantes da teoria unitária. E por que se empenharam eles, com tal determinação, em isolar a aldosterona em lugar de qualquer outro hormônio, dos muitos de cuja existência se suspeitava, mas que ainda não haviam sido descobertos? Tal esforço conjunto dificilmente teria grande valor se seu objetivo fosse meramente preparar outro composto do tipo DOC. Por outro lado, qualquer esforço para ampliar os conhecimentos de que se dispunha sobre os mineralocorticoides seria realmente justificado se tais hormônios desempenhassem de fato papel decisivo na produção das doenças fatais mais comuns, de desgaste, que afligem a humanidade, tais como as moléstias renais e cardiovasculares.

Qual a dose excessiva de DOC? Outra razão para dúvidas quanto a implicações clínicas de meu trabalho era a de termos empregado doses maciças de DOC para produzir manifestações de doença. Sustentava-se que quantidades enormes da citada substância, tais como as utilizadas, jamais poderiam ser secretadas por suprarrenais sãs ou afetadas.

HANS SELYE

Bem, em primeiro lugar, *tratava-se de doença que produzíamos com DOC, e assim as dosagens utilizadas eram naturalmente incompatíveis com a saúde.* Por outro lado, ninguém sabia a quantidade máxima da produção das suprarrenais durante a doença. Em vista disso, como seria possível afirmar que as doses eram excessivamente elevadas? Quem desejava verificar se um excesso de hormônio pode produzir doença, tinha de ministrar uma dose maciça. A quantidade apropriada, pensei, seria a que nos desse uma reprodução experimental de determinada doença humana conhecida.

De qualquer forma, tal objeção também se perdeu entre os novos fatos que vieram à luz. Verificou-se, por exemplo, *que as mesmas manifestações mórbidas reproduzidas podem ser induzidas com quantidades de DOC muito menores do que as que apliquei inicialmente,* desde que que o composto seja ministrado não por meio de injeções de solução, mas pela implantação de cápsulas sólidas de hormônios. Destas, os hormônios são constantemente conduzidos para o sangue e isso, provavelmente, corresponde muito mais perfeitamente à forma natural, em que as suprarrenais os secretam continuamente. As injeções impregnam subitamente o corpo com DOC, mas entre as várias aplicações a taxa hormonal mantida no sangue não é regularmente das mais altas.

Além disso, *o mineralocorticoide natural, aldosterona, se revelou muito mais potente que o DOC, e* portanto, basta que as suprarrenais produzam uma quantidade relativamente reduzida deles para que tenhamos uma dose maciça. Finalmente, descobriu-se, há poucos anos, que pacientes com uma produção de aldosterona demonstradamente intensificada sofrem de lesões renais (nefrose, nefrosclerose), tal como era previsto por minha teoria.

Considerando tudo isso, dificilmente se poderia, na atualidade, pôr em dúvida a capacidade de as suprarrenais produzi-

STRESS – A Tensão da Vida

rem grandes quantidades de mineralocorticoides. Além disso, a hiperfunção suprarrenal afetada pode induzir no homem o mesmo tipo de lesão cardiovascular e renal que o DOC produz em animais. Finalmente, a remoção das suprarrenais pode ter um valor curativo nos pacientes que sofrem de tais doenças.

Poderá realmente haver um desequilíbrio entre corticoides pró e anti-inflamatórios? Em 1949, a extraordinária eficiência anti-inflamatória do ACTH e da cortisona foi demonstrada pela primeira vez, em pacientes que sofriam de artrite reumatoide. Em vista das experiências com animais que haviam demonstrado o efeito pró-inflamatório do DOC, essa nova observação dava base à hipótese de que um desequilíbrio entre os dois tipos de corticoides possa desempenhar papel importante na produção de doenças inflamatórias. Quando a inflamação é excessiva, como nos casos da artrite reumatoide, por exemplo, a situação é corrigida por intermédio de corticoides anti-inflamatórios. Inversamente, pode-se obter efeito contrário no tratamento das doenças caracterizadas por uma relativa incapacidade de estabelecimento de barreiras inflamatórias contra invasores, tais como os germes da tuberculose.

Para muitos dentre nós essa parecia ser a única explicação natural — a única possível, na verdade — para os fatos de que se tinha conhecimento. Contudo, certos médicos ainda consideravam que a ideia de um equilíbrio entre hormônios pró-inflamatórios e anti-inflamatórios constituíam pura especulação, destinada a reconciliar os efeitos anti-inflamatórios, recentemente descobertos, do ACTH e da cortisona com as observações anteriores dos efeitos pró-inflamatórios do DOC.

Não pode pairar atualmente qualquer dúvida quanto aos efeitos antagónicos desses dois tipos de hormônios em inflamações. Muitas observações têm sido feitas a respeito, mas seria suficiente mencionar unicamente duas: 1) o agravamento de várias inflamações experimentais com hormônios anti-inflamatórios (que removem as barreiras inflamatórias) e sua melhora com hormônios pró-inflamatórios (que reforçam as barreiras inflamatórias); 2) proteção contra inflamação anafilactóide, artrite de irritação tópica, inflamação na bolsa inflamatória, etc., com ACTH e cortisona, e a abolição de tal proteção pelo tratamento simultâneo com STH ou DOC.

Haverá mesmo doença de adaptação? Isso depende de como definir uma "doença de adaptação". *Doença alguma é causada exclusivamente por carência de adaptação,* mas perturbações nos nossos mecanismos de adaptação desempenham papel capital no desenvolvimento de muitas doenças.

Poderíamos pôr mesmo em dúvida a questão da existência do que denominamos "doença infecciosa". Estamos constantemente expostos a todo tipo de germes que poderiam causar-nos doenças, mas isso frequentemente não ocorre. E por que não? Porque a entrada dos germes em nosso sistema não constitui a doença em si. Tudo depende do grau das lesões que os germes possam produzir-nos e do grau de resistência que possamos lhes oferecer. Contra alguns dos micróbios nada podemos fazer, mas, se por outro lado eles não nos puderem produzir mal algum, não haverá doença. Esses germes vivem pacificamente em nossos intestinos, pulmões ou garganta, sem nos causar qualquer mal.

Outros micróbios podem ser nocivos, mas antes que tenham oportunidade de agir, nossos tecidos os isolam por meio de impenetrável barreira inflamatória, ou eliminam-nos realmente por meio de substâncias químicas denominadas imunicorpos. Algumas pessoas mantêm perfeita saúde, embora sejam portadoras de germes de tifo ou difteria. Tais pessoas, contudo, podem infectar outras, as quais, por sua vez, podem ser vítimas da difteria ou

STRESS — A Tensão da Vida

do tifo, por serem mais fracas suas defesas. Quase todo ser humano adulto é, numa ocasião ou outra, infectado pela tuberculose, mas os germes geralmente não causam qualquer problema, por serem isolados por membranas inflamatórias fibrosas que se desenvolvem nos pulmões.

Significativamente, a exposição a um *stress* dos mais agudos (tais como fome, preocupação, fadiga ou frio prolongados), pode danificar seriamente os mecanismos de proteção do corpo. Isso é verdade tanto no que se refere a adaptação, que depende da imunidade sorológica, quanto no que concerne às barreiras inflamatórias. Essa é razão pela qual tantas doenças tendem a disseminar-se durante épocas de fome e guerra.

Se um micróbio se instala em nosso corpo ou sobre ele, permanentemente, e ainda assim não nos causa doença até que sejamos expostos ao *stress,* a "causa" de nosso mal-estar, seria o micróbio ou o *stress*? Creio que ambos são — e igualmente. Na maioria dos casos, *a doença não é consequência do germe em si, nem de nossas reações de adaptação em si, mas do caráter inadequado de nossas reações contra o germe.*

Tenho usado aqui, como exemplo, doenças infecciosas, mas o mesmo é aplicável a muitas outras doenças. Se uma companhia vai à falência e seu diretor passa a sofrer de úlcera gástrica, qual seria a causa de sua doença, a falência ou a incapacidade de o diretor adaptar-se à perda sofrida? Quando uma junta se torna invalidada por inflamação constante ou escaras, não seria certo responsabilizar nossas próprias reações corporais (respostas inflamatórias), pela deformidade? Poder-se-ia dizer que se não tivesse havido uma inflamação defensiva, o germe ou o agente alérgico teria produzido outros e mais graves defeitos. É verdade; mas agora não estamos tratando daqueles. O germe ou o agente alérgico que estimulou a inflamação poderia ou não ter causado outra doença, se não houvesse qualquer reação de tecido contra ele; mas a doença, que na verdade se desenvolveu, foi do tipo inflamatório. Além disso, quando a inflamação é suprimida por ACTH ou corticoides, frequentemente — por exemplo, nas alergias e na artrite reumatoide — não resulta consequência alguma da supressão.

Ainda não se sabe até que ponto, exatamente, a carência de adaptação desempenha papel em cada doença, pois embora ela tenha influência em todas as doenças, somente em algumas desempenha papel decisivo. Outra tarefa que se abre aos futuros pesquisadores será a de demonstrar até que ponto o homem pode aperfeiçoar as suas reações naturais de adaptação.

Gostaria de registrar aqui, a propósito, que Pasteur foi muito criticado por numerosos de seus adversários, por deixar de ressaltar a importância do *terreno* (o solo no qual a doença se desenvolve). Eles diziam que Pasteur se preocupava demasiada e exclusivamente com a causa aparente da doença: o próprio micróbio. Muitos debates sobre a questão foram, na verdade, realizados entre Pasteur e seu grande contemporâneo Claude Bernard; o primeiro insistindo na importância da produção da doença, o segundo na do próprio equilíbrio do corpo. Contudo, os trabalhos de Pasteur no campo da imunização, induzida com soros e vacinas, demonstra que ele reconhecia a importância do terreno. De qualquer forma é muito significativo que Pasteur tenha atribuído tanta importância a tal ponto, chegando a dizer, agonizante, ao Prof. A. Renon, que o assistia: "Bernard avait raison. Le germe n'est rien, c'est le terrain qui est tout" ("Bernard tinha razão. O micróbio não é nada, o terreno é tudo").

Mas, hoje em dia, os progressos alcançados nesse campo permitem-nos dizer que, como todas as reações do corpo humano, as relativas à adaptação nem sempre são perfeitas e que pelo

STRESS – A Tensão da Vida

menos algumas das doenças resultantes podem ser corrigidas. Isso é possível, por exemplo, por meio da ministração de hormônios, ablação das glândulas suprarrenais, ou por tratamentos com drogas, que suprimem a atividade endócrina ou nervosa.

Esses eram os principais problemas a serem resolvidos antes que se aceitasse o conceito do *stress*. Tratemos agora dos *pontos fracos da teoria ainda registrados hoje*. Tais lacunas em nosso conhecimento são da maior importância — elas suscitam a atenção para as limitações em nosso conceito e, portanto, abrem perspectivas construtivas para pesquisas posteriores.

Que são os sinais de alarma e como agem eles? No Livro II já apresentei as observações que me levaram a suspeitar de que certos *sinais de alarma são produzidos por várias células, como um efeito colateral tanto da atividade quanto da lesão*. Já verificamos que cada tipo de célula tem sua própria forma de reação específica — os músculos contraem-se, os olhos vêem, o tecido conjuntivo responde à lesão com inflamação. Mas o total dessas respostas características não pode ser diretamente computado, por não haver denominador comum. Contudo, o grau visível de *stress*, registrado num homem é proporcional ao total de tudo quanto lhe ocorre nessa ocasião. Como poderia o corpo calcular o total, digamos, do volume da concentração mais o da visão, mais o da inflamação? Todas as reações biológicas — não importa quão diferentes sejam uma da outra — devem produzir subprodutos não-específicos, que podem ser somados, servindo-nos assim de indicador para toda a atividade que se processa no corpo.

Isso, como o leitor notará, não passa de pura especulação. Ninguém, até hoje, conseguiu ver ou demonstrar de qualquer outra forma esses subprodutos por métodos de observação direta. De qualquer forma, parece-me que a existência de tal indicador é perfeitamente estabelecida pela lógica, tanto como se o tivésse-

HANS SELYE

mos visto. Ninguém jamais viu eletricidade, mas sua realidade é demonstrada, fora de qualquer dúvida, por suas manifestações. O mesmo se aplica aos sinais de alarma. Não podemos vê-los diretamente, mas podemos provar sua existência e mesmo medir seu volume, indiretamente, por seus efeitos. A descarga de ACTH, a dilatação das suprarrenais a inflamação dos órgãos linfáticos, a taxa de hormônios-corticoides no sangue, a sensação de fadiga e muitos outros sintomas do *stress* podem ser produzidos por atividade ou lesão em qualquer parte do corpo. Deve haver algum meio de enviar mensageiros de qualquer célula aos órgãos que são afetados, de maneira tão uniforme, pelos agentes do *stress*.

Em minha opinião nossa ignorância sobre a natureza desses sinais de alarma constitui um dos maiores pontos fracos no estudo do *stress;* mas como poderíamos descobrir mais coisas sobre eles? Bem, para começar, podemos examinar os *caminhos* que eles podem utilizar. Há dois, e somente dois sistemas gerais coordenados, que ligam entre si todas as partes do corpo: o sistema nervoso e o sistema sanguíneo. Os sinais de alarme podem ser conduzidos a qualquer parte *através dos nervos,* mas estamos quase certos de que essa não seja a única rota por eles utilizada, pois muitos órgãos podem prosseguir enviando sinais de alarme ainda mesmo quando seus nervos são seccionados. É provável que, frequentemente, para não dizer sempre, os sinais sejam enviados através do sangue. Sabemos que certos compostos, tais como as proteínas, existem em todas as células; parte das moléculas de proteínas pode destacar-se e atuar como transmissores da mensagem do *stress,* pelo sangue. Qualquer outro produto da atividade celular poderia desempenhar a mesma função, mas *é igualmente possível que os sinais de alarma sejam não uma substância, porém mais provavelmente a ausência de uma*. Durante a atividade, as células consomem várias substâncias químicas e a retirada de tais compostos do sangue poderia atuar também como sinal de alarme.

STRESS – A Tensão da Vida

Pesquisas intensivas nesse terreno estão sendo realizadas em diversos laboratórios, em todo o mundo. Diversos pesquisadores têm publicado observações nas quais alegam provar que uma ou outra substância (enzimas proteolíticas, polipéptidos, histamina, acetilcolina, ou derivados de adrenalinas), é a primeira mediadora da resposta ao *stress*. Em minha opinião, nenhuma dessas assunções tem sido até agora adequadamente apoiada por fatos.

É mesmo possível que *sustância ou deficiência alguma,* tenha a *exclusividade de aluar como um sinal de alarme.* Vários mensageiros podem levar a mesma mensagem. Os fatos reais, que nos levam a postular a existência dos sinais de alarme também estariam de acordo com este ponto de vista. As diversas células podem enviar mensageiros diversos, desde que tais mensagens possam ser recebidas pelos órgãos de adaptação (tais como a pituitária, por exemplo). Assim, consideremos como fator básico a acidez do sangue. Não temos razão alguma que nos leve a pensar que seja este realmente o caso, mas se for assim, qualquer composto ácido descarregado pelas células (ou mesmo o consumo de álcalis, pelas células), enviaria a mesma mensagem; contudo, o resultado total poderia ser computado como "acidez".

Todas essas possibilidades devem ser consideradas no planejamento de experiências destinadas a identificar a natureza dos sinais que acionam o sistema de defesa do corpo.

No quadro complexo de uma doença, que podemos atribuir a isto, ou aquilo? Se considerarmos a doença sob o ponto de vista do conceito do *stress,* logo surgirão várias questões, para as quais ainda não temos resposta definitiva. Tomemos a artrite reumatoide, por exemplo. Devemos perguntar:

1) Qual é o agente que causa essa doença? Germe, agente alérgico ou tensão nervosa?

2) Por que um determinado agente (um germe, digamos) aos quais todas as pessoas estejam expostas, produz artrite reumatoide numa pessoa e não numa segunda?

3) Já vimos que um dos traços mais característicos da artrite reumatoide é um excesso de inflamação aparentemente inútil. Será ela consequência da irritação local da articulação, provocada pela ação direta do agente causador? Será consequência de um excesso de produção de corticoides pró-inflamatórios ou da carência de anti-inflamatórios? Será consequência daqueles fatores condicionantes, que sensibilizam os tecidos em relação aos primeiros e insensibilizam em relação ao segundo tipo de hormônios? Ou vários desses fatores participam do processo? Esta doença consiste principalmente em inflamação, resposta dos tecidos que é facilmente influenciada por uma série de circunstâncias e, sendo assim, os problemas apresentados por qualquer caso são naturalmente complexos.

4) Por que não tem sido possível demonstrar qualquer perturbação evidente ou alteração na taxa de corticoides no sangue e na urina dos pacientes de artrite reumatoide? Por *que*, nesses casos, a inflamação é inibida tão facilmente por hormônios anti-inflamatórios, não sendo tão facilmente agravada por corticoides pró-inflamatórios? Por que, na nefrose, um aumento na produção de aldosterona é associada com a retenção de água pelo organismo (hidropisia) e certo tipo de lesão renal, sem que isso importe no aumento da pressão arterial, enquanto no denominado "aldesteronismo primário" é associada com outro tipo de lesão renal (nefrosclerose), alta pressão e ausência de hidropisia?

Está claro que, teoricamente, sempre é possível contornar esses fatos aparentemente incongruentes. Possivelmente, eles podem ser atribuídos a diferenças no ritmo de desenvolvimento ou da intensidade da perturbação hormonal, ou condicionamento variável por outros hormônios, hereditariedade ou a dieta. É muito provável que as explicações devam ser procura das no terreno citado, mas deve-se sempre ter em conta o fato de ainda não terem essas questões encontrado resposta.

O fato importante é o de agora essas questões poderem ser formuladas claramente; uma vez que isso é possível, mais cedo ou mais tarde elas serão respondidas. Na verdade, poderá ser necessário um longo tempo, mas isso não deve desencorajar-nos. O conceito da transmissão microbiana de doenças foi exposto há cerca de 100 anos; contudo, mesmo nesse campo, ainda nos defrontamos hoje em dia com problemas muito similares. A despeito de todos os progressos feitos em bacteriologia, tudo quanto sabemos sobre certas doenças resume-se no fato de elas serem infecciosas. Conhecemos os germes que causam outras doenças, mas não dispomos de remédio contra eles; ou não conseguimos compreender por que o mesmo germe causa doenças em certas pessoas e não em outras. Contudo, assim que Pasteur formulou os princípios básicos da infecção todo esse campo começou a emergir de séculos de escuridão. A ciência do *stress* é muito mais nova, e, consequentemente, muito menos estudada que a da bacteriologia, mas já apreendemos bastante a respeito. Reconhecemos, por exemplo, o papel das glândulas endócrinas e dos hormônios na causa e no tramento das mais diversas doenças. Com os meios altamente aperfeiçoados de pesquisa científica em nosso século, temos todas as razões para contar, doravante, com um progresso efetivo e rápido.

Que é energia de adaptação? Aqui nos defrontamos, provavelmente, com *a* mais fundamental lacuna em nosso conhecimento sobre o *stress*. Digo "fundamental" porque a adaptabilidade, ou se quisermos assim denominá-la, "energia de adaptação", é um traço característico da própria vida. A extensão da longevidade humana parece ser determinada, basicamente pela quantidade disponível de energia de adaptação. Uma compreensão melhor de tal questão abre perspectivas a uma recuperação mais rápida de qualquer tipo de exaustão e talvez, até mesmo, para prolongação da vida. Entretanto, tudo quanto realmente sabemos sobre esse misterioso fator, resume-se em que sua contínua exposição a qualquer agente de stress, acaba por desgastá-lo. Disso estamos certos; podemos verificá-lo experimentalmente. Já notamos que tudo o que é possível de adaptação resulta, eventualmente, em exaustão, isto é, perda do poder de resistência. O que se perde não sabemos precisamente o que seja, mas dificilmente poderia ser energia calórica - que geralmente é considerada o combustível da vida — pois a exaustão ocorre mesmo quando há amplos suprimentos de alimentos.

Em minha opinião, são estas as lacunas mais importantes em nosso conhecimento do stress — o que significa, também, que estes constituem os campos mais promissores abertos a estudos futuros.

Agora vejamos se o que aprendemos sobre o mecanismo do stress e as doenças de adaptação nos possa servir de base para um conceito mais unificado da medicina como um todo.

LIVRO IV
ESBOÇO D E UMA TEORIA UNIFICADA

SUMÁRIO

O estudo do *stress* tem demonstrado a importância de *distinguir claramente entre respostas vitais, específicas e não específicas.* Poderiam ambas ser compreendidas pela mesma teoria unificada?

As respostas específicas são de natureza simples; afetam apenas um ou alguns poucos elementos. As respostas não-específicas afetam numerosos elementos, sem seletividade. Na vida, diferenças de tipo (como os diversos tons musicais de um piano), não podem ocorrer a um nível de elementos (qualquer dada tecla); *a impressão de uma alteração qualitativa é criada pela fusão das respostas das unidades fundamentalmente inalteráveis.*

Mas quais são os elementos da vida? A célula é somente uma unidade estrutural e não funcional; contudo, ela pode desempenhar diversas funções ao mesmo tempo. Por outro lado, os *átomos* que constituem o nosso corpo não são em si verdadeiras unidades de vida. Eles não possuem quaisquer característicos de vida; é somente a sua interligação em corpos vivos que os anima. Quando incluídas no conjunto da matéria viva, as unidades químicas individuais não podem reagir a estímulo seletivo. Qualquer coisa que afete uma delas afetará também várias outras unidades químicas, estreitamente interligadas.

O *reacton é* definido como "a menor partícula de vida" que pode responder seletivamente ao estímulo. Por outras palavras, a matéria biológica não pode ser afetada especificamente em proporções menores que a de um *reacton*. Nesse sentido, o conceito *de reacton* não é uma teoria, mas uma descrição de fatos observados. Os limites da reação são relativamente vagos, mas um quantum também não possui limites perfeitamente nítidos e não deixa de ser uma unidade elementar de energia.

O *significado do conceito de reacton reside em abrir ele à análise experimental um campo que vai das unidades entre as células aos elementos químicos; ao mesmo tempo ele preenche a lacuna entre as respostas específicas e não específicas.*

STRESS — A Tensão da Vida

Todas as manifestações de vida, quer na saúde quer na doença, são considradas simples combinações e permutações de respostas, sim-ou-não, nessas derradeiras unidades de vida, os *reactons*.

A impressão de qualquer cor, forma ou movimento pode ser virtualmente criada num painel iluminado por meio de diversas combinações de lâmpadas coloridas, embora cada qual delas seja capaz de fornecer apenas um único tipo de resposta. Tanto quanto sabemos, o corpo humano representa um painel tridimensional essencialmente similar, embora muito mais complexo, no qual todas as manifestações de vida podem ser evocadas pela ativação de diversas combinações e permutações de unidades reativas primárias, os *reactons*.

Sou especialmente grato a diversos cientistas, entre os quais L. V. Bertalanffy, C. H. Best, G. Biörck, C. Cavallero, W. E. Ehrich, Lain A. Einstein, P. Entralgo, U. S. v. Euler, C. Fortier, I. Galdston, Drs. Green, C. S. Hanes, L. Hobgen, B. A. Houssay, J. Jensen, W. Kaempffert, C. D. Leake, A. Lipschütz, G. Marañon, F. Martl-Ibañez, A. Mirsky, J. Needham, J. Ortega-y-Gasset, R. Pasqualini, A. Pi-Suñer, L. Prado, T. H. Rindani, P. Romanel, P. J. Rosch, P. Schwartz, A. Szent-Gyoryi, D. L. Thomson, E. Tnutti, P. Weiss e J. H. Woodgers, que tiveram a gentileza de rever a versão original do Livro IV "Esboço para Uma Teoria Unificada" em manuscrito, antes que fosse publicada "em linguagem mais técnica" no *Terceiro Relatório Anual sobre o Stress*. Muitos desses investigadores fizeram valiosas sugestões, que influenciaram grandemente minha apresentação desse tópico neste volume.

Esta secção é dedicada unicamente aos leitores profundamente interessados na natureza da vida normal e patológica. Como o Livro II, é algo pesada, mas os que preferirem saltar os pormenores podem fazê-lo, lendo esta introdução, que lhes proporcionará a necessária continuidade.

19. A BUSCA DE UNIFICAÇÃO

O valor da unificação. *Stress* e doença. A ponte do não-específico ao específico. Tempo, espaço e intensidade. O que é aparentemente distinto e carecedor de unificação? Saúde e doença. A própria doença, seus sinais ou sintomas. Fenômenos específicos e não específicos. Diferenças qualitativas e quantitativas. Unidades e complexos.

O VALOR DA UNIFICAÇÃO

Sempre que um grande número de fatos é acumulado, em relação a qualquer setor de conhecimento, a mente humana sente a necessidade de um conceito unificador com que os correlacionar. Tal integração não é só artisticamente satisfatória, estabelecendo a harmonia onde parecia reinar a discórdia, mas também de grande utilidade prática. Ela nos permite observar um vasto campo, a partir de um único ponto de vista. Quando avistados de grande altura, alguns detalhes da paisagem são imprecisos ou mesmo invisíveis; contudo é somente dali que podemos examinar o campo em seu conjunto, a fim de nos certificarmos dos locais em que explorações pormenorizadas serão mais úteis para um futuro desenvolvimento.

Esforços para estabelecer um conceito unificado de doenças têm sido feitos desde o início da história da Medicina. É claro que qualquer tentativa de unificação perfeita estaria de antemão destinada a um malogro. As várias doenças diferem, tanto no mecanismo de seu desenvolvimento quanto em suas manifestações visíveis — jamais poderão ser elas reduzidas completamente a um único denominador comum. De qualquer forma, sempre que um característico novo, comum, estrutural ou funcional, tem sido registrado em qualquer parte do corpo ou em qualquer doença, esforços são desenvolvidos para isolar tal atributo (a estrutura celular de seres vivos, funções da enzima, metabolismo, e assim por diante), como um posto de observação do qual se obtenha uma visão coordenada da Biologia e Medicina, como conjunto.

Não iremos muito além disso — se não considerarmos tais característicos unificadores da mente como algo mais fundamental que uma posição elevada, da qual se possa obter uma visão sinóptica da doença, — tais esforços são, em minha opinião, perfeitamente justificáveis e de grande valor prático na orientação da pesquisa.

Já verificamos que o *stress* desempenha um papel capital em muitas doenças. Sua expressão geral (SAG); e regional (SAL), compreendem a própria ciência do que denominamos doença. É uma grande tentação, portanto, a de explorar a possibilidade de

STRESS – A Tensão da Vida

utilizar o conceito do *stress* como base para obtenção de um certo grau de unificação.

STRESS E DOENÇA

Temos ilustrado com grande número de exemplos o fato das mais diversas manifestações de doenças dependerem de um tríplice mecanismo consistente em: 1) a ação direta do agente externo — o aparente produtor da doença; 2) fatores internos que inibem tal ação; 3) fatores internos que facilitam tal ação. Todos os agentes de doença em potencial causam certo grau de *stress*. Através de tal mecanismo eles podem modificar as respostas do corpo, alterando as forças internas de resistência e submissão. Este parece ser o sistema básico de defesa, quando o próprio corpo combate à doença através do *stress*. Aperfeiçoar a autoterapia da natureza e sua ação curativa é também objetivo do médico que utiliza a terapia do *stress* sob a forma de choque, agentes tranquilizadores, hormônios de adaptação e assim por diante.

Em essência, a terapia pelo *stress* (quer seja ministrada pelo próprio corpo, quer pelo médico), é um *tratamento tático,* tal como tem sido até agora praticado quase que exclusivamente na cirurgia. Nesta sempre foi hábito utilizá-lo, quando o agente de doença não pode ser eliminado. Por exemplo, quando um câncer inoperável constitui uma obstrução intestinal, o cirurgião faz uma abertura artificial para contornar a obstrução. Isso não é cura, mas permite que o paciente viva em relativa harmonia com sua doença. Assim, logramos por intermédio de meios puramente mecânicos o que a terapia do *stress* permite alcançar por meio de processos bioquímicos *A terapia pelo stress não é ofensiva;* ela não é especificamente dirigida contra qualquer produtor de doença (como são os soros específicos, antibióticos e outros agentes quimioterápicos).

HANS SELYE

A terapia do *stress não é sintomática nem estritamente substitutiva;* ela não age meramente pela eliminação de qualquer sintoma específico (como a aspirina numa dor de cabeça), ou pela reparação de uma solução de continuidade (como uma perda de pele é reparada com um ponto ou uma perda de vitamina com uma dose curativa da mesma vitamina).

A terapia pelo *stress* é de *tática defensiva,* pois ajusta a defesa ativa (bloqueando, por exemplo, o agente de doença pela inflamação), e de submissão passiva (permitindo a morte local de um grupo de células limitado, ou a disseminação de produtores de doenças inofensivas), da maneira que mais favoreça o conjunto do organismo.

Alguns agentes são *produtores incondicionais de doenças,* virtualmente, pois sua influência sobre os tecidos do corpo é tão grande que eles causam doença a despeito de qualquer ausência de condicionamento ou circunstâncias sensibilizantes. (Por exemplo, raios ionizantes, grandes variações de temperatura, lesões mecânicas graves ou certos microrganismos aos quais todos são suscetíveis.)

Contudo, a maioria dos agentes que nos causam doenças são, em maior ou menor grau, *produtores de doenças que atuam condicionalmente:* isto é, eles causam doenças somente sob circunstâncias especiais de sensibilização. Sua capacidade de produzir doenças pode depender de fatores hereditários, o ponto através do qual penetram no corpo, a queda prévia de resistência por subnutrição ou frio e assim por diante. Nesse caso é impossível decidir qual, entre os diversos fatores necessários para a produção de doenças, é realmente a causa e qual é o fator condicionante: uma situação *completa de produção de doença* deve ser estabelecida antes que a doença se torne manifesta. Por exemplo, o fato de um micróbio produzir ou não doença depende muito das forças

STRESS — A Tensão da Vida

de resistência e submissão com as quais se defrontará depois de penetrar no corpo. Ele pode ter livre acesso ao sistema circulatório e causar a morte por envenenamento do sangue, ou ele pode ser completamente isolado por uma espessa barreira de tecido inflamatório, que o tornará inócuo. Num caso desses, não interessa procurar saber se o produto final deve ser atribuído ao microrganismo ou à resposta do corpo. Aqui, o desenvolvimento da doença depende de toda uma constelação de acontecimentos.

Tal interpretação ainda não é inteiramente satisfatória como conceito unificado de doença, especialmente por deixar de compreender as *doenças não inflamatórias*. Com a caracterização do SAL, torna-se evidente, contudo, que o *stress* local produz não apenas inflamação, mas também degeneração e morte ou estímulo, aumento e multiplicação de células no local de sua ação. Todas essas alterações podem ser reguladas por hormônios pró-inflamatórios a anti-inflamatórios, cujas ações (assim como os efeitos correspondentes de estímulo nervoso), podem, portanto, ser consideradas geralmente como agentes favorecedores ou inibidores da lesão em geral. Portanto, o conceito não deve ser necessariamente restrito às doenças puramente inflamatórias.

A PONTE DO NÃO ESPECÍFICO AO ESPECÍFICO

Contudo, a questão persiste, isto é, não sabemos se o *conjunto específico dos efeitos dos agentes pode ser também integrado neste conceito.* Esses efeitos parecem qualitativamente diversos, tanto mutuamente quanto em relação aos não específicos *(stress)*: eles não parecem suscetíveis de qualquer interpretação unificada. Mas verificamos que há transições imperceptíveis entre as ações mais e menos específicas, e assim a diferença não é de tipo mas de grau. Se pudéssemos também manifestar ações específicas em termos de *stress*, todas as manifestações de doença poderiam ser reduzidas a um denominador comum. Poderiam resultar, por exemplo, de diferenças na intensidade, sequência de ação, distribuição anatômica e nas proporções relativas dos três componentes básicos da própria doença: o agente de *stress*, as forças de resistência e as forças de submissão.

TEMPO, ESPAÇO E INTENSIDADE

Além das proporções relativas entre os três característicos básicos de doença, as manifestações de doenças individuais seriam então desenvolvidas sobre *quando, onde e até que ponto* esta tríplice situação: sobre 1) *tempo* (duração e natureza possivelmente transitória do *stress*); 2) *espaço* (a localização da situação do *stress*); e 3) *intensidade* (o grau do conjunto do tríplice fenômeno).

Durante os últimos anos, tenho tentado formular a fundamentação conceitual de tal ponto de vista, através da *teoria* do *reacton*, que gostaria de expor agora. Mas, à guisa de introdução, permitam-me que declare agora que, em minha opinião, a ligação entre o conjunto das reações específicas e não-específicas reside no fato de todas elas serem compostas do mesmo tipo de respostas elementares. Embora as reações biológicas tendam a dar impressão de singularidade, representam na verdade, mosaicos de simples ativação e inibição *(stress)*, numa grande variedade de unidades biológicas preexistentes, elementares, subcelulares: os *reactons* (1). Cada qual é capaz de fornecer apenas um tipo de resposta, mas, fundindo essas reações elementares em combinações diversas, o resultado é qualitativamente distinto.

---

(1) – Este não é o local oportuno para entrar numa discussão pormenorizada de conceitos biológicos relacionados, mas mencionemos ao menos que a palavra *bióforo* (Weismann) tem sido utilizada para descrever uma hipotética "menor porção de matéria que

STRESS – A Tensão da Vida

Para ilustrar tal fato com um exemplo, lembremos que é possível criar uma variedade virtualmente ilimitada de melodias no teclado de um piano. Pela mera ação de ativar ou inibir suas cordas — variando-se o tempo, o local e a intensidade do simples toque nas teclas pré-existentes — cada qual capaz de fornecer apenas um tipo de resposta. Pretendemos demonstrar que *reactons*, e não células, são as "teclas" elementares da matéria viva e que todas as manifestações de vida normal e patológica depende somente de quando, onde e quanto (ou quantos) desses citados elementos biológicos são sujeitos a *stress*.

Esse conceito é estreitamente relacionado com o da escola psicológica alemã do *Gestalt*. *Gestalt* significa literalmente "forma", ou "contorno" e é usada nesse sentido para significar uma configuração de estruturas ou sistemas separados (físicos, biológicos ou psicológicos) que, por tão integrados num padrão, constituem uma unidade funcional. Pode-se, portanto, conceber eventos fisiológicos que ocorrem não através da mera soma de elementos distintos, mas do funcionamento do *Gestalt* (forma) como uma única unidade. A forma de cada doença funciona como unidade distinta, embora seja constituída de inumeráveis respostas simples de *reacton*.

---

reúna os atributos de vida". Supostamente, tais partículas podem ser sucessivamente agregadas em grupos maiores denominados: 1) *determinantes,* ainda além dos limites da visão microscópica e equivalentes a genes; e 2) *ids,* identificáveis por meio dos grânulos cromáticos no núcleo da célula. O bióforo é mais ou menos equivalente ao *bioblast* (Altmann), ao *pangen* (Hugo de Vries), o *plasoma* (Wiesner) e o *biogen* (Verworn). A ideia dos *reactons é* também relacionada, ainda que menos diretamente, ao conceito de mônadas (Giordano Bruno e, posteriormente, Gottfried Leibnitz).

QUAIS OS CONCEITOS DISTINTOS
QUE NECESSITAM DE UNIFICAÇÃO?

Pensando na natureza fundamental de qualquer fenômeno, o homem tende, invariavelmente, a analisá-lo sob dois pontos de vista essencialmente distintos: sua *causa primária* e seus *elementos constituintes primários.*

Se um membro inteligente de uma tribo primitiva, por exemplo, visse pela primeira vez um automóvel, poderia perguntar: "Quem o fez? (isto é, qual é sua causa) e "Do que é feito?" (isto é, quais são os elementos que o constituem?)

A busca inata do primário é também especialmente evidente durante a fase de desenvolvimento mental de qualquer criança. Manifesta-se pelo que denominamos "a fase dos por que?", que leva ao seguinte tipo de diálogo padrão: "Por que a noite é escura?" "Porque o sol se põe". "Por que o sol se põe?" "Porque a Terra gira em torno dele", e assim por diante, até que o adulto interrogado consegue mudar de assunto.

Nosso desejo de prosseguir escalando tais escadas de perguntas não é reduzido pela maturidade; mas nossa esperança de chegar ao topo vai morrendo com a idade, pois acabamos por perceber que é tão inerente à natureza humana ser cego em relação ao primário quanto persistir em sua busca. Contudo, assim que o homem percebe *que,* para ele, a escada da compreensão não tem fim, pode encontrar algum conforto na compreensão de que, consequentemente, não há limite para seu possível progresso — não importa quão sábio seja, mantém-se sempre capaz de galgar mais um degrau.

Temos pouco a dizer sobre as causas primárias na biologia; contudo, os trabalhos experimentais levaram-nos a um ponto no qual consideramos que uma compreensão melhor dos elemen-

STRESS — A Tensão da Vida

tos primários da doença pode ser de grande valor no levantamento de um quadro mais unificado da Medicina. Todavia, antes de tentar qualquer unificação dessa ordem, gostaria de esboçar o que em minha opinião nos faz maior falta.

Quais são os conceitos da Medicina, cuja distinção importa no caso? Tomemos cinco pares de conceitos gêmeos como exemplos, primeiro pelo fato de serem dos mais básicos na Medicina e na Biologia e segundo por parecerem insusceptíveis de redução a um denominador comum.

Esses cinco pares de conceitos gémeos são: 1) saúde e doença; 2) a própria doença e seus sinais e sintomas; 3) fenômenos específicos e não específicos; 4) diferenças qualitativas e quantitativas; 5) unidades e complexos.

SAÚDE E DOENÇA

Os manuais geralmente definem a saúde como ausência de doença e vice-versa. As duas condições seriam antônimas, diametralmente opostas. Serão mesmo? Não serão fundamentalmente diversas apenas em grau e na posição de fenômenos vitais dentro do espaço tempo?

Perda de sangue, inflamação, perda de peso ou elevação da temperatura podem ser mencionadas entre as manifestações características de doença, por representarem supostas variações da condição de saúde que consideramos normal. Mas o ciclo menstrual da mulher é acompanhado por perda de sangue e inflamação do útero, sendo justamente a ausência de tais características o que consideramos doença, quando se trata de uma adulta jovem. Caso ela sofra uma perda excessiva de sangue durante o citado período, ou se o perde por outro órgão que não o útero (como acontece numa moléstia denominada *endometriose)* isso também será considerado uma doença, assim como o início das regras mensais numa ocasião anormal (no caso de puberdade precoce, por exemplo).

Uma perda de peso ou uma variação de temperatura também só podem ser consideradas mórbidas em relação a uma norma de saúde; mas a saúde e a normalidade biológica não são sinónimos. Um homem cujo pé é defeituoso desde o nascimento, ou que veio ao mundo com uma cicatriz que o desfigura, não é normal nem anormal. Defeito não é doença.

Poder-se-á argumentar que os exemplos citados (perda de sangue, inflamação, perda de peso, elevação da temperatura) são meras manifestações de doença e não a própria doença. Talvez devamos distinguir entre doença e os sinais e sintomas de doença.

A PRÓPRIA DOENÇA E SEUS SINAIS OU SINTOMAS

Os dicionários dizem que *doença* é "um processo mórbido definido, com um conjunto de sintomas característicos. Pode afetar todo o corpo ou parte dele; sua causa, patologia e prognose podem ser conhecidas ou desconhecidas". (1) Por outro lado, um *sintoma* é "qualquer indício funcional de doença", e um *sinal* é "qualquer indício objetivo de doença" (Do *American Illustrated Medical Dictionary*, de Dorland).

---

(1) Significativamente, a última edição (1956) do *Blakiston's New Gould Medical Dictionary* — o moderno livro padrão de referência na maioria das escolas de medicina — define doença como incapacidade de o mecanismo de adaptação de um organismo contra-atacar adequadamente os estímulos ou causas de *stress* aos quais é submetido, acarretando perturbações nas funções ou na estrutura de qualquer parte, órgão ou sistema do corpo".

STRESS — A Tensão da Vida

Tais definições, embora geralmente aceitas, dificilmente satisfazem um espírito analítico. Seria a alta pressão arterial da hipertensão comum ("essencial") uma doença ou um sinal? Se é uma doença, tem também seus sinais, e se é um sinal do que será? As mesmas dúvidas são levantadas em relação à nefrite e à pneumonia. Estas condições podem ser denominadas doenças, mas suas consequências (por exemplo, excreção de proteína, hipertensão no caso da nefrite, febre e falta de ar no da pneumonia) podem ser considerados seus sinais. Contudo, se as mesmas alterações renais e pulmonares ocorreram, digamos, no curso de escarlatina, não são mais consideradas doenças em si, mas sinais desta última doença.

Na verdade, temos geralmente uma razão subconsciente, mas muito prática, que justifica amplamente tal estado-de-coisas. Quando falamos de *doença,* geralmente estamos querendo dizer que, à luz do conhecimento de que se dispõe, não há esperança de ascender a um grau mais elevado na cadeia de causalidades da condição com que nos defrontamos. Quando falamos de *sinal* queremos dizer que há esperanças, no mínimo, de galgar mais um degrau, rumo à compreensão de sua causa primária.

Assim, a diferença entre doença e seus sintomas ou sinais não parece ser das mais fundamentais. Somos levados a imaginar que uma interpretação unificada desses fatores poderia auxiliar-nos a chegar a uma compreensão mais básica dos processos mórbidos em geral. Está claro que, quando se trata de sinais e sintomas, a primeira preocupação do médico reside no grau de sua especificação: sua utilidade como indicadores de qualquer doença.

HANS SELYE

FENÔMENOS ESPECÍFICOS
E NÃO ESPECÍFICOS

O significado original do termo *específico* é "aquele que caracteriza ou constitui uma espécie". Assim, por exemplo, falamos das diferenças específicas entre o cão e o lobo, os quais pertencem ao gênero *Canis*.

O conceito de especificidade é da maior importância na pesquisa do *stress,* desde que temos definido o *stress* biológico como algo não específico: o resultado de todo desgaste causado pela vida sobre o corpo a qualquer dado momento. Nesse sentido, o *stress* é uma condição determinada especialmente por agentes não específicos, isto é, aqueles que agem sobre muitos órgãos, sem seletividade. Contrariamente, um agente específico atua somente sobre uma ou poucas partes, provocando, portanto, efeitos seletivos (especificamente formados). Os agentes que atuam com grande seletividade, isto é, produzindo alterações específicas sobre setores estritamente circunscritos, são relativamente raros; a maioria dos estímulos produz respostas extremamente difusas (não especificamente formadas) em muitas partes do corpo. Em consequência, a expressão um tanto vaga de *agente específico* geralmente implica especificidade tanto na causa quanto na forma (ou composição) da alteração que produz.

Todas as partes do corpo suportam apenas um grau limitado de desgaste, mas se muitas partes são afetadas de forma não específica, o desgaste total se avoluma. Daí a razão pela qual os agentes que afetam várias partes, sem especificidade na forma de seus efeitos, são os mais efetivos agentes de *stress*. Já citei o hormônio tireotrófico como agente específico, pois poucas (para não dizer nenhuma) substâncias se equiparam à sua capacidade de estimular seletivamente a tireoide. Inversamente, muitas das alterações provocadas por infecções graves, raios ionizantes ou grande preocupação — tais como fadiga, perturbações gastrintestinais,

STRESS — A Tensão da Vida

perda de peso — são das mais não específicas, por serem produzidas por muitos agentes. Contudo, *ainda assim seria impossível dar qualquer exemplo de um agente absolutamente específico ou não específico.*

Aqui temos novamente a impressão de que os dois fatores associados de uma dupla conceituai, específico e não específico, são apenas aparentemente diversos em qualidade e, na realidade, distintos meramente em grau, isto é, num aspecto quantitativo de suas composições.

DIFERENÇAS QUALITATIVAS E QUANTITATIVAS

Isso nos leva ao problema crucial de distinguir entre diferenças qualitativas e quantitativas em geral. Poder-se-ia pensar, por exemplo, que as ações de uma substância moderada e poderosa, que tenha a peculiaridade de elevar a pressão arterial, difiram apenas em grau (quantidade) e que os efeitos diametralmente opostos de um estimulante nervoso (excitante) e de uma droga tranquilizadora (deprimente) difiram em qualidade. Mas tal distinção parece evidente unicamente em virtude dos termos utilizados. Falar de excitação e depressão implica na observação dessas condições a um nível intermediário, que identificamos com a normalidade. Se partirmos da absoluta ausência de atividade poderemos elaborar uma escala ascendente que, sobe do zero através de graus cada vez menos pronunciados de depressão, até chegar à excitação.

Portanto, não seria inteiramente injustificado declarar que *as diferenças quantitativas e qualitativas são meramente uma questão de grau* e de estabelecimento desse fenômeno vital no tempo e no espaço. Pode-se considerar, por exemplo, que a impressão de qualquer diferença qualitativa — virtualmente — pode ser criada por simples combinações e permutações de atividade induzida num número limitado de elementos biológicos, cada qual capacitado a fornecer unicamente um só tipo de resposta.

Vejamos, por exemplo, esses gigantescos anúncios luminosos da Times Square: todas as cores, formas e movimentos podem ser virtualmente criadas pelas simples combinações e permutações de "atividade" induzida num número limitado de tubos de néon, cada qual capacitado a fornecer um único tipo de resposta. Representará o corpo humano um "luminoso" tridimensional, embora incomparavelmente mais complexo, no qual todas as manifestações de vida possam ser evocadas pela ativação de várias combinações e permutações de unidades reatoras primárias, os *reactons*?

Isso nos leva ao último e talvez mais importante dos conceitos gémeos que analisaremos antes de tentar expor uma interpretação unificada de fenómeno biológico: o problema da unidade fundamental de vida.

UNIDADES E COMPLEXOS

A dificuldade em distinguir perfeitamente entre unidades e complexos é, está claro, generalizada, não sendo de forma alguma específica da Biologia e da Medicina. Encontramo-la também na Física, Química, Álgebra e Geometria. Falamos de uma unidade de matéria, ou de energia; um número pode ser tomado como unidade, assim como determinado elemento de estrutura ou forma. Para apresentar um exemplo clássico, o átomo foi por muito tempo considerado a unidade da matéria. Contudo, em virtude dos recentes progressos, especialmente no campo da Física e das Matemáticas, o seu bloco estrutural, aparentemente indivisível foi espedaçado e de seus fragmentos emergiu a teoria mais geral de unificação que a mente humana já foi capaz de conceber. Contudo, o átomo permanece sendo uma unidade, embora não seja a última ou a fundamental da matéria.

Biologicamente, uma espécie é uma unidade entre formas vivas, assim como o indivíduo dentro de sua espécie, um órgão nesse indivíduo, um tecido nesse órgão ou uma célula nesse tecido. Tradicionalmente, a célula tem sido considerada a unidade primária ou fundamental da vida e, ainda assim, constitui um agregado altamente complexo.

No capítulo seguinte veremos até que ponto o conceito de *stress* nos permite preencher as lacunas entre os seguintes conceitos básicos de Medicina e Biologia: saúde e doença, doença e seus sintomas, alterações específicas e não específicas, diferenças qualitativas e quantitativas e, o mais fundamental, unidades e complexos.

Não sei — e isso realmente não importa — se os argumentos Básicos nos quais apoio meu ponto de vista foram ou não expostos por filósofos. Provavelmente já foram. A prioridade da descoberta, no sentido em que a consideramos no domínio das ciências naturais, dificilmente tem uma contrapartida verdadeira na ciência do próprio pensamento. Todas as modalidades de pensamentos compatíveis com a estrutura do cérebro humano já foram, provavelmente, formuladas em determinado momento, em determinada linguagem ou forma, por um dado autor, especialmente os concernentes a princípios básicos como aquele com que nos defrontamos. Mas há uma grande diferença entre uma coisa que foi vista (ou descrita) e uma que é conhecida por aqueles aos quais concerne. Os elementos básicos do raciocínio são igualmente aplicáveis a todas as ciências; todavia, a fim de usá-los na criação de um novo conhecimento e do aumento da compreensão em qualquer setor, eles devem ser inicialmente traduzidos numa linguagem que seja compreendida e aceita pelos que trabalham num determinado setor. Para nós, biólogos e médicos, *as generalizações somente são aceitáveis se forem substan-*

cialmente demonstradas por muitos dados individuais calculáveis. Abstemo-nos instintivamente de debates filosóficos pelo fato de a mente funcionar muito mais rapidamente que a mão e, quando arriscamos a formulação de determinadas generalizações sobre nossas ciências, notamos que o laboratório não pode avançar com a mesma velocidade da imaginação.

A nossa filosofia deve ser *experimental,* pois só podemos assimilar realmente os ensinamentos da observação objetiva. Como sua contrapartida natural, tal filosofia experimental criaria uma *medicina teórica* que, estou certo, poderia ser das mais esclarecedoras e práticas ao médico, assim como a física teórica tem facilitado os trabalhos de nossos colegas nas ciências que tratam do mundo inanimado.

Para estabelecer suas fundações será necessário um grande espaço de tempo, assim como os esforços conjuntos de diversas gerações. As páginas seguintes podem ser consideradas unicamente como uma primeira tentativa de esboço preliminar, fundado no limitado número de fatos que me foi possível verificar no laboratório.

20. COMO PODERÁ O CONCEITO DE STRESS LEVAR A UMA INTERPRETAÇÃO MAIS UNIFICADA DE BIOLOGIA E MEDICINA

Stress e adaptação. *Stress* e crescimento. *Stress* e especificação. A unidade estrutural de vida: a célula. A unidade funcional de vida: o *reacton.* Análise e síntese da doença celular. Possibilidades e limitações da hipótese do *reacton.*

STRESS E ADAPTAÇÃO

Nosso trabalho anterior com o SAG, e especialmente as observações mais recentes efetuadas com o SAL, demonstraram

STRESS – A Tensão da Vida

claramente a diferença essencial entre o que chamam *resistência específica* (resistência a um agente, induzida por tratamento preventivo com o mesmo agente) e *resistência cruzada* (resistência a um agente produzida por tratamento preventivo com outro agente).

A *fase de resistência* (cap. 10), recebeu essa denominação porque nesse caso a resistência a um agente especial que produz essa fase da síndrome de adaptação (geral ou local) está no seu apogeu; contudo, a um mesmo tempo a resistência à maioria dos outros agentes tende a cair abaixo do normal. Parece que o ajustamento de nossos tecidos para desempenhar determinada função inibe sua adaptabilidade a novas circunstâncias. As seguintes observações convenceram-me de que devemos distinguir entre dois tipos fundamentalmente diversos de adaptação:

1) *Adaptação de desenvolvimento* (em linguagem técnica: adaptação homotrófica) isto é, uma reação simples e progressiva de adaptação, desenvolvida pelo mero aumento e multiplicação de células e elementos preexistentes, sem alteração qualitativa. Esta resposta ocorre quando um tecido é chamado unicamente a intensificar a sua atividade, no que se refere a uma função à qual já esteja adaptado, como quando, por exemplo, um músculo é forçado a efetuar um exercício mais exaustivo que o usual de trabalho mecânico.

2) *Adaptação de redesenvolvimento* (em linguagem técnica: adaptação heterotrófica) na qual um tecido organizado para determinado tipo de ação é forçado a reajustar-se inteiramente a uma modalidade de atividade absolutamente diversa. Isso acontece, por exemplo, quando as bactérias ou as partículas de células mortas entram em contato com uma célula muscular, e esta deve transformar-se, a fim de engolfar e destruir esses materiais (em linguagem técnica: metaplasia para fagocitose). É interessante notar que, sempre que se registra essa adaptação de redesenvol-

vimento, as células especificamente formadas para desempenhar certas funções, inicialmente perdem seus atributos característicos adquiridos. Elas devem diferenciar-se, tornar-se simples quanto à estrutura e similares a células muito novas, antes de poderem adquirir as novas características que as adaptarão às outras funções. O *stress* exerce grande influência na promoção dessa diferenciação e rejuvenescimento; portanto, ele abre o caminho para uma reorganização de sua individualidade. Isso deve ser levado em mente quando se discute (de um ponto de vista mais filosófico), o fator do *stress* na origem da individualidade (Livro V), e o papel do *stress* como um equalizador das atividades em geral.

Até aqui, tenho usado como exemplos remodelações estruturais para adaptação ao *stress* local. Mas é evidente que as mesmas considerações são também aplicáveis às respostas funcionais (desde que estas devem dispor também de algum material — estrutural, químico — base), assim como as adaptações reativas do corpo como conjunto (que são essencialmente compostas de muitas respostas locais coordenadas).

Todas essas várias reações de adaptação são, em última análise, consequência da exposição de diversas combinações de tecidos — elementos ao *stress*. Daí surge a impressão de uma certa lei fundamental de unificação. Mas isso é ainda apenas uma impressão. Quando o quadro chega a esse ponto, seu aspecto mais estranho talvez seja o da dificuldade de relacionar o fenómeno "mórbido" de adaptação transformativa ou de redesenvolvimento (por exemplo, de ama célula muscular comum numa estrutura irregular que engolfa partículas estranhas), ao tipo "fisiológico", de simples desenvolvimento de tecidos (crescimento e maturação). A evolução de nossos tecidos, da infância à idade adulta, parece ser dirigida pelas leis da hereditariedade sem qualquer dependência manifesta do *stress*.

STRESS E CRESCIMENTO

É digno de nota o fato de os denominados hormônios de adaptação ou hormônios do *stress,* serem também importantes reguladores do *crescimento geral.* ACTH e COL são poderosos inibidores de crescimento e o STH tem efeitos opostos tão poderosos que é realmente denominado *hormônio do crescimento.* Não causa espécie, portanto, o fato de o *stress* poder afetar o crescimento do corpo em seu conjunto. Se uma criança é exposta a *stress* excessivo, seu crescimento é prejudicado, sendo tal inibição, pelo menos em parte, consequência do excesso de secreção de ACTH e COL.

Mas haverá alguma ligação entre *stress* (ou hormônios de adaptação), e o crescimento local seletivo de determinadas partes, que leva a alterações qualitativas pela modelação da forma do corpo? Está claro que a inflamação, um dos traços mais característicos do *stress* local, é acompanhada por crescimento seletivo de tecido, no local da lesão. Parte desse fenômeno é puramente de desenvolvimento (aumento do tamanho e número de células), mas outra parte é de redesenvolvimento (transformação de células de tecido conjuntivo em outros tipos capacitados a absorver bactérias).

Descobri que em ratos em processo de desenvolvimento é possível inibir seletivamente até mesmo o crescimento de orelhas, patas ou partes do focinho, por meio de tratamento local com COL. Os defeitos resultantes são pós-natais. A possibilidade de aplicação desse tipo de tratamento, nos casos de crescimento anormal de órgãos infantis, está sendo agora investigada.

O crescimento local de certos tecidos pode ser seletivamente influenciado pelo *stress* (ou hormônios de adaptação) mesmo a distância do local da lesão. Já vimos que, através dos hormônios anti-inflamatórios, o *stress* local em qualquer parte do corpo pode causar a involução de estruturas linfáticas distantes ou dos tecidos inflamados, enquanto os hormônios inflamatórios têm efeitos opostos.

Frequentemente, os efeitos locais do *stress* e dos hormônios — quer sobre a inflamação, quer sobre o crescimento — são manifestos apenas sob determinadas condições. A subnutrição, consequente da constrição dos vasos, por exemplo, cria condições de sensibilidade para os efeitos dos hormônios inibidores do crescimento e anti-inflamatórios, sendo que a vasodilatação tem efeitos opostos. Um dos mais importantes setores de pesquisa do *stress* reside na exploração do mecanismo através do qual tais fatores de condicionamento alteram a resposta regional dos tecidos e, portanto, permitem reações seletivas dos hormônios que são igualmente distribuídos por todas as partes do corpo através do sangue.

Também é possível que durante o *stress* local certas células possam desenvolver uma afinidade especial (atração) em relação aos hormônios de adaptação reguladores do crescimento, embora as técnicas bioquímicas disponíveis ainda não nos permitam estabelecer esse ponto com certeza. Todos esses fatores podem estimular certas regiões de tecido com uma sensibilidade seletiva para um ou outro dos dois tipos de hormônios de adaptação e, dessa forma, permitir que o *stress* molde a estrutura do corpo.

Talvez o mais importante estimulante local do crescimento seja a atividade. Uma célula muscular forçada a desenvolver mais trabalho mecânico ou uma célula glandular estimulada a uma atividade excessiva de secreção pode ampliar-se. *Poderia o próprio stress de hiperatividade local atuar como fator condicionante para os hormônios de adaptação reguladores do crescimento?* Já verificamos que o hormônio do crescimento produz efeitos mais característicos sobre os músculos submetidos a grande trabalho do que sobre os músculos em repouso. Mas atividade seletiva num grupo muscular limitado constitui um tipo específico de reação e, denominando-o *stress,* poderíamos estar obscurecendo a delimitação entre ações específicas e não específicas — distinção que constitui a própria base da teoria do *stress.*

STRESS E ESPECIALIDADE

Já vimos como o estímulo local específico de determinadas partes (o olho através da luz, o ouvido pelo som, um músculo pelo seu nervo motor) pode produzir o *stress* geral, enviando sinais de alarme a partir dos tecidos estimulados.

Também já vimos que o estímulo local seletivo de qualquer parte pode produzir manifestações demonstráveis de *stress* local. Assim, por exemplo, o estímulo excessivo de um músculo pode produzir inflamação local. Um investigador sueco, R. Barany, demonstrou que o intenso trabalho muscular pode até mesmo alterar a capacidade de os tecidos sobrecarregados suportarem inflamação, após a aplicação local de vários irritantes. Não pode haver qualquer dúvida de que o estímulo específico de órgãos seja inseparavelmente ligado a manifestações não específicas, locais e gerais, de *stress.*

Outro importante característico *é a relação entre especificidade e qualidade da resposta.* Os agentes não-específicos têm sido definidos como estímulos "que afetam vários setores, sendo destituídos da capacidade de atuar seletivamente sobre qualquer deles isoladamente". De forma similar, *uma* alteração não específica é a que pode ser determinada por muitos agentes, enquanto uma alteração específica só pode ser produzida por um ou, quando muito, por um número muito limitado de agentes. Os dois tipos de agentes parecem não ter qualquer relação e diferirem quanto à qualidade. Na verdade, chega-se a considerá-los antônimos.

Contudo, mesmo essa diferença aparentemente fundamental entre o específico e o não específico é talvez mais aparente que real. Tem sido demonstrado, em relação a grande número de elementos reativos em organismos vivos *(receptores* ou *alvos)*, que eles podem responder à irritação somente de uma forma. Esse tipo de reação é condicionada por sua própria estrutura e não pelo estímulo que a ativa, embora possa ser mais sensível a certos agentes. Quando é estimulada pelo calor, lesão mecânica ou eletricidade, uma fibra muscular reage com contração, uma fibra de nervo ótico com a sensação de luz, uma célula glandular com secreção e assim por diante. Seria tal aparente multiplicidade de reações específicas mera consequência de combinações e permutações de reações de tipo único, tais como as citadas, de que são capazes os diversos elementos biológicos do corpo? Se assim for, todas as manifestações de vida — do regional ao geral, do inteiramente não-específico ao absolutamente específico — podem ser reduzidas a um denominador comum. Elas representariam meramente vários agrupamentos de respostas simples, qualitativamente unidirecionais nas diversas unidades biológicas (órgãos, células, partes de células) do corpo.

Considerada a esta luz, a uniformidade fundamental de qualquer resposta vital — crescimento e adaptação, reação ao *stress* regional (local) ou aos agentes gerais do *stress* — começa a ganhar uma forma mais definida. O grande problema que persiste é o da formulação da natureza precisa das relações entre as respostas específicas e não específicas. Creio que o esclarecimento de tal questão tem sido especialmente prejudicado pela aceitação geral da teoria segundo a qual a célula é a última unidade de matéria viva. *Mesmo uma simples célula pode reagir de forma (específica ou não-específica) qualitativamente diversa. Seria difícil compreender isso sem presumir a presença, no interior da célula, de unidades ainda menores e que assim são relativamente independentes umas das outras em sua reatividade.*

A UNIDADE ESTRUTURAL DE VIDA: A CÉLULA

Em 1667, olhando através de seu primitivo microscópio, Robert Hooke divisou diminutos compartimentos em tecidos vivos vegetais. Eles pareciam ser espaços vazios separados por paredes divisórias; por isso, denominou-os células. Agora compreendemos que, na realidade, as células são cheias de matéria aparentemente viva: núcleo e citoplasma (corpo da célula).

Mais de um século e meio depois da descoberta de Hooke, os biólogos alemães Matthias J. Schleiden e Theodor Schwann, notaram que toda matéria viva, tanto vegetal quanto animal, é constituída quase que virtualmente de células. Isso os levou a propor (em 1839) o primeiro dos grandes conceitos científicos unificadores na biologia: a *teoria celular*. Para resumir, eles partiram do princípio de que a célula constitui a unidade fundamental de tudo quanto é vivo – assim como, durante certo tempo, o átomo foi considerado a unidade fundamental, indivisível, da matéria. Os efeitos estimuladores e férteis do citado conceito sobre a Biologia e a Medicina foram grandes, assim como o da teoria atômica para a Química e a Física. A maioria dos conceitos biológicos fundamentais estão baseados na teoria celular. Para mencionar apenas um dos mais conhecidos exemplos, Rudolf Wirchow, o "pai" da Anatomia Patológica, não poderia ter formulado sua famosa *patologia celular* sem ela, já que sustentava o princípio segundo o qual toda a doença é essencialmente uma doença das células. A essência da ciência é explorar as relações causais e espaciais entre unidades. Não é de admirar que o reconhecimento de uma unidade visível de vida tenha facilitado o progresso da ciência biológica!

Contudo, pesquisas posteriores revelaram muitos *fatos incompatíveis com a teoria celular de vida*. Certos tipos de fungos gelatinosos, por exemplo, alcançam tamanho considerável e, embora contenham núcleos, não demonstram sinal algum de subdivisão em células. Inversamente, os glóbulos vermelhos do sangue humano não apresentam núcleo. A configuração dos vírus afasta-se ainda mais da estrutura celular. Contudo, eles parecem ser vivos. E por que haveríamos de considerar inanimadas as substâncias intercelulares?

A despeito destes e de muitos outros fatos, que são patentemente incompatíveis com a teoria celular, esta era de tão grande utilidade que calou fundo demais na mente dos biólogos, a ponto de não poder ser deslocada por qualquer outro conceito. Descobertas que não se coadunassem com ela eram postas de lado, simplesmente, como exceções à regra, sem a menor importância. Afinal, a teoria atómica, que postulava a inconversibilidade dos elementos entre si, também tinha suas exceções.

Mas agora sabemos que o átomo é divisível e não representa a unidade fundamental da matéria. Isso explica como é possível provocar alterações qualitativas nos elementos — ainda que cada qual deles seja constituído por um único tipo de átomos — por meio da reestruturação de suas verdadeiras unidades fundamentais. Contudo, por muito tempo o trabalho nesse setor foi realmente prejudicado pela até então frutífera teoria atómica da matéria. Não poderiam as mesmas considerações ser aplicáveis à teoria celular de vida?

Não pode pairar qualquer dúvida quanto ao fato de que certos alvos ou receptores de estímulos biológicos sejam de di-

STRESS – A Tensão da Vida

mensões subcelulares. *É inconcebível que a célula seja a unidade fundamental dos organismos vivos porque, numa única célula, várias porções podem desempenhar várias funções vitais, independente e simultaneamente.* Uma única célula, por exemplo, pode deslocar, secretar, absorver uma partícula estranha, digerir alimento e reagir a estímulo externo. Um agente pode, indubitavelmente, influenciar seletivamente uma parte de uma célula (uma organela ou parte de célula) ou uma unidade bioquímica (uma enzima, por exemplo).

A UNIDADE FUNCIONAL DE VIDA: O *REACTON*

Indubitavelmente a célula é um bloco edificado, uma unidade estrutural de vida. Ela tem uma membrana visível que a isola do ambiente e realça a natureza distinta desse elemento no espaço. Mas não é a unidade elementar de função biológica. Temos visto que dentro da célula há organizações menores, que também devem ser consideradas como unidades, pois podem funcionar independentemente umas das outras. Numa analogia com as unidades biológicas maiores (tais como os *nefrons* dos rins, os *neurons* do sistema nervoso), eu as denominei *reactons*. O *reacton* é definido como *o menor alvo biológico que ainda pode responder seletivamente ao estímulo.* Os limites dessas unidades não são visíveis ao microscópio; na verdade, elas não têm formas, limites estruturais. Mas, a despeito de sua posição, podem funcionar em conjunto, pois certos agentes atuam seletivamente sobre um tipo de *reacton* em muitas células e substâncias intercelulares, através do corpo. Aqui, a organização funcional em unidades *reacton* é mais importante que a subdivisão estrutural em células.

Serão "vivos" os *reactons*? Na ausência de evidências em contrário, devemos considerar, no mínimo, a possibilidade de que sejam, já que apresentam, como as células completas, os traços considerados característicos de vida. Entre outras coisas, os *reactons* podem crescer e reproduzir-se independentemente. Eles também apresentam uma grande tendência a manter suas características de individualidade, a respeito de alterações no meio; isto é, são altamente adaptáveis. As partes muito usadas de uma célula, por exemplo, podem desenvolver-se e tornar-se mais numerosas dentro da célula.

Aqui devemos lembrar claramente que nenhuma de minhas observações justificaria a conclusão de que esses alvos elementares são necessariamente estruturas físicas, isto é, matéria. É também possível que o *reacton* seja apenas um foco de interação, um plano funcional ou sistema que governa a organização da matéria. Um plano reúne, até certo ponto, reconhecidos característicos de vida, como a capacidade de crescer, reproduzir-se e adaptar-se às alterações do meio. *O que vive indubitavelmente é matéria, mas a vida é apenas uma de suas características.* A grande força da teoria celular reside em podermos ver os limites desses "blocos estruturais" e demonstrar que, virtualmente, toda matéria viva é constituída por eles. *Mas isso apenas demonstra que a célula é uma unidade estrutural. Ela não é necessariamente a unidade fundamental primária de vida.* Os órgãos são unidades no corpo; os tecidos são unidades nos órgãos; as células são unidades nos tecidos. Por que deveríamos suspender nesse ponto nossa dissecção de matéria viva? A possibilidade de demonstrar claras fronteiras por meio da microscopia dificilmente seria uma justificativa. Um *quantum* também não tem limites visíveis e, contudo, é uma unidade elementar de energia.

Nesse caso, onde deveríamos estabelecer o limite? A matéria viva, tal como a inanimada, consiste em elementos químicos, mas esses não podem ser considerados como especialmente organizados para a vida. São unidades específicas de matéria, mas não, necessariamente, de matéria viva. Somente certas combinações dos elementos geram características de vida. Um elemento específico de qualquer organização é a menor parte ainda especialmente conformada para ajustar-se a determinada estrutura composta. (Para uma analogia mecânica, ilustrando este princípio, ver o desenho que se segue.) Desde que isso indubitavelmente é verdade, *por que não reconhecer, como elementos fundamentalmente específicos de vida, aquelas menores organizações que ainda demonstram seletividade de reação ao estímulo biológico e manifestam os critérios de vida geralmente aceitos?*

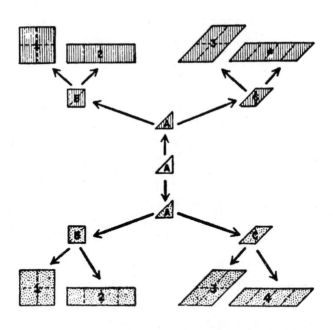

ILUSTRAÇÃO DA TEORIA DE QUE O ELEMENTO ESPECÍFICO É A MENOR PARTE ESPECIALMENTE ORGANIZADA PARA AJUSTAR-SE A DETERMINADA ESTRUTURA COMPOSTA

O triângulo central A é um elemento comum de A pontilhado e A listrado. Os dois primeiros diferem da estrutura do último apenas em sua superfície, e não na forma. Toda uma série de estruturas pode ser criada com diversos tipos de sombreamento, pela ligação dos elementos de A e seus agregados progressivamente complexos, de formas diferentes. Portanto, em qualquer das séries aqui demonstradas o A é um elemento específico de B, assim como de C. Por outro lado, B é um elemento específico de 1 e 2, mas não de 3 e 4, já que os dois últimos não podem ser construídos a partir dele.

Ressaltemos, especialmente, que A não é um elemento *específico* de nenhuma das estruturas 1, 2, 3 ou 4, mas somente de seus precursores, B e C, desde que é somente até esse nível que a superfície do pequeno triângulo (linha pontilhada) é ainda relativamente complicada pelo contorno do conjunto. No mesmo sentido, o elemento específico de uma espécie é o animal individual (não a célula), do tecido é a célula (não o *reacton),* e a menor, mas ainda específica parte da matéria viva é o *reacton* (não o átomo).

Vejamos agora como essa teoria dos *reactons* poderia auxiliar-nos a compreender os fenómenos que não são explicados pela teoria celular. A teoria dos *reactons* postula que: 1) *Os elementos específicos fundamentais da vida são de dimensões subcelulares.* Eles podem não ter limites visíveis; podem ser meramente os pontos focais de interações entre os constituintes da matéria viva (algo como as ligações que mantêm juntos os átomos da matéria inanimada). Esses *reactons* são definidos como os menores alvos capazes de reações biológicas seletivas.

2) *Cada reacton pode dar apenas um tipo de resposta.* A natureza dessa resposta depende da estrutura inerente do próprio *reacton.* Portanto, ao nível dessas últimas unidades, o mecanismo de reação não pode ser separado em específico e não-específico. Por outras palavras, os conceitos de qualidade e especificidade de resposta não têm significado nesse nível elementar.

3) *A especificidade de ação (causação do efeito) depende do grau de afinidade seletiva* que o agente apresenta a certos tipos de *reacton.*

STRESS – A Tensão da Vida

4) A especificidade de resposta (forma ou constituição de efeito), depende do grau de liberdade com que certos reactons podem ser ativados independentemente dos outros.

5) A intensidade de resposta depende do número de reactons ativados. Está ainda por ser determinado se o grau de ativação tem alguma importância nesse nível fundamental ou se os *reactons* são sujeitos apenas ao tipo de resposta de "gatilho" de sim-ou-não, que leva necessariamente à descarga completa da ação-potencial acumulada.

6) A adaptação de desenvolvimento depende do simples crescimento e multiplicação de certos reactons previamente desenvolvidos.

7) A "transadaptação" de redesenvolvimento depende do crescimento e multiplicação de certos reactons previamente subdesenvolvidos, à custa da atrofia por inatividade de outros, previamente desenvolvidos. Esse é o tipo de resposta que nos acostumamos a considerar como alteração "qualitativa". Os desenhos esquemáticos seguintes ilustram esses pensamentos por meio de simples analogias mecânicas.

À primeira vista, pode parecer difícil compreender como *meras respostas quantitativas, num número limitado de reactons, possam dar o número virtualmente ilimitado de formas de reação qualitativamente distintas de que a matéria viva é capaz.* Contudo, isso tem precedentes na Biologia.

De acordo com a famosa teoria Young-Helmhotz da visão de cores, por exemplo, há somente três sensações fundamentais de cor: vermelho, verde e violeta. Por meio de combinações adequadas dessas três, é possível obter todas as outras cores. Para explicar tal teoria parte-se do princípio de que somente três tipos de elementos nervosos são registrados na retina do globo ocular, cada um dos quais capacitado a responder especificamente ao estímulo de ondas de certa frequência, correspondente a determinada cor. Se os elementos nervosos que correspondem ao vermelho e ao verde forem simultaneamente acionados, a sensação resultante será a de amarelo ou alaranjado; se forem os elementos do verde e violeta, a sensação resultante será de azul ou índigo, e assim por diante. Na verdade, não se conhecem tais fibras nervosas ou elementos, mas a teoria é igualmente válida se os estímulos afetarem três unidades de substância fotoquímica. O incontável número de melodias que pode derivar do simples teclado de um piano (embora cada tecla possa produzir apenas um tom), exemplo já mencionado, é outra analogia aplicável à questão.

Não é difícil imaginar que muitos tipos de reação, que qualquer célula é capaz de produzir, possam ser assim sintetizados pelas simples respostas do tipo sim-ou-não dos seus *reactons* constituintes. Em todos esses exemplos, a qualidade do elemento realmente fundamental (como a cor pura ou tom puro) é invariável. *Diferenças de tipo não podem ocorrer ao nível dos elementos; a impressão de uma alteração qualitativa é criada pela fusão das respostas de unidades fundamentalmente inalteráveis.*

ANÁLISE E SÍNTESE DAS DOENÇAS CELULARES

O conceito de reacton sugere experiências para testar a possibilidade de uma análise e síntese das doenças celulares. Por exemplo, verificar se é possível analisar e identificar, por suas ações características sobre a célula, elementos estimulantes comuns *(actons)* aos vários produtores de doenças complexas (micróbios, drogas, radiações), pois estes afetarão somente um tipo de *reacton,* preferencialmente. Para explicar o que quero dizer, podemos tomar um exemplo da Química. A acidez (ou o poder de oxidação) de várias moléculas afetam grupos cognatos recep-

STRESS — A Tensão da Vida

tivos de vários materiais, essencialmente da mesma maneira e, em grau considerável, independentemente de quaisquer outras características da molécula ácida (oxidante).

Desenhos esquemáticos que ilustram a hipótese do reacton aplicada à interpretação de ações específicas e não específicas

Em todos os desenhos desta página e das seguintes os *reactons* individuais são sistematicamente representados por corpos redondos e as conexões entre eles (interações), por linhas retas. Esta representação é similar à de átomos e "valências" em fórmulas químicas. Embora na verdade os *reactons* tenham uma organização tridimensional na matéria viva, são aqui demonstrados num único plano, em função da simplicidade. Somente os *reactons* que representam condições especiais são numerados.

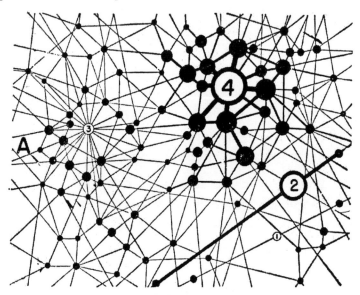

UM CAMPO COM NUMEROSOS *REACTONS* (PONTOS ESCUROS) EM VÁRIAS FASES DE DESENVOLVIMENTO. Os *reactons* são mutuamente associados por interações de importância variável (linhas retas). Podemos visualizá-los como nódulos focais, numa rede complexa de interações mais ou menos obrigatórias ou rígidas. Evidentemente, a pressão exercida sobre qualquer foco deslocará os demais, e o ponto a que a tensão local se dissemina dependerá do número e da resistência das conexões entre os focos diretamente afetados e o resto do sistema.

1) *Reacton* subdesenvolvido, diretamente ligado a somente dois outros.

2) *Reacton* altamente desenvolvido, diretamente ligado a somente dois outros.

3) *Reacton* subdesenvolvido diretamente, ligado a muitos outros.

4) *Reacton* altamente desenvolvido, ligado a muitos outros.

Isso demonstra que o estímulo exercido no ponto 1 terá um efeito seletivo (alteração para o tipo 2): ele desenvolverá o *reacton* e suas duas ligações imediatas. Por outro lado, estímulo no ponto 3 terá um efeito não específico muito generalizado, ainda que o agente atue unicamente num ponto (alteração para o tipo 4)

AMOSTRA DE SETE *REACTONS* EM REPOUSO, NÃO EXPOSTOS A QUALQUER AGENTE. Um (n.º 3) é o mais desenvolvido e a proeminência dos demais diminui à medida que nos aproximamos da periferia do raio de ação do primeiro. Esta é a representação gráfica de uma situação em que (em consequência de fatores hereditários ou atividade prévia), um tipo de *reacton*, mesmo quando em repouso, é mais desenvolvido, enquanto os outros evoluíram somente em proporção à importância de suas interações com o primeiro. (Por exemplo, num músculo desenvolvido, os *reactons* direta ou mais ou menos indiretamente relacionados com a compatibilidade.)

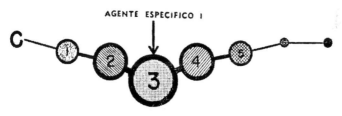

EFEITO ESPECÍFICO, COM ADAPTAÇÃO DE DESENVOLVIMENTO. O agente específico 1 atuou sobre o sistema representado no desenho anterior, estimulando-o a desempenhar a função para a qual ele já é especializado. Isso leva a simples *hipertrofia do trabalho,* com o desenvolvimento proporcional de todos os *reactons* pertinentes e de suas interações. (Por exemplo, no citado caso do músculo, o estimulo especifico repetido, através do seu nervo motor.)

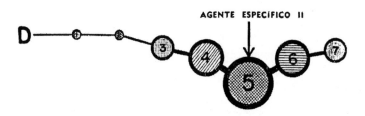

EFEITO ESPECÍFICO COM READAPTAÇÃO. Aqui o agente específico II chamou o sistema a desempenhar uma função qualitativamente diversa daquela para a qual se especializou. Agora a ênfase principal recai sobre um *reacton* não completamente desenvolvido (5). Isso leva a uma mudança, uma *transadaptação,* com graus variáveis de atrofia por inatividade em *reactons* previamente desenvolvidos (perto da extremidade esquerda) e a uma correspondente alteração qualitativa em estrutura e função. (Por exemplo, exposição seletiva de um único grupo muscular a micróbios, com a resultante transformação das células musculares nas denominadas "células de limpeza", ou fagócitos, especialmente ajustados para absorver partículas estranhas.)

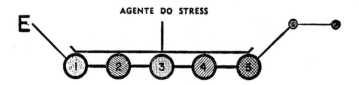

STRESS CONSEQUENTE DE AÇÃO NÃO ESPECÍFICA. Aqui a natureza do agente do *stress é* tal que afeta todos os *reactons* e suas interações. A correspondente de diferenciação, ou equalização, é ilustrada por aumento dos *reactons* previamente subdesenvolvidos, à custa da involução dos *reactons* previamente mais desenvolvidos. (Por exemplo, exposição de uma grande área de tecido ao calor, que afeta diretamente todas as suas células.)

STRESS CONSEQUENTE DE REAÇÃO NÃO ESPECÍFICA. Este também afeta todos os *reactons* (e suas ligações) nesse campo, embora c agente do *stress* atue seletivamente somente num (n.º 12). A razão para a generalização do efeito do *stress* é a intensa dependência mútua das unidades (n.ºs 11-15), neste campo especial. Portanto, a resposta de uma (n.º 12) produz imediatamente repercussões marcantes sobre todas as outras dentro do sistema. (Por exemplo, super estímulo de um nervo sensorial cujo efeito direto é altamente específico; mas a dor resultante produz uma resposta generalizada ao *stress*.)

Inversamente, seria possível sintetizar doenças celulares pela aplicação, em ordem e intensidade adequada, de diversos agentes que reúnam os requisitos de combinação dos produtores de doenças elementares *(actons)*, ainda que nenhum desses agentes reúna em si a desejada combinação de produção de doença. Em Química, isso corresponderia à síntese de NaCl a partir de NaOH e HCl. A bolsa inflamatória (cap. 16) fornece um modelo conveniente no qual as mais simples reações biológicas desta espécie podem ser examinadas. Experiências preliminares já demonstraram que, pela introdução conjunta de diversos irritantes simples — cada um dos quais produzindo diversos tipos de reações tissulares simples — formas de reações vitais das mais complexas podem ser sintetizadas. Além disso, tal como na Química, podemos identificar elementos de matéria pelas reações que sofrem ao entrar em contato com várias substâncias no tubo de ensaio, e assim podemos detectar unidades elementares de matéria viva *(reactons)* pelas mais simples formas de reação celulares que podem ser produzidas nas células do "tubo de ensaio vivo", a bolsa inflamatória.

POSSIBILIDADES E LIMITAÇÕES
DA HIPÓTESE DO *REACTON*

O ponto mais fraco do conceito de *reacton* reside no fato já mencionado de *não serem perfeitamente delimitadas as unidades que postula*. Mas isso também se aplica à maioria das unidades biológicas. Seria igualmente difícil delimitar com duas rápidas linhas a lápis o que denominamos "tronco" e o que é "pescoço". Está claro que essa fluidez de transição entre vários constituintes do corpo é ainda maior quando se trata de unidades funcionais. Por exemplo, o sistema respiratório indubitavelmente inclui o pulmão; contudo, esse órgão tem ainda muitas outras funções metabólicas que nada têm a ver com respiração; as costelas são necessárias à respiração, mas também pertencem ao sistema ósseo e sua medula é parte do sistema gerador de sangue.

Unidades funcionais só podem ser definidas e demarcadas por suas atividades, não por sua substância. A mesma molécula de glicose pode tornar-se parte do sistema respiratório, nervoso ou locomotor, dependendo da função à qual deverá fornecer energia.

A observação do primeiro dos desenhos esquemáticos desta última série demonstrará claramente que todo *reacton* é ligado a muitos outros. Ele representa um ponto focal de atividade, cujo raio de ação funcional se funde aos dos demais *reactons*. Essa situação pode ser comparada à de um complexo sistema de telefone, no qual há pontos focais, estações e fios conectores. Pode-se indicar um edifício em Nova Iorque ou em Montreal como o ponto focal da estação, mas os fios entre as duas cidades não pertencerão mais uma que a outra. Seria impossível analisar o sistema sem reconhecer esses pontos focais como unidades e, ainda assim, estas não teriam qualquer significado sem os fios conectores, que por sua vez tornam impossível, num sentido funcional, a delimitação estrita dos pontos focais. A maior fraqueza da teoria celular reside no reconhecimento exclusivo das estações e na ignorância dos fios da vida.

O estudo do *stress* tem demonstrado quão importante é distinguir entre ações biológicas específicas e não-específicas. Não podemos distinguir entre as respostas simples, específicas, complexas e não específicas da matéria viva, sem fazer ideia dos elementos primários de sua atividade, os únicos que são realmente simples e específicos. É por isso que temos comparado nosso problema com o dos químicos, os quais inicialmente tiveram de descobrir os elementos da matéria, para depois distinguir as substâncias simples (consistindo apenas num tipo de átomo) e as compostas (consistentes em vários tipos de átomos). Descobrimos que a célula é ainda por demais complexa para atuar como o verdadeiro elemento funcional da vida. Por outro lado, os átomos e as moléculas, que constituem o corpo humano não formam qualquer organização característica de vida; são justamente suas interligações com os corpos vivos que lhes atribuem os traços da vitalidade. A soma de todos os elementos e moléculas de um homem não constitui um homem, a menos que sejam inter-relacionadas e organizadas de certa forma. Quando ajustados ao sistema da matéria viva, os átomos individuais não podem reagir seletivamente ao estímulo. Qualquer coisa que afete um deles irá também influenciar um certo número de unidades químicas estreitamente relacionadas. Por outras palavras, a matéria biológica não pode ser especificamente (seletivamente) afetada em porções menores que um *reacton*. Nesse sentido, o conceito do *reacton* não é uma teoria, mas uma descrição de fatos observados. Só os limites do *reacton* é que são relativamente vagos. Mas este grau de incerteza é uma característica inerente a qualquer unidade biológica; e o significado do *conceito do reacton é abrir ele à análise experimental um campo de unidades que vão da célula ao elemento químico.*

21. APOLOGIA POR PENSAMENTO TELEOLÓGICO EM BIOLOGIA E MEDICINA

Que pretendemos dizer por "compreender algo"? Causação delibera-da. Recapitulação e conclusões.

QUE PRETENDEMOS DIZER POR "COMPREENDER ALGO"?

Evidentemente, todo nosso conceito unificador é fundado no pensamento teleológico: o princípio da causação deliberada. É difícil compreender por que, entre representantes das ciências exatas, e mesmo entre biólogos e médicos, se opõe tanta resistência à utilização dos argumentos teleológicos. Contudo, devemos admitir que muitos dos mais distintos pesquisadores contemporâneos acreditam que se pode — e se devem — registrar unicamente as observações científicas, ignorando quaisquer considerações de causalidade. Não posso aceitar tal argumentação. Em minha opinião, as sensações de causalidade e objetivo são inerentes à estrutura do cérebro humano. A própria compreensão não passa da impressão de termos incorporado seguramente uma coisa nova ao nosso tesouro de fatos conhecidos, por meio de sólidas ligações de sequências obrigatórias.

O conhecimento inclui descrição puramente informativa (a resposta a: " A que se assemelha?") mas podemos "compreender apenas a causa de uma coisa (a resposta a: "Que provoca isto?"). Por outras palavras, podemos conhecer uma coisa por suas características (uma casa) ou por instinto ou evidência demonstrável ($6 \times 6 = 36$), mas podemos compreendê-la apenas

HANS SELYE

operacionalmente (ver definições operacionais, cap. 7) em termos de sua causa. Em inglês corrente os dois termos são geralmente empregados de forma descuidada. Por exemplo, dizemos que "compreendemos" um termo em língua estrangeira, mas o que na realidade queremos dizer é que sabemos o que significa. Isso não passa de um reconhecimento por meio das características, sendo algo absolutamente diverso da compreensão causal.

Isso pode ser ilustrado pelo seguinte diagrama:

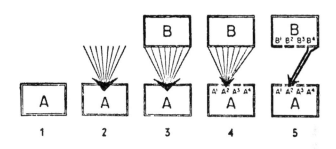

Sequência usual de problemas encontrados quando tentamos aproximar-nos da compreensão de causas e dos elementos primários na medicina experimental.

1) Descobrimos o alvo biológico (suprarrenais, por exemplo), Isso nos dá conhecimento, mas não compreensão.

2) Verificamos que o alvo pode variar; ele é passível de ser alterado por agentes de natureza e origem ainda não identificadas (aumento das suprarrenais). Isso nos dá mais conhecimento, mas ainda assim não a verdadeira compreensão. Perguntamo-nos: "Qual é a causa dessa alteração?"

3) Descobrimos que a causa é B (certa ação da pituitária). Isso nos dá a impressão de que compreendemos a causa da operação.

4) Mas podemos descobrir, após investigação mais apurada, que a aparente alteração do conjunto é na realidade consequência de apenas uma alteração entre seus elementos, A^2 (córtex da suprarrenal). Na realidade, B age sobre A^2.

STRESS – A Tensão da Vida

5) Verificamos então que não é o conjunto de B, mas apenas B^4 a causa da alteração (em nosso exemplo não toda pituitária, mas apenas um de seus hormônios, ACTH). Isso nos dá a impressão de uma crescente compreensão. Não é por simples coincidência que, aumentando a compreensão, a sequência de causalidade se torna obrigatoriamente crescente. B nem sempre atua sobre A, mas somente se puder alcançar A^2. A resposta é ainda mais previsível se B^4 puder ser aplicado intensamente, uma vez que os demais elementos de B são ineficazes e podem ser inibitórios. O mesmo argumento é aplicável a causas ainda mais primárias na cadeia de acontecimentos, se perguntarmos: "Que atua sobre B?"

CAUSAÇÃO DELIBERADA

Mas o pensamento teleológico (do grego *telos,* fim, mais *logia,* ciência) importa mais que mera causalidade. Ele sugere causação deliberada (intenção), para atingir um fim ou o objetivo. É justamente em virtude desse seu aspecto que muitos biologistas recusam aceitá-lo. No que se aplica a nosso tópico, o problema é esclarecido pelo Prof. P. Schwartz, em seu notável ensaio sobre inflamação. Diz ele:

"Poder-se-ia pensar que a exaltada Lei da Natureza — parafraseando a famosa tirada de Anatole France — não estabelece diferença entre micróbios e o homem. Não se pode considerar como uma medida específica de "limpeza", isto é, destinada à conservação dos tecidos, da mesma forma que não podemos conceber a neoplasia maligna (câncer) como um fenômeno que tem a "finalidade" ou o "dever" de destruir órgãos: os dois processos são — como todas as manifestações da Natureza — fenômenos anódinos e sem objetivo *em si".*

Este é um problema a que não posso fugir. Todas as minhas observações foram possíveis, por meio de experiências planejadas, a partir da assunção de que as respostas ao *stress* são reações deliberadas, homeostáticas. Devemos compreender que em ambos os exemplos citados (inflamação em resposta a micróbios, e câncer), há, na verdade, dois *centros teleológicos;* seus interesses são opostos, mas em cada um deles a atividade deliberada "para o seu próprio bem" é claramente reconhecível. Por um lado, é o interesse do paciente, por outro o do micróbio ou o do câncer. Realmente, a própria essência do crescimento canceroso é o estabelecimento de um centro cujos próprios interesses são radicalmente opostos ao do organismo no qual se desenvolvem.

Está claro que centros e homeostases podem existir dentro desses focos e então seus interesses não mais poderão ser idênticos em todos os aspectos. Um cidadão, por exemplo, partilha de muitos interesses com todos os seus concidadãos, mas em ordem ascendente ele partilha de muitos mais com todos os que vivem na mesma cidade, no mesmo bairro, ou na mesma casa. Não somente os micróbios e o câncer, mas até os nossos tecidos normais, competem entre si constantemente, por nutrição e espaço. Consequentemente, toda célula, e até mesmo todo o *reacton no* corpo, representa um centro teleológico, cujas reações deliberadas devem ser analisadas em relação a todos os demais centros. Na realidade, os termos *teleologia e deliberação* podem ser significativos somente em relação a um centro identificável. "É vantajoso" nada significa, a menos que especifiquemos a *quem* é vantajoso.

A formação do que podemos denominar *centros teleológicos* no universo parece ser uma das grandes leis da natureza. A estabilidade das mais várias estruturas parece aumentar em relação a certo tamanho e grau de complexidade ideal. A obtenção de tal estabilidade parece-nos um objetivo em si, desde que tudo tende a levar a ela. Todas as estruturas tendem a tornar-se instáveis depois de terem alcançado sua complexidade ideal; então elas "morrem", desfazendo-se, para que seus elementos possam iniciar outro ciclo similar. Em seu produto, é raro encontrar exatamente

STRESS — A Tensão da Vida

a mesma organização de elementos, estabelecidos da mesma forma que numa estrutura afim, pois é improvável que as mesmas condições prevaleçam sucessivamente. Isso leva a uma constante e lenta evolução rumo a estruturas cada vez mais estáveis.

Verificamos isso no caso das pequenas gotas de mercúrio que, sob contato, tendem a agregar-se numa gota maior e mais estável. Isso acontece até que uma certa dimensão ideal seja alcançada — então a gota se torna instável, em virtude de seu tamanho, e desintegra-se. Verificamos isso quando um cristal se desenvolve, ou uma estalactite, uma ameba ou um ser humano. Todos eles crescem, para depois desfazer-se, embora de formas diversas. Pode haver um simples despedaçamento ou desintegração (cristal, estalactite), que torna todas as partes imediatamente disponíveis para construções totalmente diferentes. Pode haver divisão direta e completa em estruturas menores, similares ao corpo original (ameba). Aqui, as partes destacadas da velha estrutura são, em si próprias, o berço de partes relativamente novas; não há "cadáver" a partir do qual seja construído algo inteiramente novo. Finalmente, uma agregação pode ser desintegrada pela ação conjunta de dois mecanismos (homem), onde uma grande secção do corpo se desintegra totalmente, disseminando suas unidades (o "cadáver") por construções totalmente diversas, enquanto outras partes (as células germinais) são preservadas para reproduzir uma geração similar, que será apenas relativamente nova.

Tudo quanto tem um relativo grau de estabilidade atua como centro teleológico, nesse sentido. Essa atividade persistente não demanda a direção contínua de uma influência externa inteligente, com um objetivo. Mesmo um objeto construído pelo homem, depois de acabado — um automóvel, por exemplo — dará a impressão de estar tentando continuamente satisfazer os seus próprios desígnios; ele defrontará influências hostis com "reações de defesa inteligentemente planejadas". Quando correr por uma estrada, refrescará seu próprio motor para prevenir danos causados pelo calor excessivo. Nas estradas esburacadas protegerá sua estrutura contra os choques por meio de suas molas e — se estiver equipado com pneus imperfuráveis — será até mesmo capaz de *auto cicatrização,* depois de passar sobre pregos.

Está claro que alguém tem de fazer um automóvel e alguém tem de fazer o fabricante de um automóvel; e isso acaba por nos levar ao ponto onde nosso cérebro teleologicamente construído não pode prosseguir, pois não poderia compreender coisas que não tenham causa. A compreensão é atividade nervosa e, na imensidão de fibras nervosas que compõem nosso cérebro, todos os impulsos partem de algum lugar: sua causa.

Sentimos que há um Criador unicamente porque nós e o que nos cerca constitui algo complexo e durante seu curto lapso de vida o homem não se depara com nenhuma estrutura complexa construída ao acaso, sem a influência deliberada de um Criador. Mas o efeito organizador de uma teleologia centralizante não poderia ser nossa opinião de criador? Não poderia ele — no decorrer das eras — construir, eventualmente, complexidades embasbacantes como um planeta, uma árvore ou um homem?

Terem sido construídas e serem capazes de construir são as características mais inerentes de todas as nossas partes. Portanto, vemos tudo numa atmosfera de construção que impregna toda nossa percepção, assim como uma bola de cristal vermelho – se fosse viva e tivesse capacidade de percepção – veria, provavelmente tudo em vermelho, inclusive a si própria. O pensamento teleológico não tem de levar, necessariamente a um Criador individual e deliberado, nem deve levá-lo, ainda mesmo no terreno religioso, desde que a fé não depende do apoio da compreensão. O que devemos realizar claramente em biologia é que a análise teleológica é aplicável a todas as unidades da criação.

STRESS – A Tensão da Vida

A ciência não pode e não deve tentar abarcar o objetivo do Criador original; mas pode e deve examinar constantemente motivos teleológicos nos objetos de criação. Somente agindo dessa forma a ciência pode progredir além da mera acumulação de fatos inteligíveis, rumo ao que chamamos *compreensão*.

RECAPITULAÇÃO E CONCLUSÕES

Já verificamos que, embora o próprio *stress* não possa ser percebido, podemos avaliá-lo, pelas alterações calculáveis, estruturais e químicas, que produz no corpo. Estas manifestam-se como o SAG (quando o *stress* afeta todo o corpo) e como o SAL (quando apenas uma região limitada do corpo é exposta ao *stress*). Evidentemente, todo o corpo, assim como os seus órgãos e tecidos individuais, pode responder especificamente a estímulos especiais e não especificamente ao *stress*.

Essas descobertas nos levaram naturalmente a comparar o comportamento das células individuais sob o *stress* e durante a adaptação a vários estímulos específicos. Tornou-se evidente que até mesmo *uma simples célula pode responder com formas de reação mais ou menos específicas, qualitativamente diversas.*

Todos estes estudos têm delineado claramente a diferença entre *adaptação de desenvolvimento* (simples progressão quantitativa ao longo de linhas evolutivamente estabelecidas) e *readaptação* (que envolve certa regressão ou desintegração para obtenção de tijolos para subsequentes reconstruções qualitativas).

Como até mesmo uma célula isolada se tem demonstrado capaz de readaptação (através de uma reestruturação de seus elementos biológicos), não poderia ela constituir a unidade fundamental da matéria viva.

Chegamos assim à hipótese dos *reactons*, que postula que *unidades subcelulares ainda podem reunir as características de vida geral-*

mente aceitas. Está claro que é difícil definir vida, pois parece não haver limite marcante entre ela e a matéria inanimada. A vida talvez seja mais bem definida pelo grau em que desenvolve certas características, especialmente a de reproduzir a própria espécie (crescimento, reprodução) a partir dos materiais menos altamente organizados e a tenaz manutenção da própria estrutura, a despeito de alterações do meio que tendem a destruí-la (adaptação). Todas essas características são reconhecíveis, ainda mesmo nos mais elementares alvos biológicos subcelulares, os *reactons.*

Os simples compostos químicos jamais exibem estas qualidades em grau algum. É por isso que não os consideramos vivos. A teoria atualmente mais aceita postula que é a célula a menor unidade que se pode considerar viva. Contudo, muitos fatos são incompatíveis com tal teoria. Nem os micróbios, nem os vírus e nem mesmo as substâncias intercelulares do homem reúnem os traços característicos das células e, contudo, parecem vivos, no sentido clássico do termo. Por outro lado, uma única célula pode responder de forma qualitativamente diversa aos estímulos (percepção, locomoção, secreção) e mesmo suas partes constituintes revelam a capacidade de crescimento (crescimento seletivo de porções de uma célula individual), de reprodução de sua própria espécie (regeneração de partes de células) e de manutenção de sua estrutura, a despeito de forças externas que tendem a destruí-la (novas formações de grânulos de secreção perdidos, cicatrização). As unidades realmente elementares podem ser grandes ou pequenas, numerosas ou poucas (podem demonstrar diferenças quantitativas), mas, por definição, não podem ser compostas de vários elementos (não podem demonstrar diferenças qualitativas).

Não há provas de que novos *reactons* possam ser formados em outra parte qualquer que não nos *reactons* pré-formados do mesmo tipo. O adágio latino *Omnis cellula e cellula ejusdem gene-*

ris (todas as células provêm de uma célula do mesmo tipo) não se aplica realmente à célula: sob o *stress* um certo tipo de célula pode transformar-se em outro (em linguagem técnica tal fenômeno é conhecido como *metaplasia).* Seria mais condizente com os fatos que hoje conhecemos dizer: *Omne reacton e reactone ejusdem generis* (todo *reacton* provém de um *reacton* do mesmo tipo).

À luz dessa hipótese, temos tentado formular da seguinte forma certos conceitos fundamentais em Biologia:

CRESCIMENTO = multiplicação ou aumento dos *reactons.*

ESPECIFICIDADE = resposta seletiva de certos tipos de *reactons.*

ADAPTAÇÃO DE DESENVOLVIMENTO = ativação ulterior e crescimento de *reactons* previamente desenvolvidos.

READAPTAÇÃO (ou TRANSADAPTAÇÃO) = ativação e crescimento de *reactons* inativos, com relativa regressão daqueles que antes eram mais proeminentes.

Como a consideramos agora, a tarefa mais fundamental será a de encontrar meios estritamente objetivos com os quais verificar a validade de nossa dedução principal: *todos os fenômenos vitais dependem meramente de variações quantitativas na ativação de alvos elementares preexistentes.*

LIVRO V

IMPLICAÇÕES E APLICAÇÕES

SUMÁRIO

As mais importantes *aplicações do conceito do stress, no que se refere puramente à Medicina somática,* derivam da descoberta de que o corpo pode fazer frente a várias agressões com o mesmo mecanismo de adaptação e defesa. Uma dissecção dessa reação demonstra-nos como combater a doença pelo reforçamento das próprias defesas do corpo contra o *stress.*

Isto também tem importantes *implicações psicossomáticas.* Alterações físicas durante o *stress* atuam sobre a mente e vice-versa. Somente dissecando nossas dificuldades podemos distinguir claramente o papel desempenhado pelos agentes do *stress* de nossas próprias medidas de adaptação, de resistência e submissão. Veremos como é que isso nos auxilia a sustentar-nos diante do *stress* da vida diária e, especialmente, como reduzir o regime da tensão quando este é excessivo, como superar a insónia e como nos libertarmos de certas prisões de comportamento estereotipado.

A pesquisa do *stress* tem também vastas implicações filosóficas. Verificaremos que o *stress* participa de várias manifestações de vida, tais como o processo de envelhecimento, o desenvolvimento da individualidade, a necessidade de auto expressão e a formulação dos objetivos últimos do homem. O *stress* é geralmente o resultante de uma luta pela autopreservação (homeostase) de várias partes de um conjunto. Isso é aplicável às células individuais do homem, ao homem na sociedade e às espécies individuais no conjunto do mundo animado. Depois de investigar as relações que governam as relações interpessoais da sede da provação, terror da censura, os sentimentos de amor, ódio, gratidão e vingança) chegamos à conclusão de que o despertar de gratidão nos demais, por nossas ações, promoverá, certamente, nossa segurança na sociedade. Por que não adotar tal curso de ação conscientemente, como um objetivo a longo prazo na vida? Filosofia alguma reúne a propriedade de transformar necessariamente todos os nossos impulsos egoísticos naturais em altruísmo, sem reduzir em nada as suas qualidades de autoproteção.

STRESS — A Tensão da Vida

Mas o homem não pode pensar unicamente em sua futura segurança; deseja compensações mais imediatas; tem necessidade de auto expressão; deseja gozar os prazeres que seus sentidos lhe podem oferecer; quer a satisfação e a equanimidade que provêm da reverente contemplação das grandes maravilhas da Criação. À luz da pesquisa do stress, minha recomendação seria:

Lute sempre pelo objetivo mais elevado

Mas jamais ofereça resistência em vão.

Não há uma fórmula pré-fabricada de êxito que se ajuste a todo mundo. Somos todos diferentes. Mas, sendo o homem um ser racional, quanto mais aprender sobre o que o faz funcionar, mais apto estará a fazer de sua vida um êxito. O objetivo último do homem é expressar-se tão plenamente quanto possível, de acordo com suas próprias luzes.

22. IMPLICAÇÕES MÉDICAS DO CONCEITO DO STRESS

O *stress* como um denominador comum de atividade biológica. Princípios básicos para um novo tipo de medicina. Que isso aproveita ao paciente?

STRESS COMO UM DENOMINADOR COMUM DE ATIVIDADE BIOLÓGICA

Nas quatro secções precedentes deste livro, tentei explicar como o conceito do *stress* foi desenvolvido e como se aplica aos problemas da vida normal e anormal. Tentei demonstrar como esse conceito abstrato nos ajuda a tomar conhecimento de fatos específicos: conhecimento da forma pela qual o *stress* estimula a pituitária e as glândulas suprarrenais a secretar hormônios que reduzem o desgaste do próprio *stress,* de como várias doenças podem resultar quando tais respostas de adaptação são inacuradas, de como corrigir essas respostas de adaptação inacuradas por meio de tratamentos de hormônios ou ablação das glândulas suprarrenais. Muito do que tratamos tem valor prático, mas não represen-

HANS SELYE

ta sabedoria. O conhecimento é a maior preocupação do cientista, pois seu objetivo principal é descobrir fatos; mas a sabedoria é o objetivo intelectual último de todos nós, pois ela é (segundo o Webster) "A capacidade de julgar certamente e considerar com propriedade os fatos, especialmente aqueles relacionados com a vida e a conduta". É sobre a sabedoria proporcionada pelo estudo do *stress* que gostaria de falar nesta última parte de meu livro.

Não foi pouco o tempo que dispendemos tentando definir o *stress* em termos biológicos precisos; contudo, ao concluirmos a laboriosa análise de sua natureza, o *stress* surge como algo simples e compreensível: é essencialmente o *desgaste* causado pela vida, em qualquer momento, sobre o corpo.

Tudo quanto fazemos e tudo quanto nos é feito causa-nos desgaste. O *stress*, portanto, não é o resultado específico de qualquer de nossas ações; não é uma resposta típica a coisa alguma que atue sobre nós a partir do exterior; é um traço comum de toda atividade biológica.

O exame de todos os característicos comuns, comparáveis, da matéria — como cor, peso ou temperatura — leva-nos não somente a descobrir novos fatos científicos e leis, mas também a considerar-nos com certa sabedoria, assim como ao mundo que nos cerca. O homem pode avançar por muitos caminhos, da observação à sabedoria — através do instinto, por exemplo, ou por meio da fé, da intuição, da arte. Contudo, para que a lacuna possa ser preenchida pela ciência, deve o objeto da observação ser, de início, claramente definido e pesado.

O fato de nossos corpos desgastarem-se paulatinamente no decorrer da vida há muito é conhecido, mas jamais alguém conseguira medir o *stress*, pois seu quadro, a síndrome do *stress* (SAG), era mascarado pelo nevoeiro de todas as reações específi-

STRESS — A Tensão da Vida

cas aos agentes que produzem o *stress*. Não é possível estabelecer delimitações através do nevoeiro.

Os resultados que obtive foram possibilitados por uma *definição operacional do stress*, que facilitou o esclarecimento das confusas reações específicas. Ela demonstra o que deve ser feito para produzir e reconhecer o *stress*. Se o *stress* é o desgaste produzido por tudo quanto ocorre a um ser vivo, deve-se observar um grande número de reações vitais e notar o que acontece. As alterações induzidas por somente este ou aquele agente devem ser inicialmente rejeitadas; se tomarmos então o que restar, o que é induzido não-especificamente por muitos agentes, estaremos revelando o quadro do *stress*.

O quadro manifesta-se em todo o corpo como o SAG. Depois de conhecer tal fato, pode-se medir o *stress* objetivamente, em termos de alterações químicas características do SAG. Por exemplo, pode-se medir o aumento das suprarrenais ou a atrofia dos tecidos linfáticos em termos de peso; pode-se medir por meios químicos a quantidade de hormônios de adaptação produzidos durante o *stress*. Por outras palavras, pode-se estabelecer objetivamente a magnitude do *stress* por seus efeitos mensuráveis sobre o corpo. Esta definição operacional também ressalta que nenhum dos resultados das medidas pode ser conclusivo por si. *Stress* é o total do desgaste — consequentemente, quanto maior for o número de índices — não o desgaste de determinada parte da máquina humana médicos, maior será a precisão das conclusões tiradas.

Verificou-se, posteriormente, que o quadro do *stress* geral no corpo, o SAG, tem a sua contrapartida local. Ela é o SAL, que pode ser calculado pela exposição de várias partes do corpo, seletivamente, a muitos agentes de aplicação local. As alterações que qualquer agente pode produzir sobre virtualmente todas as partes do corpo constituem a síndrome do *stress* local. A inflamação e a degeneração das células estão entre os principais componentes deste quadro.

Finalmente, verificou-se que *O SAG e o SAL são interdependentes*. O *stress* geral pode influenciar reações do *stress* local, através de hormônios (especialmente corticoides), que regulam, por exemplo, a inflamação. Inversamente, o *stress* local, se suficientemente forte, pode produzir o *stress* geral e, portanto, mobilizar os órgãos defensivos situados a distância do local da lesão. Através de mensageiros químicos (os *sinais de alarme)* cada uma das diversas reações locais ao *stress,* que podem ocorrer em várias partes do corpo a qualquer momento, tem certo poder de determinação da extensão das contramedidas gerais a serem tomadas (capítulo 10). Tal sistema de "regulamentação pela decisão da maioria" é muito necessário. Uma pequena farpa de madeira que penetre na pele, por exemplo, pode criar uma grande demanda local de corticoides anti-inflamatórios, mas a inflamação local limitada causada por essa pequena irritação não pode justificar a exposição de todo o corpo a um excesso de corticoides. Os órgãos centrais de defesa devem considerar os interesses do conjunto e, está claro, para fazê-lo de forma judiciosa, têm de ser constantemente informados das demandas que se registram em todas as partes do corpo. É especialmente através do reconhecimento dessa interação íntima entre o SAG e o SAL que se podem esboçar as linhas gerais de uma teoria unificada de medicina (Livro IV).

PRINCÍPIOS BÁSICOS PARA UM NOVO TIPO DE MEDICINA

As três lições mais óbvias a tirar da pesquisa do *stress* são: 1) nosso corpo *pode fazer frente às mais diversas agressões com, o mesmo mecanismo de adaptação defensiva;* 2) *podemos dissecar o*

STRESS – A Tensão da Vida

mecanismo, a fim de identificar seus constituintes em termos físicos e químicos, passíveis de análise objetiva, tais como alterações na estrutura dos órgãos ou produção de certos hormônios; 3) devemos dispor desse tipo de informação para estabelecer as fundações científicas de um novo tipo de tratamento, cuja essência é *combater a doença pelo reforço das próprias defesas do corpo contra o stress*. Assim, depois de aprendermos que, numa dada situação, um excesso de hormônios é necessário para a manutenção da saúde, podemos injetar o citado hormônio quando o corpo não esteja em condições de produzi-lo. Inversamente, verificando que uma doença é consequência de excessiva atividade de adaptação de determinada glândula produtora de hormônio, podemos remover o órgão lesivo ou tentar controlar sua atividade, por meio de drogas.

Por outras palavras, aprendemos que o corpo possui uma completa maquinaria de ajustamentos e equilíbrio, Estes ajustam-se com a maior eficiência a qualquer coisa, virtualmente a quanto nos aconteça na vida. Mas, às vezes, essa maquinaria não funciona perfeitamente; há casos em que suas respostas são fracas por demais, redundando em falta de proteção; outras vezes são fortes demais e assim lesamos nosso próprio corpo com uma excessiva reação ao *stress.*

A fim de ajustar ou reparar uma máquina temos, inicialmente, de saber como funciona. Isso se aplica, evidentemente, à maquinaria do *stress,* com a qual o homem combate o desgaste, faça o que fizer neste mundo. Portanto, o objetivo mais óbvio e tangível de nosso trabalho seria o de demonstrar como pode o *stress* ser dissecado em seus elementos, pois o conhecimento proveniente dessa análise facilitaria a aceleração de um processo excessivamente lento ou a contenção de um outro demasiadamente acelerado.

HANS SELYE

Contudo, em certas doenças, o médico pode beneficiar o paciente com o mero aumento ou redução do *stress* no corpo, sem tentar atuar seletivamente sobre determinadas partes da maquinaria do *stress*.

Não somente nossas reações mentais, mas até as físicas podem tornar-se estereotipadas se nos defrontarmos com o mesmo tipo de problemas muitas e muitas vezes. Um homem pode prejudicar-se se reagir a todas as situações da mesma forma — como, por exemplo, ridicularizando, queixando-se. concordando ou discordando, "em princípio". O preconceito é a base mais comum para o processo mental de respostas pré-estabelecidas e invariáveis. Não há quem não tenha consciência disso, mas é menos conhecido o fato de nossas reações de *defesa física também serem passíveis de sofrer o mesmo processo,* respondendo sempre, por exemplo, com a mesma resposta hormonal excessiva, quer seja ou não apropriada à situação.

Uma criança ou uma pessoa histérica pode voltar a si de um ataque se lhe jogarmos água fria no rosto. Mesmo uma agulha de toca discos que cai num determinado sulco e repete incessantemente os mesmos sons, poderá sair dali se lhe dermos um esbarrão. Bem, da mesma forma o corpo do paciente pode ser forçado a abandonar seu sistema de respostas invariáveis e destituídas de sentido se o expusermos ao *stress* de uma intensa terapia de choque, tal como o eletrochoque, choque de metrazol, insulina, ou injeções de proteínas tóxicas estranhas.

Outra forma de lidar essencialmente com o mesmo problema é ordenar completo repouso, o que dá ao corpo tempo para "esquecer" reações somáticas estereotipadas ao *stress*. O sono prolongado (tal como o induzido por barbitúricos, por exemplo), hibernação artificial ou tratamento com drogas calmantes, tais como a clorpromazina e extratos de raiz de *Rauwolfia* parecem produzir um grande efeito através desse mecanismo.

STRESS – A Tensão da Vida

QUE PODE ISSO APROVEITAR AO PACIENTE?

Tudo quanto dissemos até agora facilita a orientação do tratamento por parte do médico; mas a terapia com hormônios, drogas e ablação das glândulas endócrinas não é, evidentemente, processo que o paciente possa prescrever-se.

No capítulo sobre as "Doenças de Adaptação", tratamos também do importante papel da dieta no condicionamento das respostas do *stress*. Falando de um modo geral, a subnutrição torna o corpo sensível à ação dos corticoides anti-inflamatórios e a superalimentação ativa os efeitos dos hormônios pró inflamatórios. Um excesso de sal agrava certas doenças de hipertensão e renais, que tendem a desenvolver-se quando os corticoides inflamatórios são abundantes; e uma dieta de sal tem um efeito benéfico nesses casos. Mas mesmo o tratamento dietético deve ser controlado por um médico competente. Tudo quanto este livro pode fazer, a esse respeito, é *auxiliar o paciente a compreender porque seu médico prescreveu determinado regime;* ele não pode ser tomado como uma preparação adequada para auto tratamento de acordo com princípios médicos.

Por outro lado, há muito a aprender do estudo do *stress,* inclusive elementos que o médico não pode utilizar, mas o paciente pode. Desejo especialmente partilhar esses ensinamentos com o leitor porque eles me ajudaram a resolver muitos dos meus próprios problemas e estou certo de que poderão, da mesma forma, auxiliar outras pessoas. Refiro-me especialmente às implicações psicossomáticas e filosóficas do *stress,* que serão discutidas nos dois capítulos seguintes. Falarei ao leigo como um leigo, pois não sou um especialista em medicina psicossomática nem em filosofia. Contudo, não seria inoportuno que um investigador, que passou toda a vida explorando um dado aspecto da vida em seu laboratório, fizesse uma pausa e considerasse a aplicação de suas observações aos problemas da vida cotidiana. Afinal — como já

HANS SELYE

observei na passagem introdutória deste capítulo — o conhecimento é o principal objetivo dos cientistas, mas a sabedoria é a meta intelectual última de todos nós.

Que não se tome qualquer das lições gerais que fui capaz de retirar do estudo do *stress* mais seriamente que eu as tomo; meu conhecimento técnico é limitado ao laboratório. Apenas demando a atenção benevolente que os velhos lobos do mar merecem, quando tentam comunicar a sabedoria do mar — e não a arte de navegar.

23. IMPLICAÇÕES PSICOSSOMÁTICAS

Conhecer a si mesmo. Dissecar seus problemas. Somatopsíquica X Psicossomática. Sobre estar "engatilhado". Como reduzir o regime. *Stress* como equalizador de atividades. O quociente de *stress*. *A* importância da diversão. Vitalidade inata deve ter uma válvula de escape. Como dormir.

CONHECER-SE A SI MESMO

Os velhos filósofos gregos sabiam perfeitamente que no governo da conduta humana a coisa mais importante, mas talvez também a mais difícil, é "conhecer-se a si mesmo". É preciso grande coragem mesmo para tentar fazê-lo honestamente. Logan Pearsall Smith declara: " Como é horrível pensar que é verdade o que os demais dizem de nós!" Contudo, não há dúvida que essa humilhação e esse esforço valem a pena, pois a maioria de nossas tensões e frustrações derivam da necessidade compulsiva de desempenhar o papel de quem não somos. Somente aquele que se conhece pode beneficiar-se do conselho de Matthew Arnold:

Resolve ser tu mesmo; e sabe que aquele que se encontra, perde sua miséria.

STRESS — A Tensão da Vida

O fato de *saber que o que nos prejudica tem um valor curativo inerente é* bem estabelecido. A psicanálise tem demonstrado o fundamento desse princípio melhor que qualquer outro ramo da Medicina. O analista auxilia o paciente a compreender como experiências prévias — que podem levar a conflitos do subconsciente, às vezes na infância mais remota — podem prosseguir quase indefinidamente a causar doenças mentais e mesmo físicas. Mas, uma vez que você localiza o mecanismo de seu conflito mental ele deixa de perturbá-lo. Os esforços efetuados por Sigmund Freud para desenvolver um setor da Medicina com base nesse conceito foram, inicialmente, alvo de duras críticas, mas hoje em dia pouca gente duvida de que a psicanálise possa auxiliar aqueles cujas manifestações físicas de doença são consequência de tensões mentais inexplicadas. Está claro que, nesse caso, estamos tratando também de doenças de adaptação. Nosso malogro em ajustar-nos corretamente às situações diversas da vida constitui a própria base dos conflitos causadores de doenças. A psicanálise cura porque facilita nossa adaptação ao que nos aconteceu.

Tudo isso, no que se refere a reações mentais, é suficientemente bem conhecido para dispensar comentários posteriores. Mas "conhecer-se" inclui o corpo. A maioria das pessoas deixa de compreender que "conhecer seu corpo" tem também um valor curativo inerente. Tomemos um exemplo familiar. Muitas pessoas têm juntas que tendem a estalar ao menor movimento; concentrando-se sobre essa condição inexplicável, uma pessoa pode convencer-se de que sofre de uma forma grave de artritismo. Se, por outro lado, um médico compreensivo explicar que as sensações de estalos são causadas por pequenas irregularidades na superfície das juntas, destituídas de qualquer importância, e que não apresentam qualquer tendência para piorar, a doença estará praticamente curada — somente pelo conhecimento de sua natureza insignificante.

Quase todos nós sofremos, nesta ou naquela ocasião, de alergias cutâneas sem maior importância, palpitações cardíacas ou distúrbios intestinais; qualquer dessas anomalias pode produzir doenças graves através de reações psicossomáticas, meramente porque ficamos preocupados com o fato de não sabermos o que vai mal. Todos os médicos sabem, por experiência, quanto podem beneficiar o paciente com a simples explicação do mecanismo de seus sintomas, que assim perdem o amedrontador elemento do mistério. Este último é um dos principais objetivos deste livro.

DISSEQUE SEUS PROBLEMAS

Vimos que o stress é um elemento essencial de todas as nossas ações, tanto na saúde quanto na doença. É por isso que analisamos com tanto cuidado o mecanismo do *stress* nas secções precedentes. Aqui, bastaria ressaltar mais uma vez a principal das lições que aprendemos: a maioria de nossas dificuldades tem origem tripla. O processo de compressão do *stress* tem três manápulas. Quer soframos de um furúnculo na pele, uma doença renal ou perturbação mental, um estudo cuidadoso da situação revelará que, geralmente, ela consiste em três elementos principais:

1) o agente de *stress,* que dá início ao processo, atuando, por exemplo, diretamente sobre a pele, os rins ou a mente;

2) as *medidas definitivas,* tais como os hormônios e estímulos nervosos, que incitam o corpo a defender-se do agente do *stress* como for possível. No caso de lesões físicas, tais medidas podem ser suplementadas pelo estabelecimento de uma barreira de tecido inflamado no caminho do agente do *stress* invasor (micróbio, agente alérgico ou outros). Agentes do *stress* mentais (ordens, desafios, ofensas) defrontam-se com as correspondentes respostas complexas de defesa emocional, que podem ser resumidas na atitude de "não se entregar";

STRESS – A Tensão da Vida

3) o *mecanismo de rendição,* tal como os estímulos hormonais e nervosos, que incitam o corpo a suspender a defesa. Isso resulta, por exemplo, no não estabelecimento de barreiras inflamatórias no caminho dos invasores ou na ignorância dos agentes emocionais do *stress.*

É surpreendente o fato de, frequentemente, uma melhor compreensão desse triplo mecanismo de produção de doença (e emprego aqui o termo *doença* em seu sentido mais lato, referindo-me a algo que perturbe a mente ou o corpo) poder auxiliar-nos a restabelecer o nosso equilíbrio, mesmo sem a assistência de um médico. Frequentemente podemos eliminar o agente do *stress,* desde que reconheçamos a sua natureza, ou podemos ajustar a proporção entre medidas de defesa ativa e medidas de rendição, no melhor interesse da manutenção de nosso equilíbrio.

SOMATOPSÍQUICA X PSICOSSOMÁTICA

Um grande número de trabalhos tem sido efetuado pelos médicos em ligação com os problemas da medicina psicossomática. Em essência, essa especialidade consiste no tratamento das alterações corporais (somática), que uma atitude mental (psíquica) pode produzir. Uma úlcera do estômago ou elevação da pressão arterial, causadas por perturbações emocionais, são exemplos do caso.

Contudo, muito pouca pesquisa sistemática tem sido feita na extremidade oposta: o efeito das *alterações físicas sobre a mente.* Está claro que não me refiro à lesão física do cérebro, que pode evidentemente influenciar a mente, mas, por exemplo, ao fato de a aparência de equilíbrio facilitar a manutenção do próprio equilíbrio. Um vagabundo pálido, em farrapos e muito necessitado de um banho, não resiste na verdade ao *stress* físico e mental como resistiria após ter feito a barba, tomado um pouco de sol, um bom banho e envergado novas roupas, que facilitariam a reabilitação de sua aparência externa.

Nada disso é novo. Intuitivamente, e com a mera experiência proporcionada através de séculos, esses fatos há muito são reconhecidos. É por isso que, para manter elevado moral de suas tropas os comandantes insistem na manutenção da aparência impecável dos soldados. É por isso também que táticas opostas são utilizadas (em alguns países), para quebrar a resistência física e mental dos prisioneiros.

Tive conhecimento desses fatos aos seis anos, por intermédio de minha avó, certo dia em que me encontrou chorando desesperadamente, não me lembro mais porque. Fitou-me com aquele seu ar de benevolência e proteção, de que ainda me lembro tão bem, e disse: "Sempre que se sentir assim, tente sorrir com sua face que você verá... Logo mais toda sua pessoa estará sorrindo." Eu tentei. E funcionou.

Não há nada de novo nisso. Mas por outro lado, a confissão já era uma prática estabelecida há muito tempo antes de Freud; a relatividade era conhecida antes de Einstein e a evolução antes de Darwin. O homem não necessitava das experiências sobre reflexos condicionados de Pavlov para descobrir que um cão pode ser treinado a aproximar-se do dono assim que este assobia ou um cavalo a parar quando se diz "ooha!". Contudo a História demonstra que somente a análise científica de tais fatos efetuada por aqueles cientistas, estabeleceu os conceitos da psicanálise, da relatividade de todas as nossas noções, da evolução do corpo humano a partir das formas mais primitivas e dos reflexos condicionados, impactos filosóficos que até hoje exercem influência sobre o pensamento contemporâneo.

STRESS — A Tensão da Vida

A existência de tensão física e mental, todas as interações entre reações somáticas e psíquicas, assim como a importância das respostas de adaptação defensiva, foram mais ou menos reconhecidas desde tempos imemoriais. Mas o *stress* só se tornou significativo para mim quando descobri que ele poderia ser dissecado por métodos de pesquisa modernos e que os componentes individuais, tangíveis, da resposta ao *stress* podem ser identificados em termos químicos e físicos. Foi isso que me permitiu usar o conceito de *stress,* não somente para solução de problemas puramente médicos, mas ainda, como um guia para solução natural de muitos problemas apresentados pela vida cotidiana.

Tomemos alguns exemplos dessas aplicações práticas.

SOBRE ESTAR "TININDO"

Não há quem não esteja familiarizado com a impressão de estar "tinindo" pela tensão nervosa; esse processo é comparável à elevação do tom de um violino, pelo entesamento de suas cordas. Dizemos que nossos músculos se distendem durante o exercício e que ficamos exultantes pelas grandes experiências emocionais; tudo isso nos prepara para funcionar melhor. Por outro lado, há uma sensação de incerteza, de nervosismo, quando estamos excessivamente tensos. Isso interfere em nosso trabalho e nos impede de descansar.

O que acontece quando somos alertados? O estado de tensão é uma sensação muito real, que deve ter base fisioquímica. Ela ainda não foi perfeitamente analisada, mas sabemos que durante a tensão nossas suprarrenais produzem um excesso tanto de adrenalinas quanto de corticoides. Sabemos também que a ministração de adrenalinas ou corticoides pode reproduzir uma impressão muito similar à de estar tenso e excitado. Uma pessoa, por exemplo, que recebe grandes doses de cortisona para tratamento de uma condição alérgica ou reumatoide, frequentemente encontra dificuldades em dormir. Pode mesmo tornar-se anormalmente eufórica, isto é, experimentar uma sensação de bem-estar e satisfação incomum, que não é diversa da causada por uma ligeira embriaguez. Posteriormente, pode ser registrada uma profunda depressão.

Verificamos inicialmente tal condição em animais de experiência, que haviam recebido grandes doses de corticoides. Nesse caso, um estado inicial de grande excitação — correspondente à euforia dos pacientes — era seguido por uma depressão a que, em certos casos, sucedia uma anestesia completa.

Há muito tempo é sabido que não somente a excitação mental (por exemplo, a comunicada por um grupo de amotinados ou por um ato individual de violência), mas por agentes físicos do *stress* (tais como uma queimadura ou febre infecciosa), podem causar uma excitação inicial que é seguida por uma fase secundária de depressão. É interessante notar que compostos químicos identificáveis, os hormônios, produzidos durante a fase aguda de reação do SAG, têm a propriedade de inicialmente preparar para a ação e em seguida produzir uma depressão. Os dois efeitos podem ser de grande valor prático para o corpo: é necessário estar preparado para adotar medidas de defesa rapidamente, mas é igualmente importante estar em condições de desenvolver a fase secundária de depressão que nos impede de prosseguir funcionando em regime de tensão.

Que podemos fazer a esse respeito? Os hormônios não são, provavelmente, os únicos reguladores de nosso nível emocional. Além disso, não sabemos o suficiente sobre o seu funcionamento para justificar qualquer tentativa de regular nosso estado emocional pela ministração de hormônios.

STRESS – A Tensão da Vida

Todavia, é instrutivo saber que o *stress* estimula nossas glândulas a produzir certos tipos de hormônios que podem induzir uma espécie de embriaguez. Sem sabê-lo, ninguém jamais cogitaria de fiscalizar sua conduta, durante o *stress*, tão cuidadosamente quanto faria durante um coquetel. Contudo deve fazê-lo. O fato é que *um homem pode intoxicar-se com seus próprios hormônios de stress*. Aventuro-me a dizer que esta espécie de embriaguez tem causado à sociedade mais malefícios que a outra.

Mantemo-nos em guarda contra intoxicantes externos, mas os hormônios são parte de nosso corpo; é necessário maior conhecimento para distingui-los e superar o demônio interno. Em todas as nossas ações, no decorrer do dia, devemos verificar, conscientemente, se estamos ou não muito tensos — e devemos aprender a parar a tempo. Verificar o nosso nível crítico de *stress* é tão importante como verificar a nossa quota crítica de bebida. Mais ainda. A intoxicação pelo *stress* é às vezes inevitável e geralmente insidiosa. Pode-se deixar de beber e mesmo que se beba um pouco, pode-se ao menos contar as doses; mas é impossível evitar o *stress* enquanto se viver e nossos pensamentos conscientes não podem medir acuradamente os seus sinais de alarme. Curiosamente, a pituitária é um juiz do *stress* muito melhor que o intelecto.

COMO REDUZIR O REGIME

Não é fácil reduzir o regime quando se alcança a nossa quota de *stress*. O número de escravos inermes de suas próprias atividades, produzidas pelo *stress*, é muito maior do que dos escravos do álcool. Além disso, o simples repouso não constitui cura. A atividade ou repouso devem ser judiciosamente equilibrados, e *todas as pessoas, de acordo com os seus característicos, de-*

mandam maior ou menor repouso e atividade. Permanecer imóvel numa cama, durante todo o dia, não constitui descanso para um homem ativo. Com o avançar dos anos, a maioria das pessoas requer períodos de repouso crescentes, mas o processo do envelhecimento não progride com a mesma rapidez em todos nós. Muitos homens úteis, que ainda poderiam prestar numerosos anos de serviço valioso à sociedade, têm-se tornado fisicamente doentes e prematuramente senis, pela obrigatoriedade da aposentadoria numa idade em que sua capacidade e condições de atividade são ainda ponderáveis. Essa doença psicossomática é tão comum que já recebeu um nome: *doença da aposentadoria.*

Muito trabalho sem diversão, evidentemente, não faz bem a pessoa alguma de qualquer idade, mas perguntamos o que é trabalho e o que é diversão? Pescar é uma diversão para o diretor de empresas, mas é um duro trabalho para o pescador profissional. O primeiro pesca para divertir-se, mas o segundo terá de fazer qualquer outra coisa, ou simplesmente descansar, para relaxar-se.

O que nos ensinou a pesquisa sobre o *stress* no que se refere ao *estabelecimento de um equilíbrio saudável entre o descanso e o trabalho?* Haverá fatos fisiológicos que possam guiar nossa conduta nesse terreno? Creio na existência de tais fatos firmemente, mas a fim de seguir sua orientação, temos que regredir ao que aprendemos sobre as reações mais gerais de tecido ao *stress,* fadiga celular e inflamação. Isso pode parecer estranho; poder-se-ia considerar que não há relação entre o comportamento de nossas células (uma inflamação, por exemplo) e nossa conduta na vida diária. Não penso assim. Todas as reações de nosso corpo são governadas por leis biológicas gerais e a maneira mais simples de compreendê-lo é examinando a forma pela qual afetam as mais simples reações de tecidos.

STRESS – A Tensão da Vida

STRESS COMO EQUALIZADOR DE ATIVIDADES

Parece-me que uma das leis mais fundamentais no que se refere à regulagem das atividades de seres vivos complexos é a de que parte alguma do corpo deve ser sobrecarregada desproporcionalmente, durante longos períodos. O *stress* parece ser um grande equalizador de atividades no corpo; *ele auxilia a prevenção da sobrecarga parcial.*

Para carregar uma mala durante longos períodos sem que nos fatiguemos, deve-se mudá-la, ocasionalmente, de uma mão para a outra. Aqui, o *stress* local, sob a forma de fadiga muscular, funciona como equalizador; ele atua por intermédio do sistema nervoso, que transmite a impressão de fadiga e, em consequência, sugere a mudança da mala para a outra mão.

Em outras palavras, o *stress* geral possibilita a equalização adequada das atividades locais através dos hormônios de adaptação, que atuam como intermediários. Suponha-se que uma pessoa sofra de uma grave inflamação na junta do joelho esquerdo. Desenvolve-se a artrite, com todas as manifestações características da inflamação. Uma forte barreira inflamatória é estabelecida em torno do joelho para delimitar a região afetada; a seguir, várias células e enzimas entrarão na cavidade da junta, a fim de destruir os germes responsáveis. Agora, suponhamos que ambos os joelhos estejam infectados. A inflamação dupla será menos aguda. Por que? Porque o *stress* local da zona inflamada envia sinais de alarme, através da pituitária, para estimular a produção por meio das suprarrenais e corticoides anti-inflamatórios.

Tal sistema é também dos mais úteis como mecanismo de defesa, pois estabelece um limite em relação ao grau de inflamações que o corpo pode tolerar. Se somente uma região for lesada, uma forte reação inflamatória será a melhor resposta, desde que a inflamação tem um valor local protetor; mas se várias partes do corpo forem simultaneamente afetadas, o paciente pode não estar em condições de desenvolver reações inflamatórias máximas em parte alguma. Às vezes, os interesses gerais do corpo, em seu conjunto, demandam o sacrifício de certas partes afetadas, com a suspensão das atividades locais de defesa.

A situação é muito comparável à de um país que, quando atacado apenas numa frente, pode enviar todas as suas forças armadas para a região ameaçada, mas que não pode fazer o mesmo quando várias de suas fronteiras são simultaneamente invadidas.

Ora, sendo o *stress* um atributo comum a todas as atividades biológicas, estas considerações são aplicáveis não somente à inflamação, mas a todos os tipos de trabalho biológico. Por exemplo, a intensidade de inflamação de uma junta de joelho pode ser reduzida não somente pela inflamação de outra região, mas também pelo trabalho muscular excessivo, atividade nervosa ou qualquer outra coisa que demande esforço. Isso acontece porque qualquer parte sujeita ao *stress* envia sinais de alarme, para o estabelecimento de uma resistência coordenada. Pela mesma razão, qualquer reação intensa em determinada parte pode influenciar (e até certo ponto, equalizar) todos os tipos de atividades biológicas em outras partes do mesmo corpo.

O QUOCIENTE DE *STRESS*

Esses fatos, que têm sido estabelecidos por experiências de laboratório, aplicam-se também, com precisão, às atividades diárias do homem, inclusive as suas atividades puramente mentais. Analisando nosso estado de *stress* devemos sempre considerar não somente a extensão total do *stress* no corpo mas também sua distribuição proporcional entre as várias partes. Para colocá-lo nos termos mais simples, poder-se-ia dizer que o quociente de *stress* a ser observado é:

$$\frac{Stress \text{ local em qualquer parte}}{Stress \text{ total no corpo}}$$

Se há, proporcionalmente, *stress em* excesso em qualquer parte, você necessita diversão. Se há excesso de *stress* no corpo, como conjunto, você precisa repousar.

A IMPORTÂNCIA DA DIVERSÃO

Diversão é o ato de desviar qualquer coisa (um mecanismo biológico, por exemplo) de seu curso natural. Assim, não é necessariamente agradável e repousante. Já vimos, por exemplo, como os choques fortes (elétrico, produzido por drogas) podem — através dos efeitos do *stress* geral sobre todas as partes — desviar as reações de defesa corporal somática ou psíquicas de um curso habitualmente estereotipado.

Quando a concentração de esforço em qualquer parte do corpo ou na mente não é muito intensa e crônica, certas modalidades de diversão moderada, como sabemos por experiência, podem ser efetivas (esportes, dança, música, leitura, viagem, uísque, goma de mascar). Estas não atuam basicamente através do mecanismo do *stress* e do eixo pituitária-suprarrenais, mas sempre redundam numa descentralização de nossos esforços, que sempre nos auxilia a restabelecer a normalidade, reduzindo o quociente do *stress*.

A diversão é especialmente importante no combate ao *stress* puramente mental. Não há quem não conheça os graves danos que podem ser causados pela preocupação. Os registros de medicina psicossomática estão repletos de estudos descrevendo a produção de úlceras gástricas, hipertensão, artritismo e toda a sorte de males pela preocupação crônica em relação a problemas de ordem moral ou econômica. *De nada adianta dizer a tais pessoas que não se preocupem.* Elas não podem evitá-lo. Aqui, novamente, o melhor remédio é a diversão, por meio do *stress* geral. Ressaltando a importância de outro problema, através da diversão ou ativando todo o corpo por meio do *stress* geral, a fonte de preocupação torna-se, automaticamente, menos importante, proporcionalmente.

Tal fato pode ser aplicado na prática, conscientemente. Está claro que para uma pessoa que se vai submeter a uma intervenção cirúrgica da maior gravidade ou que se encontra à beira do desastre econômico, é impossível deixar de preocupar-se unicamente por haver decidido fazê-lo — especialmente se a pessoa for do tipo dos preocupados crônicos. *Deve-se encontrar qualquer coisa que tome o lugar dos pensamentos preocupantes, para afugentá-los.* Isso é diversão. Se tal pessoa se empenha numa tarefa extenuante, que demande toda sua atenção, poderá não esquecer de todo sua preocupação, mas esta, certamente, perderá algo de sua intensidade. Nada afasta tão eficazmente pensamentos desagradáveis quanto a concentração em pensamentos agradáveis. Muitas pessoas o fazem subconscientemente, mas a menos que se conheça o mecanismo da diversão, é difícil fazê-lo bem. Alguns neuróticos concentram-se compulsivamente nas questões mais extraordinárias e prejudiciais no curso de seus esforços subconscientes de diversão de suas frustrações sexuais. A psicanálise denomina tal fenômeno *sublimação,* que é definido como "o ato de desviar a energia de um impulso do seu objetivo primitivo para outro, cultural ou eticamente superior". Eu nada saberia a esse respeito; mas é diversão.

STRESS – A Tensão da Vida

Incidentalmente, outro importante aspecto prático da diversão é o desenvolvimento de uma competição entre a memória e a capacidade de apreensão. Parece que, até certo ponto, *os fatos recentemente apreendidos ocupam o lugar dos previa ou subsequentemente apreendidos.* Consequentemente, há um limite para a carga de nossa memória; e tentar lembrar muitas coisas é certamente uma das causas principais do *stress* psicológico. Faço um esforço consciente para esquecer tudo quanto é de pouca importância e para gravar os dados de possível valor (mesmo ao preço de ter de organizar arquivos complexos). Assim, consigo manter minha memória livre para fatos que me são realmente essenciais. Creio que esta técnica pode auxiliar qualquer pessoa a obter a maior simplicidade compatível com o grau de complexidade de sua vida intelectual.

A VITALIDADE INATA DEVE ENCONTRAR UMA VÁLVULA DE ESCAPE

Já notei, nalguma parte deste livro, que as experiências com animais, demonstraram que todos os seres vivos dispõem de um certo volume inato de *energia de adaptação,* ou vitalidade. Esta pode ser empregada lentamente, durante muito tempo, numa vida longa e calma, ou rapidamente, no curso de uma existência mais curta e caracterizada pelo *stress,* mas também mais colorida e agradável. Permita-me o leitor acrescentar que a escolha não nos compete, inteiramente. Mesmo o ritmo ideal em que devemos consumir nossa vida é em grande parte herdado de nossos antepassados. Contudo, o que está em nós deve sair; de outra forma explodiríamos nos locais inadequados ou seríamos vítimas inermes de nossas próprias frustrações. *A grande arte é a de manifestar nossa vitalidade através de canais especiais e no ritmo especial que a natureza nos estabeleceu.*

HANS SELYE

Nem sempre isso é fácil, mas aqui, novamente, a autoanálise inteligente nos é de grande valor. Temos visto, por exemplo, como a diversão, e não o repouso completo, pode ser a melhor solução para uma pessoa que se sente geralmente superada, embora tenha sobrecarregado temporariamente apenas um dos canais da auto expressão. Em alguns desses casos, paradoxalmente, até mesmo o *stress* geral (como terapia de choque, por exemplo, ou trabalho extenuante) pode facilitar a equalização e a descentralização de atividades que se tenham tornado habitualmente concentradas em uma parte de nosso ser.

Há inumeráveis formas de auto expressão. Á que considero mais consistente com as leis biológicas e mais efetiva na prática será posteriormente descrita no Capítulo 24, na seção denominada "filosofia da gratidão".

Mas se nos empenhamos excessivamente — embora sem nos empenharmos por demais em qualquer questão especial — o problema será de *stress* geral excessivo. Nesse caso, a única coisa a fazer é repousar. Tal situação não pode ser resolvida por diversão ou maior *stress*. Aqui, o grande remédio é aprender como apreciar o lazer e como dormir. Frequentemente tenho tentado gozar o lazer, mas jamais consegui. Suponho que isso não esteja em meu temperamento. Temo que, se o leitor estiver interessado em iniciar-se nesta arte, terá que procurar outro autor. Mas, como durante muito tempo sofri de insónia, até que aprendi a dormir, talvez deva dizer algumas palavras a respeito,

COMO DORMIR

O *stress* de um dia de trabalho pesado pode fazer-nos dormir como uma pedra ou manter-nos acordado, sem pregar olho durante toda a noite. Isso parece contraditório, mas quando se analisa o trabalho que nos faz dormir e o que nos mantém acordado, verifica-se uma diferença. *Uma atividade caracterizada pelo stress, que termina definitivamente, prepara para o repouso e o sono; mas aquela que estabelece tensão continua nos manterá acordado.* A fadiga do trabalho bem feito prepara para o sono, mas, durante a noite, devemos tomar precauções para não sermos acordados pelo *stress.* Não há quem ignore o valor da proteção contra barulho, luz, variações da temperatura ou dificuldade na digestão de uma refeição pesada, feita imediatamente antes de ir para a cama. Quanto a esses casos, não é necessário que tratemos aqui das medidas de proteção. Mas que fazer para regular o *stress* psicológico, para que não nos mantenha acordados?

Se o leitor sofre de insônia, não adianta coisa alguma dizer-lhe: "Esqueça tudo e relaxe seu corpo; o sono virá por si mesmo". Ele não vem.

Contar carneirinhos, tomar leite quente, banhos quentes e assim por diante são métodos de pouco valor, já que só auxiliam os que neles têm fé. O fato é que, no momento em que você se deita, é tarde para qualquer outra coisa, com a exceção de pílulas para dormir. *É durante todo o dia que você deve preparar os seus sonhos;* assim, se você sofre de insônia, o fato de dormir ou não dependerá muito do que tenha feito durante o dia.

A receita da preparação para o sono pode ser deduzida das seguintes passagens:

Não se deixe levar por impulsos nem pela tensão, além do ponto necessário para aplicar-se, da melhor forma possível, ao exercício do que deseja fazer no interesse da auto expressão. Deixando-se dominar pela tensão, especialmente nas últimas horas do dia, sua reação de *stress* poderá processar-se durante toda a noite.

Não se esqueça de que os hormônios produzidos durante o *stress* são sinais de alarme, destinados a aumentar sua tensão e "engatilhá-lo" para que funcione com toda sua intensidade. Eles tendem a combater o sono e mantê-lo alerta durante curtos períodos, excepcionalmente; não devem ser utilizados durante todo o dia. Se uma grande quantidade desses hormônios estiver circulando em seu sangue, eles o manterão desperto, como se você tivesse tomado um comprimido de efedrina. (Incidentemente, a efedrina é quimicamente relacionada com a adrenalina.) Sua insônia tem uma base química, que não pode ser facilmente anulada depois de ter-se desenvolvido e à noite, na cama, é tarde demais para impedir esse desenvolvimento.

Tente não sobrecarregar desproporcionalmente o corpo ou a mente pela repetição das mesmas ações exaustivas. Evite cuidadosamente a repetição inútil da mesma tarefa, quando já estiver exausto. Um momento de autoanálise objetiva será suficiente para convencê-lo de que o mesmo trabalho poderá ser feito com muito maior facilidade depois de uma noite de bom sono, ou mesmo depois de algumas horas de qualquer outra ocupação (diversão). Ao "encalhar" numa dificuldade você pode não ser capaz de parar e mentalmente prosseguirá na rotina através de toda a noite.

A Natureza aprecia a variedade. Lembre-se disso, não somente ao planejar o seu dia, mas ao planejar sua vida. Nossa civilização tende a forçar o homem a desempenhar funções altamente especializadas que podem tornar-se monótonas, à força de repetição rotineira. Lembre-se de que o *stress* é o grande equalizador das atividades biológicas e que se você usar muitas e muitas vezes as mesmas partes do seu corpo e sua mente o único recurso de que dispõe a Natureza para "desencalhá-lo" é o *stress*.

Lembre-se também de que a insônia em si é um poderoso agente de *stress*. Se uma noite de insônia suceder a um dia de superexcitação, você estará sonolento em seu trabalho, no dia seguinte. O *stress* resultante poderá redundar noutra noite de in-

STRESS — A Tensão da Vida

sônia e no desenvolvimento de um círculo vicioso que é difícil romper. Felizmente, essa complicação dificilmente será registrada se você seguir minha prescrição; mas se vier a ocorrer, a melhor coisa que tem a fazer é dormir durante o dia, se puder, ou tomar um sedativo brando, à noite.

Para resumir — guarde-se contra o *stress* à noite, não somente reduzindo o excesso de luz, barulho, frio ou calor, mas especialmente, não se entregando, durante o dia, ao tipo de *stress* que o manterá acordado à noite. Esse *stress,* que tende a se perpetuar, pode ser resultado de refeições pesadas, uísques, perturbações emocionais e muitas outras coisas. Cuidado com seus agentes. B, lembre-se: o *stress* o mantém acordado enquanto durar, mas também o prepara para dormir mais tarde.

24. IMPLICAÇÕES FILOSÓFICAS

O desgaste da vida. Morrer de velho. A origem da individualidade. A necessidade de autoexpressão. Quais são os objetivos últimos do homem? A lição filosófica. A evolução do altruísmo intercelular. A evolução do altruísmo interpessoal. Opinião de um biólogo sobre a gratidão e a vingança. A filosofia da gratidão. A sede de aprovação. Da exibição de modéstia. O terror de censura. Gozar os prazeres da vida. Um sistema de vida. Objetivos imediatos. Objetivos mediatos. Objetivo último. Fórmula de êxito.

O DESGASTE DA VIDA

Para nossas pesquisas científicas no laboratório necessitávamos de uma definição operacional do stress, isto é, uma que nos demonstrasse o que era necessário fazer para verificar o stress. É somente pela intensidade de suas manifestações — a dilatação das suprarrenais, o aumento da concentração de corticoides no sangue, a perda de peso e assim por diante — que podemos reconhecer a presença e medir a intensidade do stress. O fato de você não poder vê-lo diretamente, como tal, não torna o stress menos real. Afinal, como disse Robert Louis Stevenson:

> Quem já viu o vento?
> Nem você nem eu
> Mas quando o arvoredo curva sua copa
> É o vento que vai passando.

Na presente exposição, contudo, nossa definição mais concisa, Aristotélica — que meramente classifica o *stress* como um aspecto do desgaste de fricção — é mais satisfatória. Podemos considerar o stress como o "grau de desgaste no corpo". Assim definida, a estreita relação entre o envelhecimento e o *stress* torna-se especialmente evidente. O *stress* é a soma de todo o desgaste causado por qualquer tipo de reação vital através do corpo, a qualquer momento. É por isso que ele atua como denominador comum de todas as alterações biológicas que se processam no corpo; é uma espécie de "velocímetro de vida".

Agora, expondo minhas experiências, frequentemente tenho tido ocasião de indicar que o envelhecimento, pelo menos o verdadeiro envelhecimento fisiológico, não é determinado pelo tempo decorrido desde o nascimento, mas pelo total de desgaste a que o corpo tem sido exposto. Há realmente, na verdade, uma grande *diferença entre idade fisiológica e cronológica*. Um homem pode ser muito mais senil, física e mentalmente, e estar muito mais perto da cova aos quarenta que outra pessoa aos sessenta. A verdadeira idade depende muito do grau de desgaste, do ritmo do auto desgaste; a vida, nesse caso, é essencialmente um processo que gradualmente despende uma dada quantidade de energia de adaptação que herdamos dos nossos pais. A vitalidade é como se fosse um tipo especial de depósito bancário que você pode usar

STRESS – A Tensão da Vida

para efetuar retiradas, mas não para fazer depósitos. Seu único controle sobre esta fortuna das mais preciosas é o ritmo com que você faz suas retiradas. A solução evidentemente, não é suspender as retiradas, pois isso resultaria na morte. Nem é retirar apenas o suficiente para a sobrevivência, pois isso permitiria unicamente uma vida vegetativa, pior que a morte. O processo inteligente é retirar prodigamente, mas nunca malbaratar.

Muitas pessoas julgam que, depois de se terem exposto a atividades que resultam em grande *stress,* um repouso pode fazer com que se restabeleçam suas condições. Isso é falso. As experiências feitas com animais demonstraram claramente que cada experiência deixa uma cicatriz indelével, pois ela demanda reservas de adaptabilidade que não podem ser restabelecidas. É verdade que, imediatamente após certas experiências exaustivas, o repouso pode fazer com que voltemos quase às condições anteriores, pela eliminação da fadiga mais grave. Mas a ênfase, fica no termo *quase.* Desde que passamos constantemente por períodos de *stress* e repouso, através de toda a vida, um pequeno déficit de energia de adaptação vai sendo acumulado dia a dia — ele resulta no que denominamos *envelhecimento.*

Aparentemente há *duas espécies de energia de adaptação:* o tipo superficial que está sempre à mão para o uso, e o tipo profundo, que atua como uma espécie de reservatório frigorífico. Quando a energia de adaptação superficial é gasta durante o esforço, pode ser lentamente restabelecida, durante o repouso pela reserva profunda. Isso atribui uma certa elasticidade à nossa resistência. Protege-nos também do desperdício de energia de adaptação nos momentos de grande prodigalidade, pois somos detidos, automaticamente, pela fadiga aguda. É a restauração da energia de adaptação superficial, a partir das reservas profundas, que nos ilude, levando-nos a acreditar que a perda tenha sido

HANS SELYE

restabelecida. Na verdade, ela foi apenas coberta pelas reservas — e ao custo de uma redução das mesmas reservas. Podemos comparar essa impressão de não ter sofrido perda alguma ao otimismo descuidado de um pródigo, que esquece de que toda vez que restabelece o suprimento de dólares em sua carteira, fazendo retiradas das reservas de sua conta corrente invisível, não houve perda: houve meramente uma transferência de dinheiro de uma fonte menos acessível para outra mais acessível.

Creio que a esse respeito a lição das experimentações com animais tem um grande valor prático no que se refere à forma pela qual devemos viver; ela nos auxilia a traduzir conhecimentos em sabedoria.

A lição é particularmente oportuna. Em virtude dos grandes progressos efetuados pela Medicina clássica durante os últimos cinquenta anos, a morte prematura causada por produtores de doenças específicas (micróbios, subnutrição, etc.) declinou num grau fenomenal. Em consequência, a *longevidade média* nos Estados Unidos, que era de 48 anos em 1900, aumentou para 69,8 em 1956. Mas, como têm de morrer algum dia, um número crescente de pessoas morre em consequência da ação de produtores de doenças que não podem ser eliminados pelos métodos da Medicina clássica. Uma proporção sempre crescente de seres humanos é vítima das denominadas doenças de desgaste, ou doenças degenerativas, que são basicamente originadas pelo *stress*.

Por outras palavras, quanto mais ampliamos nossos conhecimentos sobre a forma de combater as causas externas da morte (germes, frio fome), mais sujeito está o homem a ser vítima de suas ações voluntárias, suicidas. Não é de minha alçada tratar das guerras — embora elas sejam também sintomas de inadaptação — mas talvez minhas experiências possam ensinar-nos alguma coisa sobre a maneira de conduzir nossas vidas pessoais, de

STRESS – A Tensão da Vida

acordo com as leis naturais. A vida é uma contínua série de adaptações ao nosso meio, e, tanto quanto sabemos, nossa reserva de energia de adaptação constitui uma herança limitada, não podendo ser restabelecida. Por outro lado, estou certo de que podemos ampliar substancialmente a longevidade média do homem, desde que vivamos em melhor harmonia com as leis naturais.

MORRER DE VELHO

O que me convence de que a longevidade natural do homem é muito mais extensa que a atual é: No decorrer de todas as minhas autópsias (e efetuei um grande número delas), nunca vi um homem que tenha morrido de velho. *Na verdade, creio que jamais pessoa alguma morreu de velhice.* Garanti-lo seria o objetivo ideal da pesquisa médica (se não levarmos em conta o improvável evento do processo de regeneração de energia de adaptação ser descoberto por alguém). Morrer de velho significaria que todos os órgãos do corpo teriam sido proporcionalmente gastos, meramente pelo fato de terem sido usados durante muito tempo. Mas esse nunca é o caso, morremos, invariavelmente porque uma parte vital foi gasta prematuramente, em relação ao resto do corpo. A vida, a cadeia biológica que mantém unidas todas as partes, é tão forte quanto seu elo mais fraco. Quando ele se rompe, — não importa quão vital seja a parte que cedeu — nossas partes não podem mais ser mantidas juntas como um único ser vivo.

O leitor notará que não digo "nossas partes morrem" porque isso não acontece necessariamente. Em culturas de tecidos as células isoladas de um homem podem ser mantidas vivas durante muito tempo depois de, como conjunto, ele ter morrido. É somente a complexa organização de todas as nossas células num mesmo indivíduo que morre, necessariamente, quando uma parte vital cede. Uma pessoa idosa pode morrer em consequência do rompimento de artérias gastas endurecidas em seu cérebro, ou porque seus rins não podem mais retirar as impurezas metabólicas ou porque o músculo de seu coração foi lesado por trabalho excessivo. Mas *sempre há uma parte que se gasta primeiro e que prejudica o conjunto da maquinaria humana,* unicamente porque as demais partes não podem funcionar sem ela.

Esse é o preço que pagamos pela evolução do corpo humano, de uma simples célula a uma organização altamente complexa. *Os animais unicelulares não devem morrer, em princípio.* Dividem-se, apenas, e as partes continuam vivas.

A lição a ser tirada disso é de que, desde que o homem pode regularizar sua vida por ações voluntárias, deve procurar equalizar o *stress* em todo o seu ser por meio do que denominamos *"diversão",* a frequente transferência do trabalho de uma parte para outra. O corpo humano — tal como os pneus de um automóvel ou um tapete — dura mais tempo quando é gasto por igual. Será para nós de grande benefício nesse domínio, deixar-nos guiar pelo impulso natural de variedade na vida cotidiana. Jamais devemos esquecer de que quanto mais variarmos nossas ações, menos sofrerão todas as partes em função do atrito.

Já vimos, numa passagem anterior, através de que mecanismos o *stress* pode atuar como um equalizador das atividades biológicas (Cap. 22); mas é igualmente verdade que o *stress,* talvez precisamente em consequência de seu efeito equalizador, dá uma excelente oportunidade de desenvolvimento aos talentos potenciais inatos, quer sejam eles inibidos pela mente ou pelo corpo. Na verdade, *é somente ao calor do stress que a individualidade pode ser perfeitamente moldada.*

STRESS — A Tensão da Vida

A ORIGEM DA INDIVIDUALIDADE

Em 1859, quando Charles Darwin publicou a *Origem das Espécies,* prometeu que seu livro "faria luz sobre a origem do homem e sua História". Esse volume marcou a abertura de uma nova era do pensamento científico e religioso, pois continha observações sugerindo que as espécies animais se desenvolveram "por meio de seleção natural ou da preservação das raças mais aptas na luta pela vida". Em muitos aspectos, há uma curiosa semelhança entre os meios empregados pela Natureza, no que se refere a espécies, e a indivíduos. Limitações de alimentação e espaço restringem o desenvolvimento das espécies mais fortes. Limitações similares de nutrição e anatomia em cada indivíduo forçam o *stress* a desenvolver, através do uso mais frequente, os órgãos e aptidões mais adequadas para a manutenção da vida.

As características de uma espécie refletem as memórias cumulativas das gerações anteriores; a individualidade resulta do estabelecimento gradual, sobre esse fundo, de memórias pessoais herdadas (inclusive "memórias bioquímicas") à medida que são adquiridas durante toda uma vida. No curso do desenvolvimento de uma espécie, todos os membros de cada geração sucessiva, devem refletir — como um embrião antes de entrar neste mundo — toda a história de seus ascendentes, desde a fase primitiva de ameba à fase contemporânea do recém-nascida. Então, após o nascimento, cada indivíduo — e na verdade todos os órgãos de seu corpo — passam novamente por inumeráveis reações de adaptação, para desenvolver aquelas características pessoais que os distinguem dos demais indivíduos. *Assim como entre as raças, somente os órgãos e aptidões mais capacitados de cada pessoa sobrevivem à luta pela existência.* Já vimos que, no indivíduo, isso é alcançado especialmente através do mecanismo do *stress*.

Quando qualquer parte do corpo é sobrecarregada, fica temporariamente fora de ação, por exaustão dos tecidos, inflamação aguda ou mera fadiga — que compreende, essencialmente a fase de alarme da síndrome de adaptação local. Isso força outras partes a substituírem as afetadas, dando-lhes uma oportunidade de desenvolver-se da melhor forma possível.

Mas, mesmo que uma parte não seja sobrecarregada, o corpo, como conjunto, pode estar sendo. Nesse caso, os coordenadores centrais de adaptação (o sistema nervoso e as glândulas endócrinas) são informados dessa situação pelo conjunto dos sinais de alarme procedentes de todas as partes do corpo, em qualquer dado momento. Quando o *stress* geral é excessivo, todo o organismo demanda um repouso; não pode dar-se ao luxo de lutar em parte alguma. Isso lhe possibilita efetuar sua tentativa muitas e muitas vezes, mesmo após repetidos malogros, até que uma melhor distribuição do desenvolvimento orgânico seja alcançada e o indivíduo esteja perfeitamente moldado, em harmonia com suas potencialidades herdadas e as demandas feitas sobre ele pelo meio. Está claro que as aptidões congénitas constituem a linha básica da adaptabilidade. Eles dependem da evolução e do que é herdado de antecessores e pais, mas os característicos manifestos de uma pessoa são, especialmente, resultantes do *stress* ao qual sua adaptabilidade é exposta durante todo o curso de sua vida.

Se desejamos aprender algo da observação do *stress* na natureza, se desejamos obter conhecimentos que guiem a conduta de nossa vida cotidiana, devemos perguntar-nos: "Que podemos fazer no que se refere a tudo isto?" O desenvolvimento da fadiga ou inflamação num órgão sobrecarregado, a produção de ACTH e corticoides durante o *stress* evidentemente, estão além das possibilidades do controle voluntário. Assim também nossa constituição genética. Há algo de compulsivo, de estritamente obrigatório mesmo nas nossas "atividades voluntárias". É muito fácil dizer que nossa vitalidade (ou energia de adaptação), deve ser usada

STRESS – A Tensão da Vida

sabiamente, num certo grau e para certas tarefas, mas tudo isso é teoria. Na prática, quando se trata de dirigir a conduta humana, parece que todos nós temos de curvar-nos à grande lei que determina que devemos manifestar o que sentimos; na verdade, que nós devemos manifestar num ritmo e direções predeterminadas por nossa própria estrutura herdada. Não há dúvida que isso em grande parte é verdade, mas apenas em grande parte — e é no limitado setor não coberto por tal fato que se funda toda minha filosofia da vida.

A NECESSIDADE DE AUTOEXPRESSÃO

Depois de um piloto ter decolado com seu avião — a menos que pretenda se matar — não pode parar seu motor até que esteja novamente em terra firme. Sua missão só é completada de volta à terra. Contudo, há muita coisa que pode fazer, através de uma série de ações voluntárias, para atingir a mais longa distância possível com um dado aeroplano e um dado suprimento de combustível, dentro de certas condições meteorológicas. Assim, por exemplo, ele pode manter a velocidade e o curso mais adequados ao tipo do seu avião, de acordo com as condições atmosféricas prevalecentes. Os dois grandes fatores de limitação sobre os quais, uma vez no ar, ele não tem mais controle são: o suprimento de combustível e o grau de desgaste e a fricção que a parte vital mais fraca de seu aparelho pode tolerar.

Quando um ser humano nasce — a menos que queira se matar — não pode parar, como o piloto, antes de completar sua missão na terra. Contudo, também pode fazer muita coisa, através de uma série de ações voluntárias, para ir tão longe quanto possível com uma dada estrutura física e um dado suprimento de energia de adaptação, de acordo com certas condições sociais.

Pode viver e manifestar sua personalidade, por exemplo de acordo com o ritmo e a maneira mais adequados aos seus talentos herdados, em relação às condições sociais prevalecentes. Os dois grandes fatores de limitação — estabelecidos quando todo homem nasce — são: seu suprimento de energia de adaptação e o grau de desgaste que a parte vital mais fraca de seu corpo pode suportar.

Assim, na verdade, podemos fazer muita coisa, vivendo sabiamente de acordo com as leis naturais. Podemos determinar nosso ritmo de vida ideal, tentando vários ritmos, até descobrir o mais adequado. Podemos determinar nosso curso pelo mesmo processo empírico, sem deixar de levar em conta, todavia, que as diversões ocasionais têm uma virtude própria: equalizam o desgaste em todo o corpo e, portanto, dão às partes sobrecarregadas uma pausa para recuperação.

Em minha analogia há dois pontos fracos que são especialmente instrutivos, pois iluminam a diferença entre uma máquina inanimada e um ser vivo.

Primeiro, o verdadeiro carburante da vida não é o combustível (alimento) que ingerimos, mas a adaptabilidade, pois a máquina pode sofrer em viagem uma série considerável de reparos e ajustamentos, enquanto dispuser de energia de adaptação. Por meio dela, pode assimilar energia calórica de seu meio. Consequentemente, descansar uma parte sobrecarregada do corpo facilita não somente o seu "resfriamento", mas ainda permite a execução de grandes reparos e mesmo o aperfeiçoamento da estrutura.

Segundo (digo "segundo" como médico, mas deveria dizer "primeiro" como ser humano) o objetivo do homem não é o de ir tão longe quanto possível. Isso é expressado de forma encan-

STRESS – A Tensão da Vida

tadora pelo lema apresentado logo abaixo do título do *Journal of Gerontology*, um jornal médico devotado a estudos sobre longevidade: "Aduzir vida aos anos e não somente alguns anos à vida".

Evidentemente, o homem não obtém o sentimento de felicidade, de haver cumprido sua missão na terra, simplesmente pelo fato de haver permanecido vivo durante muito tempo. Pelo contrário, uma longa vida sem o sentimento de realização total é muito entediante. Contudo, quando (e se) a maior parte das pessoas analisa suas vidas, a impressão generalizada resultante é a de estar unicamente passando de um dia para o outro, sem qualquer objetivo. Estar vivo apenas, não importa quão adequada e seguramente, não constitui uma válvula de escape suficiente para a energia de adaptação vital de um homem. O conforto e a segurança permitem que gozemos mais facilmente as melhores coisas da vida, mas não são, em si, grandes e valiosos objetivos.

QUAIS SÃO OS OBJETIVOS ÚLTIMOS DO HOMEM?

Filósofos, psicólogos e místicos têm discutido a esse respeito desde tempos imemoriais. As conclusões a que têm chegado vão das mais nobres às mais vulgares: honrar a Deus, obter o poder, amor ou satisfação sexual, ser reconhecido e admirado pelos outros e por si mesmo, expressar-se criativamente ou, simplesmente, ser feliz. Algumas dessas conclusões parecem certas para algumas pessoas, mas pessoa alguma as aceita a todas como certas. Passando os olhos pela lista de conclusões, tenho uma impressão semelhante à que tive em Praga quando, como jovem estudante de Medicina, examinei pela primeira vez pacientes que sofriam de várias doenças: deveria haver um denominador entre elas.

Uma das mais fundamentais necessidades humanas, por exemplo, é a de trabalhar a troco de determinada recompensa

HANS SELYE

e julgar e gozar o êxito obtido em proporção à magnitude das compensações que acumulamos. Estas tanto podem ser constituídas de dólares como de medalhas ou qualquer outra coisa a que atribuamos valor. Podem ser até mesmo seres humanos que se tornam nossos escravos — em virtude de nossos dólares nossas medalhas ou outra qualquer de nossas posses. Podem ser boas ações, pelas quais Deus nos compensará. Mas uma coisa é certa: elas *devem ser cumulativas*. De que outra forma poderíamos calcular nosso ganho? De que outra forma poderíamos saber se já realizamos o suficiente para estar satisfeitos?

Encontrei resposta para esse problema no que podemos denominar a *filosofia da gratidão*. Ela auxiliou-me a estabelecer uma atitude pessoal em relação ao *stress* da vida. Poderá auxiliá-lo também. Isso, contudo, não é certo, pois é possível que o leitor não veja as coisas sob o mesmo ponto de vista que eu. Aqui, estou fora de meu elemento, o laboratório, onde um fato provado é visível a quem pretenda verificá-lo. Aqui, eu me aventuro na filosofia pura: algo muito perigoso a ser feito por um cientista, algo pelo que, não há dúvida, serei severamente criticado por alguns dos meus confrades mais reservados e reticentes! Mas isso se explica, pois o dever de expressar-me é parte de minha filosofia e assim não há nada que possa fazer para conter-me. Sofri realmente as consequências do *stress* ao passar toda minha vida adulta num laboratório, trabalhando no *stress;* talvez tenha sofrido mais os seus efeitos ao expressar meus pensamentos neste livro. Mas sabia perfeitamente que se não o fizesse estaria ainda sujeito a um *stress* maior.

Não será a necessidade da auto expressão o denominador comum para os objetivos últimos do homem? Estaremos sempre à espera da recompensa por necessitarmos de um índice cumulativo, que nos mostre até que ponto realizamos a auto ex-

STRESS – A Tensão da Vida

pressão? Se assim for, isso explicaria porque as satisfações puramente sensuais — o gozo de qualquer dos prazeres físicos — jamais foi um objetivo satisfatório, a longo prazo, para o homem. Não importa quão intensa possa ser a felicidade que proporcionam, os prazeres físicos são efêmeros; eles não podem ser acumulados, de forma alguma, como uma espécie de riqueza. Não podem proporcionar-nos o sentimento de uma missão bem realizada, da posse de algo que nos garanta segurança.

A LIÇÃO FILOSÓFICA

Nas passagens precedentes, tratamos do papel desempenhado pelo *stress* na evolução da individualidade, da necessidade de auto expressão e do impulso que nos leva a trabalhar a troco de recompensas. Notamos que os objetivos últimos, para terem valor, devem ser caracterizados pela permanência que nos torne possível acumulá-los, constituindo uma espécie de patrimônio pessoal que nos dá um sentimento de segurança e, portanto, paz de espírito. Vejamos agora como, a partir do estudo da natureza, podemos chegar a algumas conclusões gerais filosóficas, estabelecendo certas regras de conduta na luta permanente entre as tendências altruísticas e egoísticas, que são responsáveis por grande parte do *stress* nas relações interpessoais.

É estranho o fato de, para mim, a mais valiosa compensação pelo tempo que dediquei à dissecção do mecanismo do *stress,* seja não uma lição no campo da Medicina, mas no domínio da Filosofia. Contudo, essa lição nem ao menos constitui novidade; a maioria das pessoas, vagamente, deve tê-lo realizado. As análises científicas das reações do corpo sob o *stress* apenas auxiliaram a traduzir, em termos de intelecto, o que a sabedoria instintiva das emoções sempre apreciou de forma mal definida. Contudo, numa época como a nossa, tão governada pelo intelecto, é confortador saber que os princípios das religiões e filosofias que nos foram apresentados como normas de conduta, para guiar nossa vida, são fundadas em verdades biológicas cientificamente compreensíveis. Não é fácil traduzir tal lição em palavras, mas tentarei.

A EVOLUÇÃO DO ALTRUÍSMO INTERCELULAR

O traço mais característico da vida é o egoísmo; é também nossa mais velha e essencial propriedade. Assim que a primeira célula amebiana surgiu no primitivo oceano, verificou-se a alternativa: ou se desdobrava, ou pereceria. Ao contrário de todas as substâncias inanimadas que a cercavam, ela não era indiferente a seu próprio destino; vivia e queria continuar a viver. Para alcançar tal objetivo, essa célula não tinha que competir com outros seres vivos, pois era a única coisa viva existente e o mundo inanimado não "objeta" a ser explorado.

Mas outra característica da vida é a multiplicação e o desenvolvimento: logo surgiram duas células, depois milhões delas, cada qual lutando por si — e não raro, necessariamente, com o sacrifício de suas irmãs. Isso levou a choques, nos quais as células mais fortes levaram a melhor.

Então, num dado momento, numa certa época, algumas células reuniram-se numa colónia que era uma comunidade de interesses, uma espécie de *egoísmo coletivo*. Nesse momento o altruísmo nasceu. No que concerne aos outros seres vivos, a comunidade agia egoisticamente; mas era no interesse de cada célula da colônia que todos os membros tinham de trabalhar, pois a força do conjunto dependia de todas as suas partes. Sob o ponto de vista celular, o altruísmo em relação às demais células da colônia tornou-se uma forma de egoísmo.

STRESS – A Tensão da Vida

A eficiência biológica dessa vida coletiva demonstrou ser tão grande, no curso da luta pela sobrevivência, que as células descobriram a utilidade não só de permanecer juntas como ainda de depender mutuamente cada vez mais. Eventualmente, grande número de células aprendeu a partilhar de uma única vida; elas passaram a constituir um *único ser vivo*. O próprio homem é um organismo multicelular. As células de seu corpo são tão estritamente interdependentes que não podem sobreviver à separação. Algumas delas tornaram-se indispensáveis para nutrir todo o corpo, outras para movimentá-lo e outras, ainda, para coordenar o seu conjunto de atividades; todavia, ao tornarem-se altamente especializadas para desempenhar as respectivas tarefas, as partes resignaram de sua prerrogativa de existência independente. A alternativa entre egoísmo e altruísmo não se levanta entre células de um mesmo organismo intercelular; dentro de seus limites, não há razão para uma competição hostil.

Quando qualquer tipo estranho de vida penetra em nossos tecidos, registra-se considerável desgaste — isto é, o *stress* local, consequente de um conflito de interesses entre invasores e invadidos. Isso é evidenciado pela resposta defensiva essencialmente inflamatória. Somente os nossos próprios órgãos (nervos, vasos sanguíneos) podem penetrar nossos tecidos sem provocar *stress* agudo. Nesse caso, não há edificação de barreiras protetoras para conter o invasor; na verdade, ele **é** bem-vindo: mesmo o resistente tecido ósseo cede ante a suave pressão exercida pelo vaso sanguíneo invasor, que lhe traz a nutrição.

Foi necessário um número incontável de gerações sucessivas para que as células desenvolvessem a arte da interdependência pacífica, a fim de evitar o *stress* interno. (Mesmo agora, ocasionalmente, pode ser registrada uma revolta interna numa parte que esquece o princípio do altruísmo coletivo. Isso é o que denominamos *câncer*. Ele mata o conjunto e a si mesmo, por sua própria expansão irrestrita.)

Em suma, podemos considerar a evolução de seres vivos complexos essencialmente como um processo que permite o desenvolvimento harmonioso de grande número de células, com um mínimo de *stress* entre elas, em função dos interesses gerais do conjunto da comunidade.

A EVOLUÇÃO DO ALTRUÍSMO INTERPESSOAL

Agora, consideremos as relações entre seres vivos multicelulares, como homens, por exemplo. Aqui há também uma interdependência implícita entre indivíduos que se especializaram em várias funções. Alguns tratam da alimentação, outros dos transportes e outros administram e coordenam as atividades da comunidade. Contudo, no momento, o processo ainda está muito longe de ser satisfatório e é muito mais suscetível de *stress* que a interdependência entre os vários órgãos de uma pessoa. Tanto a harmonia quanto a discórdia em nossas relações sociais devem sua existência a um único órgão: o sistema nervoso. Ele governa todas as nossas principais decisões e atitudes pessoais, por meio de um dos seus muitos produtos: as emoções. (Alguns observadores menos avisados atribuem uma importância decisiva à lógica nas relações sociais, mas estão enganados; tanto quanto sei, a lógica aqui desempenha um papel de importância ínfima, se é que desempenha algum.)

OPINIÃO DE UM BIÓLOGO SOBRE A GRATIDÃO E A VINGANÇA

Podemos ir talvez mais longe ainda: parece-me que entre todas as emoções, há uma que mais que qualquer outra condiciona a ausência ou a presença do *stress* nas relações humanas: é o sentimento de gratidão — com sua contrapartida negativa, a necessidade de vingança. (A ingratidão não é o oposto, mas meramente a ausência de gratidão.) É curioso notar quão intimamente o mecanismo do *stress* no corpo humano assemelha-se ao do *stress* das relações sociais entre homens.

Neste livro tenho citado muitos exemplos, demonstrando que um breve período de exposição ao *stress* pode resultar numa derrota ou numa vitória duradoura. Tal fato é passível de estudo científico, pois pode ser medido por índices calculáveis de resistência psicológica. Quando todo o corpo é temporariamente exposto ao *stress* o resultado pode ser uma intensificação duradoura da resistência geral ou lesão, choque. Similarmente, quando parte do corpo é assim exposta, o resultado pode ser um aumento da resistência local (turgor, inflamação) ou colapso dos tecidos (degeneração ou mesmo morte das células). Em todos esses casos, depende muito das respostas do corpo o fato da exposição resultar numa vitória ou derrota. Já vimos também que essa resposta é dirigida por um sistema de forças antagónicas (hormônios pró e anti-inflamatórios; impulsos nervosos produzidos pela adrenalina e pela acetilcolina) que se defrontam com o agente de *stress* de dentro para fora.

O resultado final tem sempre uma tripla raiz, uma causa determinada por três elementos que são: 1) o agente do *stress;* 2) os fatores que promovem a resistência; e 3) os fatores que condicionam a rendição.

Este é o sistema somático estereotipado de resposta interna ao *stress.* Parece-me que o *stress* psíquico, produto das relações entre os homens é regulado por um mecanismo triplo muito semelhante: há um conflito de interesses, que atuam como agentes externos do *stress,* e há impulsos equilibrados de resistência e submissão que se opõem internamente ao agente do *stress*. O resultado final não é determinado somente (talvez nem mesmo principalmente), pelo próprio agente do *stress;* ele depende dos três elementos da situação. As manifestações duradouras do *stress* interpessoal — assim como as do *stress* que se verificam em qualquer dado indivíduo — podem ser uma vitória ou uma derrota, dependendo das circunstâncias. A principal diferença é a de que no *stress* interpessoal os efeitos finais manifestam-se como um sentimento de gratidão e, em caso de derrota, como um impulso de vingança.

As alterações físicas duradouras (na estrutura ou composição química) que precedem a adaptação efetiva ou o colapso são efeitos posteriores do *stress:* elas representam as memórias dos tecidos que afetam nosso futuro comportamento somático durante situações similares sob o *stress*. Elas podem ser estocadas. Mas cada alteração somática pode governar nossa atitude unicamente em relação aos subsequentes agentes do *stress* no nosso corpo. As consequências do *stress,* que devem forçosamente guiar nossas futuras relações interpessoais, são emoções, tais como sentimentos de gratidão ou vingança que dirigem a conduta social.

Creio que, em última análise, a *gratidão e a vingança são os mais importantes fatores dirigentes de nossas ações na vida diária;* delas também dependem, e em grande parte, nossa paz de espírito, nossos sentimentos de segurança ou insegurança, de realização ou frustração, em suma, do grau de êxito que conseguirmos retirar da vida. Mas as palavras nem sempre significam a mesma coisa para todo mundo e talvez antes de prosseguir eu deva explicar o sentido em que uso os termos *gratidão e vingança.*

Gratidão é o despertar noutra pessoa o desejo de minha própria prosperidade, em retribuição pelo que lhe fiz. Talvez seja a característica mais humana de assegurar segurança (homeosta-

STRESS — A Tensão da Vida

se). Ela anula o motivo de um choque entre as tendências egoísticas e altruísticas, porque inspirando o sentimento da gratidão, induz outra pessoa a partilhar de meu desejo natural visando o meu próprio bem-estar.

Tenho dito que o egoísmo é a mais antiga, a mais característica e a mais essencial das propriedades da vida. Contudo, é horrível. Por que razão nos repugna? Por que tentamos negar sua existência em nós mesmos, já que é natural e inevitável? Creio que o egoísmo, tanto nos outros quanto em nós, desgosta-nos especialmente por ser perigoso. Temos medo dele. Sabemos que nos levará a situações de *stress,* porque o egoísmo é a semente da luta e da vingança.

Por outro lado, *vingança* é o despertar noutra pessoa do desejo de que eu não prospere, em retribuição pelo que lhe fiz. É a maior ameaça à segurança (homeostase). Mas também tem suas raízes numa reação de defesa natural. É uma distorção selvagem do desejo natural de evitar que os animais nos agridam. Quando punimos uma criança, por ter feito algo de mal, nossas ações aproximam-se muito da vingança, ainda mesmo que sejamos guiados pelo amor à prole. A punição é uma lição objetiva que ensina a conduta própria a adotar no futuro, por meio de represália. Infelizmente, na prática, é muito difícil estabelecer a linha entre punir, com propósito construtivo e a represália destituída de sentido, puramente vingativa, como um fim em si própria, uma mórbida satisfação da necessidade de auto expressão. Educadores profissionais devem tomar grande cuidado ao fazer essa distinção em todos os seus contatos com estudantes.

Isso nos leva ao problema geral de trabalhar por uma recompensa. Tanto a gratidão quanto a vingança são sentimentos relacionados com recompensa; são em si próprios, num certo sentido, remunerações: a primeira para as boas e a segunda para as más ações. Mas o ponto importante da questão reside no fato

HANS SELYE

de ambos os tipos de recompensa terem qualidades fundamentais comuns, que podem ajustar-se para atuar como objetivos últimos.

Não é necessário tratar longamente da vingança; ela não passa de uma grotesca corruptela de nosso impulso de ensinar; uma espécie de "doença do instinto de ensinar". Assim, não tem qualquer virtude em si, e somente pode ferir tanto aquele que dá quanto o que recebe seus frutos. As sementes de qualquer fruto só podem reproduzir a árvore que dela provêm. A vingança gera mais vingança; a gratidão tende a despertar uma gratidão ainda maior. Nenhuma pessoa normal escolheria, conscientemente, a selvagem satisfação da "vendetta" como objetivo último da vida. Mas "a gratidão é o signo das almas nobres" (Esopo) e há:

> Dois tipos de gratidão: o súbito,
> Que sentimos pelo que damos.
> E o mais importante, pelo que tomamos.
>
> EDWIN ARLINGTON ROBINSON

Para mim, o aspecto mais característico da inspiração da gratidão é o dela reunir — mais que qualquer outro valor — todos os requisitos que buscamos num objetivo a longo termo, fundado nas leis da natureza:

1) pode atuar como denominador comum para as mais diversas formas de auto expressão; cada pessoa pode esforçar-se por inspirar gratidão nos demais, de acordo com seu próprio talento, através, por exemplo, da caridade, arte ou ciência;

2) os efeitos da gratidão são duradouros; podem ser acumulados;

3) nem a riqueza, nem a força, nem qualquer outro instrumento de poder funciona com tanta eficiência na manuten-

STRESS – A Tensão da Vida

ção de nossa segurança e paz de espírito quanto a consciência de haver inspirado gratidão a um grande número de pessoas. Isso é certamente um objetivo a longo prazo, à altura do homem. Mas constituirá, realmente, um objetivo último?

A FILOSOFIA DA GRATIDÃO

Um esforço deliberadamente planejado em função da gratidão poderia e deveria constituir a base de uma filosofia prática — um sistema de vida? Trabalhar a troco de um único tipo de compensação, ao que tudo indica, não poderia ser considerado o objetivo final de nossa existência. A maioria das pessoas não gosta de admitir, mesmo intimamente, que ao fazer qualquer coisa, visa despertar gratidão em terceiros.

Quando se pergunta a um artista o que o leva a pintar, a um escritor o que o leva a escrever, a um soldado o que o leva a arriscar a vida em combate, eles podem dar todo o tipo de respostas (algumas idealistas, outras mercenárias) mas todos eles rirão se você sugerir que eles visam, na verdade, despertar gratidão em terceiros.

O cientista que sacrifica toda sua vida em função de trabalho de precisão no laboratório, pode admitir que o faz apenas por "alta recreação", ou obedecendo a um impulso puramente altruístico de "prestar serviços" e, se for mais reservado, poderá citar o "slogan" pré-fabricado de "ciência pela ciência". Mas ficará muito surpreendido e até envergonhado se você conseguir convencê-lo que, na verdade, trabalha para conquistar a gratidão dos seus irmãos humanos. A maioria dos cientistas consideraria tal justificação de seus esforços muito egoística, quando não ingênua. Contudo, considerando a questão com mais atenção, o que seria mais egoístico e mais ingênuo: trabalhar "por alta recreação"

HANS SELYE

propósitos intangíveis tais como "ciência pela ciência", ou pela inspiração de merecida gratidão nos demais homens?

Minha sugestão parece ainda mais destituída de sentido quando se considera determinado tipo de pessoas, que jamais fizeram qualquer bem, material ou espiritual, a pessoa alguma. Elas também trabalhariam pela gratidão. Consideremos, por exemplo, um "gangster", cuja vida não passa de uma sucessão brutal de atos de violência e assassínios. E que dizer do homem bom, profundamente religioso, que faz doações anônimas aos pobres, justamente porque — deixando de reclamar a merecida gratidão — está seguindo os ensinamentos divinos?

Contudo, um exame mais atento não demonstraria que todas essas diversas formas de auto expressão são subconscientemente planejadas, para obter a aprovação e a gratidão desta ou daquela fonte? Não será a gratidão daqueles que são inspirados por um grande quadro ou uma grande ideia, o reconhecimento dos que foram salvos de uma catástrofe pelo valor do soldado ou pelo génio do cientista? E o mais calejado malfeitor não cometerá seus crimes por terem malogrado todas as suas tentativas anteriores de expressar-se numa forma qualquer destinada a inspirar gratidão? Não será realmente levado por suas frustrações e desespero que ele busca qualquer substituto, das mulheres de vida fácil aos "fora da lei", para com eles despender os produtos de seus crimes? E os filantropos religiosos, que permanecem anônimos, por preferir a grata aprovação divina à gratidão dos homens?

A SEDE DE APROVAÇÃO

E porque todos parecem tão ansiosos por negar que trabalham por reconhecimento? Durante minha vida, conheci numerosos cientistas, entre os quais alguns dos mais ilustres de

STRESS – A Tensão da Vida

nossa época; contudo, duvido que qualquer deles considere que o reconhecimento público de sua obra — por meio de títulos, medalhas, prémios ou títulos honoríficos — tenha desempenhado um papel decisivo na motivação de seu entusiasmo pela pesquisa. Quando um prêmio consiste tanto numa honraria quanto numa importância em dinheiro, muitos cientistas estariam mesmo mais inclinados a admitir *que o dinheiro lhes* causa uma satisfação maior ("afinal, é preciso viver") que o reconhecimento público ("não sou homem de vaidades"). E por que mesmo esses grandes espíritos não ponderam a falsidade de tais declarações? Porque, embora não mintam conscientemente, suas reações são indubitavelmente falsas. A maioria dos cientistas realmente talentosos pouco se preocupa com dinheiro e não tolera nem em si e nem nos demais a ânsia de enriquecer. Por outro lado, todos os cientistas que conheço o bastante para poder fazer deles um julgamento (e eu me incluo nesse grupo) sofrem de uma extrema ansiedade pelo reconhecimento e aprovação de seu trabalho. Não estaria abaixo da dignidade de um espírito objetivamente científico permitir tal distorção de seus verdadeiros motivos? Além disso, que haveria neles que nos causasse vergonha?

Para dar sentido e direção à vida devemos estabelecer objetivos a longo prazo, algo distantes, que tenhamos de trabalhar para alcançar. Assim, um objetivo natural, último, deve reunir duas características principais: deve ser algo *pelo que* possamos trabalhar (de outra forma não nos proporcionaria uma válvula de escape para a auto expressão) e seus frutos devem ter um grau de permanência suficiente para que se acumulem à medida que a vida decorre (de outra forma, não seria um objetivo a longo prazo). Comprazer a Deus, servir à Pátria, ou viver para a família ou para qualquer outra instituição valiosa e permanente, são meios que há muito têm servido eficientemente o homem em

HANS SELYE

sua busca de objetivos a longo prazo. Até mesmo o objetivo mais ardentemente visado, caso tenha curta duração, poderá fornecer diretiva para um momento, mas nunca para o futuro. E mais que evidente que tal objetivo não se fará presente no futuro. Haveria razão para que nos envergonhássemos de planejar nossas vidas visando obter aprovação e gratidão?

DA EXIBIÇÃO DE MODÉSTIA

Discutindo a sede natural de aprovação do homem, não podemos esquecer umas poucas palavras sobre a modéstia. Algumas pessoas desenvolvem um desejo de aplauso tão mórbido que passam a maior parte de seu tempo tentando atrair atenção para os seus próprios empreendimentos. Esse esforço, com o objetivo de estabelecimento na sociedade, é tão ineficiente quanto repulsivo. A única forma de conduta relacionada com essa que, ao menos para mim, é tão repugnante, consiste nas demonstrações premeditadas de modéstia. A verdadeira modéstia permanece silenciosamente oculta; nunca chega ao grau de imodéstia de exibir-se publicamente. Os homens realmente grandes são muito honestos para simular modéstia como instrumento social e muito humildes para expor toda sua modéstia ao público. Embora tenham orgulho de seu trabalho, previnem qualquer exagero de sua importância; são por demais interessados na substância de seu empreendimento para fazer com que a atenção geral venha a convergir sobre sua contribuição pessoal, por meio de uma demonstração inoportuna de modéstia.

O TERROR DA CENSURA

Tememos a censura com a mesma intensidade de nossa sede de aprovação. A declaração comum — "Pouco me importa o que, os outros digam" — é quase sempre falsa. Talvez fosse melhor não dizer "quase", pois não conheço uma única pessoa que não se importe com o que os outros digam. Seria necessário tal requisito? Se uma pessoa está absolutamente convencida do que sustenta (o que é muito raro, entre pessoas inteligentes) defenderá sua tese com unhas e dentes, a despeito de todas as críticas de que venha a ser alvo. Muitas pessoas fortes podem fazê-lo. Mas ninguém é indiferente à censura. Por que pretender ignorar as críticas? Os que são honestos consigo próprios sabem perfeitamente que prefeririam ser aprovados a ser criticados — mesmo quando estão convencidos do que sustentam.

Ora, talvez entre todos os atributos humanos, o mais duro e justamente criticado seja o egoísmo. Contudo, como disse em passagens anteriores, o egoísmo é a característica mais fundamental da matéria viva. Não podemos evitar de ser egoístas.

Tais são as considerações que me levam a concluir que despertar gratidão nos demais talvez constitui a base mais natural para o estabelecimento dos objetivos a longo prazo do homem. Gratidão pode ser reunida durante toda a vida e acumulada como uma tremenda riqueza, que representará uma garantia de segurança e paz de espírito, de valor inestimável. Em consequência, ela nos permite que gozemos de tudo quanto é importante e agradável na vida. É um objetivo egoístico; daí o fato de ser fundamentalmente natural. Pode ser desenvolvida através de quaisquer talentos pessoais; daí permitir auto expressão a todos, qualquer que seja seu meio. Pode ser acumulada enquanto se viver e mesmo sua propagação será por ela beneficiada; daí poder funcionar como um objetivo adequado a longo prazo. E — o melhor de tudo — constitui um tipo de egoísmo para o qual não devemos temer censura; ninguém cogitará de incriminá-lo por amealhar avaramente a gratidão de seus irmãos humanos.

HANS SELYE

A filosofia da gratidão é fundada em leis da natureza, profundamente enraizadas e que dirigem subconscientemente as ações humanas em qualquer idade ou clima; daí não entrar em choque com os princípios morais de qualquer religião ou escola de ética naturais. Ela apenas esclarece suas bases biológicas. E não conheço *qualquer outra filosofia que transforme necessariamente todos os nossos impulsos egoísticos em altruísmo sem reduzir-lhes nenhum dos seus valores de autoproteção.*

Isso, no que se refere à filosofia de gratidão, como guia de conduta que evita o *stress* nas relações interpessoais e, portanto, proporciona ao homem mais liberdade para apreciar as maravilhas da vida. Mas o que é realmente apreciável na vida e suas maravilhas?

APRECIAR AS MARAVILHAS DA VIDA

A gratidão, quer se receba, quer se dê, é em si muito satisfatória. Mas há muitas coisas agradáveis que não parecem logicamente relacionadas com o despertar de gratidão. A aceitação passiva de recompensas, tal como a apreciação de comida e bebida, de um belo dia ensolarado, de um quadro magnífico, dos prazeres puramente sensuais do sexo, aparentemente não é passível de inspirar gratidão em terceiros. Mas não nos esqueçamos de que a obtenção de recompensas — não importa quão grande seja o prazer que nos proporcionem — é especialmente inadequada como o objetivo último da vida. Por que? Simplesmente porque se trata de algo absolutamente efêmero. As recompensas podem enriquecer extraordinariamente um momento; mas não podemos acumular tais sensações e constituir com elas um tesouro que nos proporcione segurança e paz de espírito no futuro. Contudo, o impulso rumo à gratidão é tão profundamente enraizado na

STRESS — A Tensão da Vida

natureza humana que somos urgidos pelo instinto a relacionar mesmo esses valores com agradecimento — isto é, ação de graças antes da refeição, o enobrecimento do sexo com o reconhecimento do amor, ser agradecido ao autor de todas as coisas aprazíveis — seja um poema, uma droga restauradora da saúde, ou um dia ensolarado — tem suas raízes neste sentimento.

Já dissemos que esses prazeres passivos não podem ser incluídos entre os objetivos últimos; mas ainda assim eles podem ser muito importantes. Até certo ponto, alguns deles têm mesmo um efeito estabilizador (homeostático) e pelo menos as suas lembranças podem ser guardadas e acumuladas. A apreciação passiva das grandes obras de arte ou das maravilhas da natureza auxilia-nos a obter um grau de equanimidade; e enquanto para o mero observador tal apreciação não proporciona meios para a auto expressão, ela facilita o estabelecimento de autossuficiência. Nesse sentido, uma grande capacidade para obter prazer de sentimentos pode firmar nossas relações interpessoais, pois nos torna menos dependentes da sociedade. Mas, analisando a relação entre as atitudes passivas e ativas, no que concerne ao prazer — entre meios e fins, trabalho e compensação, satisfazer o impulso de nos expressar e nosso sentimento de tê-lo realizado —, devemos dedicar atenção especial às lembranças do prazer, que podem ser acumuladas. Seus benefícios são cumulativos, pois, quanto mais aprendemos a apreciar a grandeza, — seja na arte ou na natureza — mais proveitos tiramos de sua contemplação. Aprender a apreciar esse tipo de grandeza pode constituir uma tarefa de grande precisão e, como envolve atividade, é em si uma válvula de escape para a auto expressão. Isso pode ser aprendido, e certamente, vale a pena aprender.

Além do desejo de merecer a gratidão dos demais, através das aplicações médicas do conceito do *stress*, foi o desejo puramente egoístico de apreciar melhor a natureza, de compreender um dos seus mecanismos fundamentais, que atuou como o mais forte dos motivos de minhas investigações. Na verdade, um dos principais estímulos que me levaram a escrever esse livro foi o desejo de partilhar com terceiros a satisfação serena e dignificadora que provém da compreensão da beleza inerente e harmoniosa da natureza.

Nenhuma pessoa sensível pode contemplar o céu numa noite clara sem perguntar-lhe de onde virão as estrelas, para onde irão e o que mantém a ordem do universo. As mesmas questões são levantadas quando consideramos o universo interno contido no corpo humano, ou mesmo naquele par de olhos humanos, sensíveis e inquietos, que constantemente tentam estabelecer uma ponte sobre a lacuna entre esses dois universos.

A capacidade de contemplar, com certo grau de compreensão, pelo menos, a harmoniosa elegância das manifestações da natureza é uma das mais satisfatórias experiências de que o homem é capaz. Efetuá-las, mesmo em escala diminuta, é um objetivo nobre e compensador em si próprio, absolutamente desligado de qualquer vantagem material que possa oferecer. Mas, na verdade, isso nos auxilia em nossa vida cotidiana, de forma similar ao auxílio que nos é proporcionado por uma profunda fé religiosa ou por uma visão filosófica bem equilibrada. Considerar algo infinitamente maior que nosso próprio ser consciente faz com que nossas dificuldades diárias pareçam diminutas. Há uma equanimidade e uma paz de espírito que só podem ser alcançadas através do contato com o sublime.

"O mais belo dos sedimentos que podemos experimentar (diz Einstein) é o do mistério. É a emoção fundamental que surge no berço da verdadeira arte e da verdadeira ciência. Aquele que não o conhece e que não mais consegue maravilhar-se, não mais assombrar-se, está praticamente morto, como uma vela apagada."

STRESS – A Tensão da Vida

Não é necessário ser um cientista profissional para experimentar as grandes criações melodiosas da natureza, assim como não é preciso ser um compositor para apreciar música. Às criações mais harmoniosas e misteriosas são as da natureza; e em minha opinião, o mais elevado objetivo de um cientista profissional é interpretá-las, para que os demais possam partilhar de sua apreciação.

Quando crianças, todos nós tivemos aquilo que é necessário para apreciar as coisas maravilhosas e misteriosas. Quando uma criança indica algo inusitado, que nunca tenha visto, — uma colorida borboleta, um elefante ou uma estrela marinha — seus olhos brilham, enquanto grita entusiasmada: "Olhe, paizinho!" — e o leitor compreende o que eu quero dizer.

Todos nós tivemos esse inavaliável talento para apreciação pura quando jovens, mas à medida que o tempo decorreu, muitos de nós — mas não todos — perdemos tal dom. Perdemo-lo porque, gradualmente, fomos vendo e tomando conhecimento das inúmeras coisas com que nos deparamos na vida cotidiana, e o hábito estiola a variedade. A rotina secundária dos problemas diários também tende a embotar nossa sensibilidade para a apreciação integral do que é grande e maravilhoso. Mas o verdadeiro artista, o cientista verdadeiro, jamais perde tal faculdade; está em sua própria essência a busca do estranho, a procura do que é novo. Seria uma pena se, por excesso de reserva, tais homens não revelassem seus tesouros ao mundo. É uma pena o fato de hoje em dia a maioria das pessoas estarem tão interessados em ser práticas, em progredir na vida, que não têm mais tempo de certificar-se da direção que realmente desejam tomar. Depois de algum tempo, o próspero homem de negócios, o administrador eficiente, o jovem e atirado advogado começam a sentir-se deprimidos, com a impressão de que se limitam a viver de um dia para o outro

— rumo à aposentadoria. Assim também, muita gente trabalha com grande energia, inteligentemente, visando certo objetivo imediato que promete a tranquilidade necessária para apreciar a vida amanhã; mas, às vezes, o amanhã nunca chega. Há sempre um outro objetivo mais avante, que promete um futuro ainda mais agradável, a ser alcançado com um pouco mais de trabalho duro. Em consequência, poucas pessoas conseguem reter na vida cotidiana a capacidade real de divertir-se — aquele maravilhoso dom que todos possuímos enquanto crianças. Mas é doloroso ter consciência de tal carência, e assim os adultos embriagam-se com doses de trabalho ainda maiores (ou álcool) a fim de centralizar sua atenção noutro ponto.

O pintor, o poeta, o compositor, o astrônomo ou o biólogo inspirados jamais serão adultos, nesse sentido; jamais terão a impressão de estarem à deriva, sem rumo, não importa quão pobres ou velhos possam ser. Eles retêm a capacidade infantil de gozar os subprodutos menos práticos da atividade. Os prazeres são sempre pouco práticos, pois não nos levam a qualquer compensação. Eles próprios *são* a compensação. Dizer que o dinheiro não é um objetivo último, já constitui um lugar comum, mas poucas pessoas parecem viver de acordo com a compreensão de tal fato. Os trabalhos do artista que obtém êxito em expressar certo aspecto oculto de sua alma na tela, ou do médico que descobre como uma doença até então inexplicável se desenvolve, podem ter vantagens práticas — benefícios que podem ser traduzidos em dinheiro — mas esse não é o tipo de compensação que torna sua vida um êxito verdadeiro. O grande financista também deve procurar noutro ponto sua compensação final. Para encontrá-lo, ele deve deixar de pensar no êxito de seus empreendimentos, pelo menos durante o tempo suficiente para pensar em seu próprio êxito. *Ele deve encontrar um sistema de vida que lhe assegure*

STRESS — A Tensão da Vida

a equanimidade necessária para apreciação, e depois deve aprender a distinguir entre o que lhe proporciona prazer e o que constitui apenas meios de comprar prazer. As pessoas mais práticas ocupam-se tanto em reaplicar seus bens que nunca aprendem a guardá-los. "Pessoas realistas" que visam "objetivos práticos" raramente são tão realistas e práticas, no decorrer da vida, quanto os sonhadores que visam apenas materializar seus sonhos.

UM SISTEMA DE VIDA

Poderá o estudo científico do *stress* auxiliar-nos a formular um programa decisivo de conduta? Poderá ele proporcionar-nos o conhecimento necessário para viver uma vida rica e cheia de significado, que não só satisfaça nosso impulso de auto expressão, como ainda não seja embotada ou reduzida pelo *stress* de conflitos destituídos de sentido?

Tenho visto e lido grande número de livros e artigos sobre o tema "Como..." — obter paz de espírito, gozar a vida, tornar-se um milionário ou um centenário e como obter sucesso em geral. Poder-se-ia, realmente, estabelecer diretivas definidas e geralmente aplicáveis para a obtenção de resultados tão complexos? Eu poderia dizer a um forasteiro como ir à estação, sem ter de caminhar a seu lado durante todo o percurso, mas duvido, realmente, que, usando apenas palavras, possa explicar a um terceiro uma coisa relativamente simples, tal como dirigir um automóvel. O melhor que eu poderia fazer, é mostrar-lhe o de que o carro é feito (pelo menos, até onde compreendo o seu mecanismo), e como *eu o* dirijo. Geralmente, esse tipo de explicação é mais que suficiente, pois aprendem-se questões envolvendo conduta pessoal pela soma de experiência própria e a de terceiros. Isso se aplica mais perfeitamente quando se trata de problemas complexos de comportamento, que devem ser resolvidos diversamente por todas as pessoas, de acordo com os aspectos característicos de sua personalidade. Creio que o mero fato de compreender as regras gerais da atuação do *stress*, com algumas poucas observações sobre a forma com que tem sido usada como base para a filosofia pessoal de um homem, pode ser de grande auxílio, melhor que o proporcionado pela formulação de regras fixas, para o encontro de soluções próprias.

Talvez o melhor a fazer, portanto, seja resumir aqui, tão precisamente quanto possível, as regras de conduta que demonstraram ser as mais práticas em meu próprio caso particular, lembrar brevemente como chegou a elas a partir de minhas pesquisas sobre o *stress* e depois deixar que o leitor decida por si o que deve aceitar e como usará o que aceitar.

Descobri que é prático subdividir minhas aspirações em três tipos: objetivos a curto prazo, objetivos a longo prazo e objetivos últimos. Assim, ainda que isso represente certa recapitulação, eu as organizei da seguinte forma.

OBJETIVOS A CURTO PRAZO

Os objetivos a curto prazo do homem visam à gratificação imediata. Eles têm, proporcionalmente, pequena influência sobre nosso bem-estar no futuro distante. A maioria deles é constituída por diversões fáceis e acessíveis as quais não demandam preparação prolongada, aprendizado ou planejamento; você não faz mais que permitir que algo agradável atue sobre si. Os prazeres físicos que nos são proporcionados por nossos sentidos constituem o melhor exemplo desse tipo. Alguns objetivos a curto prazo não são inteiramente passivos; eles implicam determinada atividade sob a forma de auto expressão, tal como, por exemplo, acontece

STRESS – A Tensão da Vida

nas atividades criadoras e nos diversos jogos. Mas, em todos estes, o trabalho e a compensação são virtualmente simultâneos. Por outras palavras, para alcançar objetivos imediatos, basta permitir que uma série de fatores atue sobre nós, proporcionando-nos uma impressão agradável, e fazer coisas que nos deem prazer.

O fato de esses prazeres poderem tornar-nos felizes é mais que evidente. Mas a mente humana é capaz de *satisfações passivas muito mais profundas e duradouras*. Essas não são facilmente acessíveis, pois demandam um desenvolvimento cuidadoso, cultivo do gosto. Eles constituem realmente uma transição entre os objetivos a curto e a longo prazo. Devemos planejá-los; eles não são inteiramente desenvolvidos por nossa hereditariedade. São, portanto, mais opcionais e não há dúvida de que alguns deles sejam valiosos. Nem todo mundo tem um bom ouvido para a música, capacidade para pintar ou um espírito receptivo às belezas naturais. Cada pessoa deve procurar o tipo de prazer que melhor se ajuste à sua personalidade. A tarefa de determinar nossas predisposições especiais em relação a tais prazeres deve ser levada muito a sério. "Conhecer-se", sob esse ponto de vista, pode contribuir muito mais para a felicidade que ideias convencionais, tais como dinheiro ou posição.

Pessoalmente, minhas maiores satisfações têm derivado da mera contemplação das leis naturais. Mas quero esclarecer perfeitamente que tais satisfações não estão mais distantes do público que as que lhe são oferecidas pela arte. Está claro que quanto mais se conhecer a natureza, mais coisas terá ela a nos oferecer; mas não há diferença essencial entre o prazer de uma criança, derivado da contemplação de uma borboleta, e o do biólogo profissional, que estuda a estrutura microscópica de uma célula. O grande característico desses dois tipos de prazer passivo reside no fato de não serem práticos. Ambos são puros. Creio que as pessoas envolvidas em todos os aspectos práticos da vida devem levar em conta que, profundamente enraizado em seus corações, também sentem a necessidade da apreciação pura dos prazeres nada práticos, a fim de viver uma vida equilibrada.

Expliquemo-nos. Qualquer pessoa que goste de música pode apreciar uma simples canção popular; para isso não é necessário conhecimento especializado. Mas uma pessoa que conhece profundamente a arte da combinação de sons pode apreciar a música realmente fina muito melhor que o amador casual. O mesmo se aplica à literatura e pintura. Muitas pessoas que desejam apreciar as coisas finas da vida dedicam muito tempo ao estudo da estrutura e das técnicas da arte ou da literatura, justamente com tal objetivo em mente — ainda que jamais tenham cogitado de empregar profissionalmente os seus conhecimentos. Qualquer pessoa pode apreciar o universo, contemplando as estrelas ou a vida, observando os animais e as flores. Mas o fato de não ser biólogo ou físico profissional não impede ninguém de obter profunda satisfação na apreciação de coisas vivas. O profundo prazer do estudo da natureza deriva de nosso conhecimento — ainda que superficial — das leis que a governam. A imagem desses conhecimentos, o reflexo da natureza em nossa mente, permite que nos ajustemos mais harmoniosamente ao mundo interior e ao que nos cerca. *A fonte de nosso prazer é a intimidade desse contato com a natureza;* e vale a pena cultivar seu conhecimento, a fim de tornar tal comunhão cada vez mais íntima. Está claro que estudioso algum poderá compreender integral mente as pequenas secções da natureza que tenha selecionado para examinar cuidadosamente. Mas quanto mais aprender a seu respeito, mais obterá dela. A diferença entre as compensações do grande especialista e do ignorante total não varia de tipo, mas de grau.

Esse segundo tipo de objetivo — a apreciação da arte, a admiração da natureza — tem outra vantagem sobre os simples prazeres da carne: seus remanescentes são mui duradouros. Quanto maior for a atenção dedicada ao pormenor, maior será compensação. Estes são os benefícios cumulativos que se situam nas proximidades do que teremos de dizer a respeito dos objetivos a longo prazo. A maioria dos prazeres físicos tende a perder seu sabor com o decorrer do tempo, mas as satisfações mentais de ordem mais complexa tornam-se cada vez mais apreciáveis à medida que são cultivadas. Para parafrasear o bardo: " A extensão não pode descolori-los, nem o hábito limitar sua infinita variedade."

Não poderíamos deixar de dizer umas poucas palavras sobre *a relação entre os objetivos a longo prazo e o stress.* Quando tratei da resposta geral ao *stress,* o SAG, descrevi experiências demonstrando que tudo o que fizermos e o que quer que nos aconteça tende a desenvolver-se em três fases. Atividade em qualquer parte do corpo ou da mente aparentemente tende também a desenvolver-se em três fases. Nossa energia de adaptação é uma quantidade limitada de vitalidade, hereditariamente determinada, que deve ser gasta necessariamente. Daí a razão inerente do impulso do homem para expressar-se, em busca de realização e integração. Em geral, para fazê-lo, agimos de acordo com as limitações de nossa estrutura física e mental e, especialmente, somos compelidos pela urgência de completar quaisquer trabalhos que nos proponhamos. A frustração e a indecisão são apenas dois tipos de irrealização.

Mesmo o que denominamos *carência* não constitui o tipo mais geral e completo de todas as falhas biológicas; é apenas uma subdivisão ou irrealização. Carência implica simplesmente a inabilidade de adotar um procedimento voluntário, mas a irrealização inclui também o sofrimento puramente passivo, desligado da humilhação mental, infligida pela derrota numa empresa, e da dor física. Quando se deve ouvir no decorrer de toda a noite o ruído monótono de gotas, caindo a intervalos regulares de uma torneira defeituosa, é a pura irrealização do tema que fere; e esse ferimento pode ser tão doloroso e grave que, na verdade, tem sido usado como uma terrível forma de tortura. O que denominamos *diversão* não passa de um meio de simular realização, quando esta é inatingível. Na verdade, nós nos deixamos enganar, mas, mesmo assim, isso ajuda.

Menciono tudo isto para ressaltar a importância do ato de completar as três fases da resposta ao *stress* em todas as nossas atividades e em todas as nossas sensações passivas. Para mim, essa é a base biológica da necessidade do homem de expressar-se e levar a cabo sua missão. Em todas as nossas atividades passamos pela fase da surpresa (reação de alarme), pela do domínio (fase da resistência), da fadiga (fase de exaustão) e, daí para o repouso (com a repetição posterior do ciclo na mesma ou em outras partes de nosso corpo), ou, eventualmente, para a morte. O homem é estruturado em função desses ciclos. Pode dirigir sua vida de acordo com eles, não negligenciando nenhuma de suas fases e emprestando a cada manifestação de vida a ênfase *que* melhor se enquadre nas suas características pessoais.

A grande lição prática a ser tirada disso é a compreensão da necessidade de realização, profundamente enraizada, da materialização de todas as nossas pequenas necessidades e grandes aspirações em harmonia com nossa estrutura hereditária.

OBJETIVOS A LONGO PRAZO

Os objetivos a longo prazo do homem são planejados em função de compensações futuras. Eles têm relativamente pequena importância sobre nosso bem-estar, no presente; na verdade estão

STRESS — A Tensão da Vida

frequentemente em conflito com ele. Mas, quer ponha sua fé em Deus ou na criação, o homem vê que seu objetivo último deve superar o momento e geralmente só pode ser conquistado à custa de sacrifícios momentâneos. Para materializar nossas aspirações mais ardentes, constituídas pelos objetivos a longo prazo, devemos agir e aprender como escolher entre vários cursos de ação optativos. A dificuldade reside na formulação desses objetivos, precisamente, e no estabelecimento de uma norma de conduta pela qual nos possamos guiar através dos perpétuos dilemas criados pela competição entre a felicidade imediata e a mediata. Os objetivos a longo prazo são essencialmente sociais – ou pelo menos impessoais – pois se o objeto é criar um meio favorável à futura felicidade. Eles devem conduzir-nos através de uma vida cheia de significado, feliz, ativa e longa, guiando-nos com segurança por entre o *stress* desnecessário e desagradável de conflitos, frustrações e inseguranças.

Há quem estabeleça tais objetivos na aquisição de riqueza, poder e posição social; outros na religião e na filosofia. Contudo, outros ainda percebem instintivamente que são incapazes de resolver esse problema. Nesse caso entregam-se, vivendo de um dia para o outro, tentando divertir sua atenção do futuro por meio de sedativos tais como a promiscuidade compulsiva, trabalho frenético ou simplesmente o álcool.

O fato de nenhum desses fatores poder assegurar felicidade duradoura é mais que evidente. Está claro que há guias muito melhores a escolher: o amor, a ternura ou simplesmente o desejo de fazer o bem. Estes são frequentemente coroados de êxito; mas parece-me que *todos eles têm suas raízes comuns no desejo humano inato, subconsciente, de merecer gratidão e evitar ser alvo de vinganças.* Por que então não fazer deles, conscientemente, nossos principais objetivos a longo prazo na vida? Está claro que este é um objetivo egoístico; todavia, como já vimos, o egoísmo é um característico essencial da vida. Num certo sentido, o egoísmo é o pecado original, não somente do homem, mas de todos os seres vivos. Porque pretender que podemos ignorá-lo? Não podemos e tentar fazê-lo leva apenas à frustração e à autoincriminação. Mas se adotarmos a filosofia da gratidão, transformamos necessariamente todos os nossos impulsos egoísticos em altruísticos, sem eliminar nada de seus valores egoísticos de autoproteção. Do ponto de vista científico, este me parece ser o mais ético entre todos os possíveis guias naturais de conduta. Ninguém poderá culpar-nos por entesourar a gratidão de nossos irmãos humanos. Esse objetivo a longo prazo está inextricavelmente enraizado nas leis naturais que governam as ações humanas. Isso talvez seja mais claramente demonstrado pelo fato de, em lugar de competir com os códigos de ética estabelecidos por outras filosofias e pelas religiões, ele encontrar apoio num aspecto essencial comum a todas elas.

Depois do que dissemos, a relação entre os objetivos a longo prazo e o *stress* é tão evidente que dificilmente justificaria mais que um pequeno comentário. As tensões mentais, frustrações, o sentimento de insegurança e a falta de objetivo estão entre os mais importantes fatores do *stress*. Como os estudos psicossomáticos têm demonstrado, eles também estão entre as causas mais comuns das doenças físicas. Isso é de grande importância, especialmente agora, quando o nosso conhecimento sobre micróbios, deficiências de vitaminas e outros produtores de doenças específicas nos proporciona armas efetivas para combater as doenças que, até mesmo no início do nosso século eram ainda os maiores flagelos da humanidade. E quão frequentemente não são as dores de cabeça, úlceras gástricas e duodenais, trombose da coronária, artrite, hipertensão, loucura, suicídio ou tão somente

STRESS — A Tensão da Vida

infelicidade irremediável, causadas por um malogro na tentativa de encontrar um guia satisfatório para conduta?

Mas nem os objetivos a curto ou a longo prazo constituem realmente o objetivo último do homem: o objetivo que deve fornecer uma base para todas as nossas ações. Instintivamente, sentimos que nosso objetivo final deve, de certa forma, coordenar e dar unidade a todas as nossas lutas.

O OBJETIVO ÚLTIMO

Em minha opinião, o objetivo último do homem é *expressar-se tão integralmente quanto possível, de acordo com suas luzes.* Quer visando realizá-lo pelo estabelecimento de harmonia e comunhão com seu Criador, ou com a natureza, só poderá fazê-lo quem encontrar o equilíbrio entre os objetivos a curto e longo prazo, entre a semeadura e a colheita, que melhor se enquadre na sua própria individualidade.

O objetivo não é, certamente, evitar *stress. O stress* é parte da vida. É um subproduto natural de todas as nossas atividades; evitar o *stress* seria tão injustificável quanto evitar alimento, exercício ou amor. Mas, a fim de expressarmo-nos integralmente, devemos primeiro estabelecer o nível ideal do *stress* pessoal e, depois disso, utilizar nossa energia de adaptação num ritmo e numa direção ajustadas à estrutura inata de nossa mente e corpo.

O estudo do *stress* tem demonstrado que o repouso não é benéfico, quer para o corpo, como conjunto, quer para qualquer dos seus órgãos. O *stress,* aplicado com moderação, é necessário à vida. Além disso, a inatividade forçada pode ser muito prejudicial e causar maior *stress* que a atividade normal.

Sempre fui contrário às recomendações dos médicos que enviam, por exemplo, um homem de negócios muito ativo e di-

HANS SELYE

nâmico a um prolongado repouso forçado numa estância sanitária, com o objetivo de reduzir-lhe o *stress* por intermédio da inatividade total. Naturalmente, os homens ambiciosos e ativos tornam-se cada vez mais tensos quando se sentem frustrados por serem impedidos de prosseguir em suas atividades normais; se não podem expressar-se através de ações, passam grande parte de seu tempo preocupados com o estado dos seus negócios durante o período de inatividade absoluta.

Embora arriscando-me a dar a impressão de engraçado, permitam-me que apresente um pequeno anexim que imaginei enquanto analisava o *stress* em meus animais de experimentação, em meus colegas, em meus amigos e em mim mesmo. Poderá parecer trivial e puramente abstrato, mas é fundamentado em sólidas leis biológicas e — pelo menos em meu caso — funciona. Quando durante o dia algo me acontece, ameaçando minha equanimidade ou lançando dúvida sobre o valor de minhas ações, limito-me a lembrar de que:

> *Devemos lutar pelos mais altos fins práticos*
> *Mas jamais opor qualquer resistência em vão.*

Todos nós devemos lutar por algo que apresente realmente algum valor. Por outro lado, devemos visar unicamente propósitos *realizáveis,* pois, caso contrário, o resultado constituiria apenas em frustração. Finalmente, só devemos *resistir* quando há uma possibilidade razoável de vitória, mas jamais fazê-lo se soubermos que tal ação será *vã.*

Não é fácil viver de acordo com tal princípio; é necessário muita prática e uma autoanálise quase constante. Em qualquer ocasião na vida diária, em discussões, no trabalho e quando me divirto, ao sentir-me "engatilhado" detenho-me, conscientemente, para analisar a situação. Pergunto-me: "Será esta realmente a

STRESS — A Tensão da Vida

melhor coisa a fazer agora e valerá a pena resistir a argumentos, aborrecimento e fadiga?" Se a resposta é não, paro; quando isso não pode ser feito graciosamente, limito-me a "flutuar" e deixar que as coisas corram por si, com um mínimo de participação efetiva (nos casos de reuniões de comissão, solenes cerimônias acadêmicas e as inevitáveis entrevistas com malucos).

Provavelmente seria pequeno o número de pessoas inclinadas a contestar a lógica de tal conduta. O difícil é mantê-la! Mas é aqui que minha assistência deve terminar. É aqui que o leitor entra. Isto pode parecer um anticlímax, mas, na verdade, não é. Devemos viver nossas próprias vidas. Pessoa alguma que se respeite desejará ir do berço à sepultura seguindo obedientemente as diretivas de um terceiro.

FÓRMULA DE ÊXITO

Um dos aspectos principais de todo o problema é o de *não haver uma fórmula de êxito pré-fabricada que corresponda aos requisitos de todo mundo.* Todos nós somos diferentes. A única coisa que temos em comum é nossa obediência a certas leis biológicas fundamentais, que governam todos os homens. Creio que o melhor que o investigador do *stress* pode fazer é expor o seu mecanismo da melhor forma possível; a seguir, expor a forma pela qual tal conhecimento, em sua opinião, pode ser aplicado em relação aos problemas da vida diária; e, finalmente, como uma espécie de demonstração de laboratório, descrever a forma pela qual pode aplicá-lo com êxito a seus próprios problemas.

A dissecção do *stress* e a análise de sua estrutura foram para mim do maior auxílio na solução de meus problemas; creio que não há outra forma de aprender alguma coisa que, necessariamente, cada pessoa deve fazer de forma diversa.

De que adianta, por exemplo, dissecar uma sentença e explicar sua estrutura? Na conversação diária você jamais disporá de tempo para aplicar as regras de sintaxe e gramática, num processo intelectual consciente. Contudo, os que têm algum conhecimento de gramática e de sintaxe utilizam uma linguagem melhor, graças a tal conhecimento. Não se pode ensinar um homem a expressar-se, porque o principal requisito da expressão é refletir a própria personalidade e não a alheia. Além disso, poucas regras da gramática e da sintaxe são absolutas; a linguagem mais caracterizada pela gíria é frequentemente mais útil e pitoresca que a erudita. Tudo quanto o estudo formal pode proporcionar é uma explicação dos elementos básicos da linguagem, a fim de torná-los passíveis de serem utilizados na tradução das observações conscientes, do intelecto — que são impessoais, lentas e frias — para o instinto — que é pessoal, rápido e quente.

Não pretendia e não poderia fazer neste livro mais que uma apresentação da gramática e da sintaxe do *stress,* ilustrando sua aplicação à filosofia da vida por um exemplo: o meu próprio. Um único caso não prova grande coisa; mas, em função de minha experiência profissional, uma experiência prova muito mais que muitos volumes de pura especulação. Em tais experiências os índices de êxito são pura mente subjetivos; portanto, não posso repetir tal teste em terceiros a fim de comprovar a plausibilidade de minhas descobertas. Tudo quanto se pode dizer é que a filosofia do *stress* me auxiliou grandemente a obter equanimidade e um programa pessoal satisfatório para a rota que pretendo imprimir à minha vida. Prefiro pensar que, se você quiser tentá-lo, é possível que o auxilie também.

Contudo, não sou filósofo nem, evidentemente, profeta! Assim, permita-me o leitor que termine este livro apresentando um esboço dos mais importantes caminhos que julgo terem sido

STRESS – A Tensão da Vida

abertos pela pesquisa do *stress* em suas *aplicações estritamente médicas,* as novas direções que devemos seguir no estudo da doença: a estrada à nossa frente.

25. A ESTRADA A NOSSA FRENTE

Atualmente, dispondo de um plano dos métodos não-específicos gerais do corpo para combater a doença, preencher as lacunas existentes constitui especialmente uma questão de tempo e dinheiro. O preenchimento de tais lacunas demanda *trabalho de equipe em pesquisa organizada.* Embora isto custe caro, as despesas serão ínfimas em relação ao resultante alívio do sofrimento humano.

Um dos maiores campos abertos à futura pesquisa será o da análise científica da *energia de adaptação.* Já vimos (caps. 7, 10) que a síndrome do *stress* se desenvolve em três fases, levando eventualmente à exaustão da energia de adaptabilidade, ou adaptação. A exaustão final produzida pelo *stress é* um processo muito similar ao da senilidade; é uma espécie de envelhecimento acelerado, prematuro. Aprender mais sobre a energia de adaptação do corpo tornará possível, provavelmente, ampliar consideravelmente a duração média da vida e garantir melhores condições de saúde para as pessoas idosas. As doenças da velhice tornam-se cada vez mais importantes à medida que um número cada vez maior de pessoas envelhece, graças ao progresso médico. De acordo com os cálculos do Twentieth Century Fund, havia 14 milhões de pessoas de 65 anos ou mais nos Estados Unidos em 1956, isto é, três vezes o número existente em 1920. Tal crescimento e, em consequência, a importância nacional do problema que apresenta, tende a aumentar rapidamente.

HANS SELYE

A energia de adaptação parece constituir algo recebido por todas as pessoas por ocasião do nascimento, um capital herdado que não podemos ampliar, mas que podemos utilizar, mais ou menos prodigamente, no combate ao *stress* da vida. Contudo, não excluímos totalmente a possibilidade de que a energia de adaptação possa ser restabelecida, até certo ponto, e talvez até mesmo transmitida de um ser vivo para outro, tal como um soro. Se sua quantidade for intransferível, podemos aprender mais sobre como conservá-la. Se puder ser transmitida, podemos estudar os meios de extrair os elementos dessa energia vital — dos tecidos dos animais jovens, por exemplo — e tentar transmiti-la aos velhos ou aos que envelhecem.

Outro campo fascinante que se abre às futuras pesquisas é o estudo do *stress* em relação ao *câncer*. Já se sabe que um grande número de tipos de câncer não se desenvolve bem em animais ou pessoas sujeitas ao *stress* agudo. Na verdade, determinados tipos de câncer têm regredido de forma considerável, ainda que não completamente, sob a influência de ACTH, cortisona e outros hormônios. Até que ponto poderemos, aprendendo mais sobre o mecanismo de tal regressão, facilitar a luta contra o câncer, o mais terrível dos flagelos entre as doenças humanas?

Algumas dessas possibilidades são ainda muito remotas, mas assim também aconteceu com o tratamento por antibióticos e o tratamento hormonal da artrite reumatoide, ainda há poucos anos. É bom que a opinião pública tenha conhecimento da existência de planos definidos para tal tipo de estudos e do fato de estes não progredirem especialmente pela falta de apoio adequado.

Talvez o mais fascinante aspecto da *pesquisa* médica do *stress* seja o seu *valor fundamentalmente permanente* para o homem. Até mesmo as mais importantes das drogas (substâncias químicas que têm propriedades curativas, mas que não são nor-

STRESS — A Tensão da Vida

malmente produzidas pelo corpo) têm para nós uma importância apenas temporária. Mais cedo ou mais tarde são substituídas por remédios mais eficientes, tornando-se então obsoletas.

Tomemos o derivado do arsênico, Salvarsan, que Paul Ehrlich — o Pai da Quimioterapia — aperfeiçoou por volta de 1910 para o tratamento da sífilis. Até então essa moléstia venérea era um dos grandes flagelos da humanidade. O fato de um número significante de curas ter sido obtido por meio de certos arseniatos têm sido justamente considerados uma das mais importantes descobertas médicas de todos os tempos. Agora, todavia, menos de um século decorrido, esse tratamento perdeu toda sua importância porque a penicilina tem demonstrado ser ainda mais eficiente. Consequentemente, a sífilis desapareceu virtualmente. Os mais poderosos de nossos antibióticos terão o mesmo destino, à medida que outros mais eficientes forem sendo descobertos.

O estudo do *stress* difere essencialmente da pesquisa com drogas artificiais por compreender *os mecanismos de defesa de nosso próprio corpo.* Os resultados imediatos alcançados por essa nova ciência, que agora se desenvolve, não são talvez tão dramáticos, em suas aplicações práticas, quanto os de muitas das citadas drogas, mas sabemos que, por sua própria natureza, os mecanismos de autoproteção jamais perderão sua importância. Medidas de defesa tais como a produção de hormônios de adaptação são determinadas por glândulas que fazem parte da própria estrutura do corpo; nós as herdamos de nossos pais e transmitimo-las a nossos filhos que, por sua vez, devem retransmiti-las aos seus, enquanto exista a raça humana. *O significado desse tipo de pesquisa não é limitado pela luta contra esta ou aquela doença. Ele compreende todas as doenças e, na verdade, todas as atividades humanas,* pois proporciona conhecimento sobre a essência do *STRESS DA VIDA.*

HANS SELYE

GLOSSÁRIO

Exposição mais pormenorizada dos conceitos mencionados neste glossário pode ser encontrada no texto dos capítulos indicados entre parênteses.

Abcesso - Coleção localizada de pus no interior de uma cápsula de tecido conjuntivo; como um furúnculo, por exemplo.

ACTH - Abreviação de hormônio adrenocorticotrófico.

Adaptação de desenvolvimento - Reação simples de adaptação progressiva, desenvolvida pela simples ampliação e multiplicação de elementos celulares preexistentes, sem alteração qualitativa. Em linguagem técnica: adaptação homotrópica. Cap. 20.

Adaptação heterotrópica - Ver adaptação de redesenvolvimento.

Adaptação homotrópica - Ver adaptação de desenvolvimento.

Adaptação de redesenvolvimento - Adaptação na qual o tecido organizado para determinado tipo de ação, é forçado a reajustar-se completamente a um tipo inteiramente diverso de atividade. Em linguagem técnica: adaptação heterotrópica. Cap. 20.

Adrenalina - Um dos hormônios da medula das suprarrenais. Cap. 10.

STRESS — A Tensão da Vida

Aldosterona - Um dos corticoides pró-inflamatórios. Cap. 18

Antagônico - Agente que atua contra qualquer outro.

Antibióticos - Substâncias antibacterianas, a maioria das quais preparadas de bolor ou fungos (penicilina, estreptomicina).

Área-alvo - A região sobre a qual atua o agente biológico.

Artrite reumatoide - Doença mais ou menos crônica, caracterizada por uma inflamação das articulações com inchaço, dor, endurecimento e deformidade. Há diversas variantes, nas quais predomina uma dessas características. Cap. 16.

Atrofia - Diminuição de um órgão. Ver involução.

Célula - Pequena massa de matéria viva, relativamente autônoma, circunscrita e visível ao microscópio. Os tecidos de todos os seres vivos são constituídos principalmente por células.

COL - Abreviação de cortisol.

CON - Abreviação de cortisona.

Corticoides - Hormônios do córtex da suprarrenal. É costume dividi-los em glicocorticoides anti-inflamatórios e mineralocorticoides pró-inflamatórios.

Corticoides anti-inflamatórios - Hormônios adrenocorticoides, que inibem a inflamação, tais como cortisona e cortisol. Tem efeito pronunciado sobre o metabolismo da glicose, sendo, em consequência, conhecidos como glicocorticoides. Cap. 10

Corticoides pró-inflamatórios - Hormônios das suprarrenais que estimulam inflamações, como aldosterona e desoxicorticosterona. Eles têm efeito pronunciado sobre o metabolismo mineral, sendo, portanto, conhecidos também como mineralocorticoides. Cap. 10.

Cortisol - (COL) Um dos corticoides anti-inflamatórios. Cap. 10.

Cortisona - (CON) Um dos corticoides anti-inflamatórios. Cap. 10.

Desoxicorticosterone - (DOC) Um dos corticoides pró-inflamatórios. Cap. 10.

Diagnose - Identificação. Por exemplo, identificação de uma doença.

Doenças de adaptação - Doenças que resultam especialmente de imperfeições do SAG, tal como por exemplo, uma produção excessiva ou insuficiente de hormônios de adaptação, ou uma combinação inadequada deles. Cap. 7.

DOC - Abreviação de desoxycorticosterona.

Duodeno - A primeira parte do intestino delgado, que começa imediatamente após o estômago.

Eosinófilos - Certos glóbulos brancos do sangue, que podem ser rapidamente coloridos com o corante eosina. Desempenham importante papel nas alergias.

Energia de adaptação - A energia necessária para adquirir e manter a adaptação, independentemente da demanda de calorias.

Endócrinas - Glândulas desprovidas de canais, que segregam seus produtos (os hormônios) diretamente no sangue. Cap. 9.

Enzima - Substância naturalmente produzida por células vivas, que aceleram certas reações químicas (antigamente denominada fermento).

Específico - Uma alteração especificamente provocada é aquela que afeta uma única ou, pelo menos, algumas poucas unidades de um mesmo sistema, com grande seletividade. Uma alteração especificamente provocada é aquela que pode ser produzida por um único ou, pelo menos, alguns poucos agentes. O termo específico nada significa, a menos que indiquemos se ela se refere à própria alteração ou a sua causa. Cap. 7.

Estimulo - Em Biologia, qualquer coisa que provoque uma reação no corpo ou em qualquer de suas partes.

STRESS — A Tensão da Vida

Extrato - Preparação obtida pela mistura de tecidos (hepáticos, ovariano, etc.).

Fase de exaustão - **A** fase final da síndrome de adaptação. Pode ser geral ou local, dependendo do fato de compreender todo o corpo ou somente uma região exposta ao *stress.* Cap 4.

Fase de resistência - **A** segunda fase da síndrome de adaptação. Pode ser geral ou local, dependendo do fato de compreender todo o corpo ou somente uma região exposta ao *stress.* Cap. 20.

Fatores condicionantes - Substâncias ou circunstâncias que influenciam a resposta a um agente, como um hormônio, por exemplo. Cap. 10.

Formol - Solução aquosa, irritante, de formaldeído. Cap. 3.

Gânglios linfáticos - órgãos nodulares, que consistem em tecido linfático, nas virilhas, nas axilas, no pescoço e em várias partes do corpo.

Glicocorticoides - Ver corticoides anti-inflamatórios.

Glóbulos brancos do sangue - Células que circulam livremente no sangue e não contêm a matéria corante que caracteriza as células vermelhas. Os linfócitos, eosinófilos e outros leucócitos pertencem a esse grupo. Cap. 3.

Histologia - Estudo da estrutura microscópica dos tecidos.

Homeostase - Tendência do corpo para manter um equilíbrio estável a despeito das alterações exteriores; estabilidade fisiológica.

Hormônios - Substâncias químicas libertadas no sangue pelas glândulas endócrinas, para estimular e coordenar os órgãos distantes. O crescimento do corpo, o metabolismo e a resistência ao *stress,* assim como as funções sexuais, são muito influenciados pelos hormônios.

Hormônios de adaptação - Hormônios produzidos pela adaptação ao *stress*. Cap. 10.

Hormônio adrenocorticotrófico (ACTH) - Hormônio da pituitária que estimula o crescimento e funcionamento do córtex da suprarrenal. Cap. 10.

Hormônio de crescimento - O Hormônio somototrófico, Cap. 12.

Hormônio somototrófico - Substância pituitária que estimula o crescimento do corpo em geral e dos tecidos conjuntivos inflamados em especial. Também conhecido como hormônio do crescimento.

Infecção focal - Infecção (em região mais ou menos circunscrita) que causa manifestação de doença em partes do corpo situadas à distância, através de mecanismos que não o da mera disseminação das bactérias e suas toxinas. Cap. 16.

Inflamação - Reação típica dos tecidos (especialmente os conjuntivos) à lesão. Seu objetivo principal é bloquear e destruir os agentes da lesão pela qual é produzida.

Insulina - Hormônio antidiabético produzido pelo pâncreas.

Involução - Atrofia natural ou declínio de um órgão. Ver atrofia.

Linfócitos - Os menores glóbulos brancos do corpo. Constituem o tecido linfático, mas também podem circular livremente no sangue. Cap. 3.

MAD - Abreviação de metilandrostenediol.

Meio Interno - As condições internas do corpo; terreno no qual se desenvolvem todas as reações biológicas. Cap. 1.

Metabolismo - A transformação dos alimentos em tecidos e energia, processo que se verifica no interior do corpo.

Mineralocorticoides - Ver corticoides pró-inflamatórios. Metilandrostenediol **(MAD)** - Hormônio virilizante artificial. Cap. 18.

STRESS — A Tensão da Vida

Não especifico - Alteração não especificamente provocada é aquela que afeta todo um sistema ou a sua maior parte, sem seletividade. É o oposto da alteração especificamente provocada, que afeta uma, ou poucas partes do sistema. Alteração provocada de forma não específica é aquela que pode ser provocada por todos ou pela maioria de agentes. Cap. 7.

Nefrosclerose - Doença renal que frequentemente causa hipertensão. Cap. 15.

Nefrite - Inflamação dos r ins. Cap. 15.

Noradrenalina - Um dos hormônios da medula das suprarrenais. Cap. 10.

Nefrose - Doença renal que produz edema e perda de proteína pela urina. Cap. 15.

Ovários - órgãos sexuais femininos. Cap. 3.

Patologia - Estudo das doenças.

Pathos - Expressão grega, que significa sofrimento, doença. Cap. 1.

Péptico - Que auxilia a digestão, como o suco gástrico, ou causadas pela digestão. Cap. 17.

Pituitária - Pequena glândula endócrina situada na base do cérebro, também conhecida como hipófise.

Placenta - órgão vascular que envolve o embrião no útero materno. Cap. 3.

Pâncreas - Glândula endócrina que produz insulina.

Pónos - Do grego, labor, tensão. Cap. 1.

Psicanálise - Método de analisar uma condição mental anormal por meio da revisão, pelo paciente, de suas experiências emocionais anteriores, relacionando-as com sua atual vida mental. A técnica fornece indícios para os métodos psicoterapêuticos.

RPS - Substâncias pressoras renais - Substâncias endócrinas produzidas pelos rins para aumentar a pressão arterial. Cap. 13.

Reação - Em Biologia a resposta de um corpo, ou uma de suas partes, a estímulo.

Reacton - O menor dos alvos biológicos possíveis. É a unidade subcelular primária da matéria viva, que ainda possui a propriedade de responder seletivamente a estímulo. Cap. 20.

Resistência especifica - Resistência específica a um agente induzida por tratamento prévio com o mesmo agente. Cap. 20.

Resistência cruzada - Resistência a um agente produzido por pré tratamento com outro agente.

Reumatismo - Termo vago que abrange febre reumática, artrite reumatoide e diversas condições afins. Cap. 16.

SAG - Abreviação de síndrome de adaptação geral.

SAL - Abreviação de síndrome de adaptação local.

STH - Abreviação de hormônio somatotrófico.

Síndrome - Grupo de sintomas ou sinais que surgem juntos.

Síndrome de adaptação geral - As manifestações do *stress* no conjunto do corpo, em relação a seu desenvolvimento no tempo. A síndrome de adaptação geral desenvolve-se em três fases distintas: reação de alarma, fase de resistência e fase de exaustão.

Síndrome de adaptação local - As manifestações do *stress* numa parte limitada do corpo, em relação a seu desenvolvimento no tempo. Desenvolve-se em três fases, caracterizadas especialmente por inflamação, degeneração e morte dos grupos celulares da parte diretamente afetada. Cap. 4.

Sinérgico - Agente que facilita a ação de outro agente.

Somático - Pertencente ao corpo.

STRESS – A Tensão da Vida

Stress - O estado manifestado pela síndrome específica que consiste em todas as alterações induzidas não-especificamente num sistema biológico. O *stress* tem forma própria, característica, mas não tem causa particular específica. Uma análise pormenorizada dessa definição fundamental será encontrada no capítulo 6. Contudo, para orientação geral, bastaria levar em conta que por *stress* os médicos consideram os resultados comuns da exposição a qualquer coisa. Por exemplo, as alterações físicas produzidas por uma pessoa exposta a tensão nervosa, lesão física, infecção, calor, frio, raios X ou qualquer outro agente, são o que denominamos *stress*. Em meus trabalhos anteriores defino o *stress* de modo mais simples, ainda que menos preciso, como a soma de todas as alterações não específicas causadas por função ou lesão ou o grau de desgaste do corpo.

Stressor - Agente que produz o *stress*.

Substâncias pressoras - Hormônios ou substâncias que elevam a pressão arterial. Cap. 13.

Suprarrenais - Glândulas endócrinas, que se localizam (uma de cada lado) logo acima dos rins. Têm forma triangular, de «Y», e consistem no córtex (superfície externa esbranquiçada) e na medula, ou parte interior, castanho escura. Cap. 3.

Tecido - Agregado de células e substâncias intercelulares, constituindo um dos materiais estruturais do corpo. Cada tipo de tecido (nervoso, muscular e conjuntivo) tem estrutura especificamente diversa.

Tecido conjuntivo - Tecido que consiste em células delicadas e fibras; *é* uma espécie de cimento vivo, que veda e repara todos os outros tecidos. A inflamação desenvolve-se principalmente no tecido conjuntivo.

Tecido linfático - Tecidos que contêm especialmente linfócitos, como o timo e os gânglios linfáticos. Cap. 20.

Terapêutica de choque - Tratamento por meio de choques, produzidos química ou eletricamente.

Terapêutica não específica - Tratamento que é benéfico em vários tipos de doença.

Terapêutica, terapia - Tratamento.

Timo - Grande órgão linfático localizado no peito, Cap. 3.

Tireoide - Glândula endócrina localizada no pescoço, que regula o metabolismo em geral.

Triade - Síndrome em três manifestações. Síndrome consistente em três manifestações. Cap. 3.

Trifásico - Que tem, ou se desenvolve em três fases, como o SAG.

Tripla - Que tem três partes.

Ulcera - Inflamação e lesão de uma superfície.

Vírus - Agentes vivos, menores ainda que bactérias, que causam doenças infectuosas. Os vírus produzem, por exemplo, sarampo, caxumba, poliomielite, resfriado comum.

SOBRE O AUTOR

O Dr. Hans Selye é, indubitavelmente, um dos grandes pioneiros da medicina. Em 1936, seu famoso e revolucionário conceito do *stress* abriu uma série de incontáveis novos caminhos para tratamento, através da descoberta de que os hormônios participam no desenvolvimento de muitas doenças degenerativas não endócrinas, inclusive trombose da coronária, hemorragia cerebral, endurecimento das artérias, certos tipos de alta pressão arterial e perturbações renais, artrite, úlceras pepticas e mesmo câncer.

O Dr. Selye nasceu em Viena, em 1907, tendo estudado em Praga, Paris e Roma. Formou-se em medicina pela Universidade Alemã de Praga, em 1929, e dois anos depois, doutorou-se na mesma Universidade. Nessa ocasião, recebeu uma bolsa de especialização Rockfeller, que o trouxe à Universidade John Hopkins e posteriormente à Universidade McGill, onde tornou-se professor assistente de Histologia. Subsequentemente, recebeu títulos honorários de outras oito Universidades. Desde 1945; desempenha as funções de diretor do Instituto de Medicina e Cirurgia Experimental. O Dr. Selye reside em Montreal com sua esposa e quatro filhos.

É autor de um grande número de livros e artigos, todos eles destinados a estudantes e especialistas em medicina. O *stress* da vida é seu primeiro livro de divulgação, destinado ao público em geral! Ele dá ao leigo informações autorizadas sobre os aspectos médicos do *stress,* na saúde e na doença, e é a primeira vez que o criador do conceito do *stress* dá ao leigo, pessoalmente, uma explicação sobre suas notáveis e revolucionarias descobertas.

STRESS — A Tensão da Vida